GENJIN刑事弁護シリーズ㉒

勾留準抗告に取り組む

99事例からみる傾向と対策

愛知県弁護士会刑事弁護委員会［編］

現代人文社

巻頭の言

　本書は、愛知県弁護士会所属会員から、2010（平成22）年頃と2015（平成27）年頃の２度にわたり、身体拘束にかかる裁判例（勾留、勾留延長、接見禁止関係、保釈）の提供を受け、愛知県弁護士会刑事弁護委員会内に設置された準抗告事例検討プロジェクト・チーム内で分析を加えた結果の中から、勾留裁判に関わる部分を取り出して取りまとめた書籍である。

　本書の特徴は大きく、２点ある。

　１点目は、99例におよぶ決定例等をそのまま収録したことである。世の中に判例集や判例データベースの類は何種類もあるが、勾留裁判に特化して決定例等を集積し、そのまま掲載した書籍は、近年においては見られない。周知のとおり、最決平26・11・17を嚆矢として、勾留裁判に変化の兆しが生じたことは広く知られているが、この前後に跨る時期の裁判例を広く収集したこと自体が、価値があると自負する。
　もとより、決定書は通常、簡潔なものであるから、決定書だけを収録しても物足りない。そこで、プロジェクト・チーム所属員において、可能な限り申立書等も参照して、実務的な検討に資する分析を加えたことも特徴である。

　２点目は、決定例を種々の観点から分析し、検討を加えていることである。
　第１章では、２号事由・３号事由を否定した決定例を取り上げ、勾留の必要性を論じるまでもなく勾留理由が否定される場合を分析したうえで、勾留の必要性の解釈についても、安易に弛緩した解釈がなされないよう提言する［→14頁］。２号事由が認定されやすい原因である「重要な情状事実」の内実については、第５章で検討を加えた［→51頁］。
　第２章では、捜査が先行している事案に着目して勾留の実態を検討し

た［→20頁］。どのような事案では勾留を阻止しやすいか、ということを見極めるうえで有用である。

　第3章では、自白その他の供述態様に着目して、勾留の実態を検討した［→31頁］。供述させるべきかどうか、被疑者国選の全面的実施を迎え、弁護人の職責は益々重いが、弁護戦略を考えるうえで、身体拘束からの解放を抜きに考えることはできないであろう。

　第4章では、共犯関係がある場合の勾留実態を検討している［→41頁］。共謀や口裏合わせが言われやすい類型について、しかしながら抽象的な疑惑だけで安易に勾留させない弁護実践が求められている。

　第6章では、事案の軽重が勾留裁判にどのように影響をおよぼすかを検討している［→64頁］。勾留当初の段階から、事案軽微であること、身体拘束が過度の制裁になりえることを分析的に主張すべき有用性がうかがえる。

　第7章では、被疑者の属性、とりわけ社会的身分と分類される要素に着目して、勾留の実態を検討した［→77頁］。勾留の必要性において、勾留が社会生活におよぼす不利益を斟酌するというのであれば、社会的身分に着目した見極めは不可避である。

　第8章は、勾留延長について、その延長の程度や、「やむを得ない事由」がどのように扱われているかについて、検討を加えている［→104頁］。

　第9章では、罪名類型別に、統計的、特徴面での分析を試みた［→116頁］。本書の作成途上、本来であれば申し立てられるべき準抗告があまりに申し立てられていないのではないかという感を強くしており、まずは申し立てていこうという観点では、罪名で当たりをつけるということも考えられてよかろう。

　以上のような、多様な観点からの分析は、勾留裁判に対する準抗告を特別なもの、困難なものととらえている層の弁護士には、より積極的に勾留裁判に立ち向かうべきことを伝え、日々、準抗告を実践している層の弁護士には、裁判所の考え方を有利に援用しさらに説得的な訴訟活動に利用してもらえるものと考える。

　なお、第1部の論集には直接、取り入れられなかったが、準抗告を考

えるうえで必要な理念、姿勢、現代的な論点、さらにはちょっとした裏話のような話題まで、多様な素材を提供すべく、これらは18のコラムとして整理した［→目次5頁以下］。各論文と関連づけられたコラムもあれば、そうでないコラムもあるが、実務家には参考になると思われる。

　末尾ながら、精力的に分析検討を行った本プロジェクト・チーム所属員（そして、その多くは、本書収録事例のうち相当数を担当した弁護人でもある）にはもちろん、事例提供いただいた愛知県弁護士会員の各位には、改めて謝意を表する次第である。

編集代表　金岡繁裕

目次

巻頭の言 …………………………………………………………… 2

第1部　準抗告事例分析

第1章
2号事由・3号事由の認定について

金岡繁裕

| Ⅰ | 本稿の検討内容 …………………………………………… 14
| Ⅱ | 裁判例の概観 ……………………………………………… 14
| Ⅲ | 2号事由について ………………………………………… 14
| Ⅳ | 3号事由について ………………………………………… 16
| Ⅴ | 2号事由・3号事由と勾留の必要性の棲み分け ………… 16

　コラム① 　1日でも早く　18
　コラム② 　準抗告の決定を待たずして釈放された事例　19

第2章
捜査先行の評価

不破佳介

| Ⅰ | 捜査先行事例とは ………………………………………… 20
| Ⅱ | 勾留決定(または勾留請求却下決定)の事例 ……………… 20
| Ⅲ | 勾留延長決定に対する準抗告事例 ……………………… 24
| Ⅳ | 全体の考察 ………………………………………………… 25

　コラム③ 　違法捜査、蒸し返し論を準抗告で主張する意味、実践　29
　コラム④ 　勾留取消か準抗告か　29

第3章
供述内容・供述態度の評価
上田学

I　分析対象について ………………………………………………… 31
II　自白・否認の別についての概論 ……………………………… 31
III　供述態度についての概論 ……………………………………… 32
IV　刑訴法60条の各要件との関係 ……………………………… 32

  コラム⑤　黙秘でも釈放された事案　39
  コラム⑥　特別抗告をしよう　39

第4章
共犯関係の評価
不破佳介

I　勾留決定（または勾留請求却下決定）の事例 ………………… 41
II　勾留の要件との関係 …………………………………………… 41
III　勾留延長決定に対する準抗告事例 …………………………… 46

  コラム⑦　共犯者弁護人との接触等　49
  コラム⑧　明日の準抗告担当部は？　50

第5章
重要な情状事実の位置づけ
二宮広治

I　本稿の目的——「罪証」の対象と「重要な情状事実」……… 51
II　決定書における「重要な情状事実」という文言の使われ方 … 53
III　決定例の検討 …………………………………………………… 59
IV　まとめ …………………………………………………………… 62

  コラム⑨　疎明資料の充実　62

第6章
前科前歴・終局処分の評価
古田宜行

- I　前科前歴について …………………………………………………… 64
- II　終局処分の見込みについて ………………………………………… 68

　　コラム⑩　裁判官面談の活用　72
　　コラム⑪　取調べに弁護人が同席できないことを理由に
　　　　　　　出頭拒否すると身体拘束されるか　73
　　コラム⑫　勾留質問対策　75
　　コラム⑬　検察準抗告後の手続　75

第7章
被疑者の属性について
神保壽之

- I　はじめに ……………………………………………………………… 77
- II　分析の対象について ………………………………………………… 78
- III　決定における属性一般の挙げられ方 ……………………………… 79
- IV　決定における各属性の取り扱い …………………………………… 82
- V　少年 …………………………………………………………………… 92
- VI　外国人 ………………………………………………………………… 96
- VII　結びにかえて ………………………………………………………… 96

　　コラム⑭　勾留場所に関する準抗告　101
　　コラム⑮　令状関係書類の開示・謄写について　102

第8章
勾留延長の実態
二宮広治

- I　はじめに——本稿の目的 …………………………………………… 104
- II　事例の分析 …………………………………………………………… 104
- III　まとめ ………………………………………………………………… 110
- IV　補論——勾留延長準抗告で争うべき対象は何か ………………… 110

コラム⑯　手書きの勾留延長理由　111
　　コラム⑰　勾留理由開示請求の活用　113
　　コラム⑱　実現されなかった延長理由　114

第9章
犯罪類型ごとの傾向分析
小野田弦起

　Ⅰ　罪種での区別 …………………………………… 116
　Ⅱ　凶悪犯内での区別 ……………………………… 117
　Ⅲ　粗暴犯内での区別 ……………………………… 118
　Ⅳ　窃盗犯内での区別 ……………………………… 121
　Ⅴ　知能犯内での区別 ……………………………… 123
　Ⅵ　薬物事犯内での区別 …………………………… 124
　Ⅶ　交通事犯内での区別 …………………………… 126

第2部　裁判例集

事例❶	名古屋地決平21・6・24	139
事例❷	名古屋地決平21・6・15	141
事例❸	名古屋地決平20・4・2	143
事例❹	名古屋地決平20・10・27	145
事例❺	名古屋地豊橋支決平21・3・2	148
事例❻	名古屋地決平19・9・26	150
事例❼	名古屋地岡崎支決平25・2・22	152
事例❽	名古屋地岡崎支決平25・3・8	155
事例❾	名古屋地岡崎支決平25・5・17	157
事例❿	名古屋地決平25・8・30	159
事例⓫	名古屋地岡崎支決平25・11・3	161
事例⓬	名古屋地岡崎支決平26・3・17	163
事例⓭	名古屋地決平26・2・25	165
事例⓮	名古屋地決平21・7・16	167
事例⓯	名古屋地決平25・2・20	169
事例⓰	名古屋地決平25・11・1	171
事例⓱	名古屋地決平25・12・29	173
事例⓲	名古屋地決平26・2・26	175
事例⓳	名古屋地決平24・10・16	177
事例⓴	名古屋地決平25・2・22	179
事例㉑	名古屋地決平26・1・28	181
事例㉒	名古屋地決平25・5・2	183
事例㉓	名古屋地決平24・12・4	185
事例㉔	名古屋地決平26・5・29	187
事例㉕	名古屋地決平26・5・3	189
事例㉖	名古屋地決平24・6・29	191
事例㉗	名古屋地決平26・5・7	193

事例㉘	名古屋地決平26・5・25	196
事例㉙	名古屋地岡崎支決平26・9・13	198
事例㉚	名古屋地決平27・1・23	200
事例㉛	名古屋地決平26・8・28	202
事例㉜	名古屋地決平27・2・3	204
事例㉝	名古屋地決平26・6・3	206
事例㉞	名古屋地決平26・12・22	208
事例㉟	名古屋地決平27・2・16	210
事例㊱	名古屋地決平27・2・16	212
事例㊲	名古屋地決平27・2・12	214
事例㊳	名古屋地決平26・8・28	216
事例㊴	名古屋地決平27・1・24	218
事例㊵	名古屋地決平27・4・1	220
事例㊶	名古屋地決平27・4・3	222
事例㊷	名古屋地決平27・4・5	224
事例㊸	名古屋地決平27・5・30	226
事例㊹	名古屋地決平27・6・1	228
事例㊺	名古屋地決平27・5・6	230
事例㊻	名古屋地岡崎支決平27・4・3	232
事例㊼	名古屋地決平27・7・13	234
事例㊽	名古屋地決平27・5・6	236
事例㊾	名古屋地決平27・8・4	238
事例㊿	名古屋地決平27・8・14	240
事例㉑	名古屋地決平27・9・4	242
事例㉒	名古屋地決平27・2・24	244
事例㉓	名古屋地決平27・4・16	246
事例㉔	岐阜地決平27・6・23	248
事例㉕	名古屋地決平27・6・11	249
事例㉖	名古屋地決平27・11・12	251
事例㉗	名古屋地決平25・9・20	253

事例❺	名古屋地決平25・6・7	255
事例❺	名古屋地決平27・6・13	257
事例❻	名古屋地決平27・7・8	259
事例❻	名古屋地決平27・3・16	262
事例❻	名古屋地決平27・5・7	264
事例❻	名古屋地決平27・9・25	266
事例❻	名古屋地決平25・5・30	268
事例❻	名古屋地決平26・11・12	270
事例❻	名古屋地決平27・12・7	272
事例❻	名古屋地決平27・11・12	274
事例❻	名古屋地決平28・2・17	276
事例❻の2	名古屋地決平28・4・13	278
事例❻	名古屋地決平20・10・30	280
事例❼	名古屋地決平18・12・20	282
事例❼	名古屋地決平24・6・20	284
事例❼	名古屋地岡崎支決平25・1・28	286
事例❼	名古屋地岡崎支決平25・3・26	288
事例❼	名古屋地岡崎支決平25・5・8	290
事例❼	名古屋地岡崎支決平25・8・2	292
事例❼	名古屋地岡崎支決平25・12・10	294
事例❼	名古屋地決平25・8・18	296
事例❼	名古屋地決平25・5・18	298
事例❼	名古屋地決平23・9・13	300
事例❽	名古屋地決平23・2・2	302
事例❽	名古屋地岡崎支決平22・4・5	304
事例❽	名古屋地決平26・6・2	306
事例❽	名古屋地決平26・5・14	308
事例❽	名古屋地決平27・1・13	310
事例❽	名古屋地岡崎支決平26・6・20	312
事例❽	準抗告申立に対し検察官が自主的に釈放した案件	314

事例❽	名古屋地決平27・6・6	………………………………	318
事例❽	名古屋地決平26・12・5	………………………………	320
事例❽	名古屋地決平27・8・12	………………………………	323
事例❾	名古屋地決平27・8・25	………………………………	325
事例❾	名古屋地決平27・9・11	………………………………	327
事例❾	名古屋地決平27・3・2	………………………………	329
事例❾	名古屋地決平27・9・10	………………………………	331
事例❾	名古屋地決平24・10・29	………………………………	333
事例❾	名古屋地決平27・6・22	………………………………	335
事例❾	名古屋地決平27・6・3	………………………………	337
事例❾	名古屋地決平27・4・17	………………………………	339
事例❾	名古屋地決平27・12・7	………………………………	341

◎判例は、たとえば、「最高裁判所平成26年11月17日決定」の場合、「最決平26・11・17」と表記した。
◎［→●●頁］は、「本書の●●頁以下を参照」を意味する。
◎注は、注番号近くの頁に傍注として示した。

第 1 部
準抗告事例分析

第1章
2号事由・3号事由の認定について

金岡繁裕

I 本稿の検討内容

　本稿では、当初勾留に関わる裁判例69例を対象として、特に裁判所が、2号事由・3号事由を否定した事例について焦点を当て、どのような場合に2号事由・3号事由が否定されているのかを検討した。
　その上で、最決平26・11・17が、罪証隠滅の現実的可能性の程度を問題として、その現実的可能性が低いことを理由に勾留の理由はあるが勾留の必要性がないと判断した当初決定を追認したことを踏まえ、2号事由・3号事由と勾留の必要性の棲み分けについて、一定の考え方を提示した。

II 裁判例の概観

　2号事由・3号事由の双方を否定した裁判例は、事例❸、事例❹、事例❺、事例❻、事例⓲がある。2号事由を否定した裁判例は、事例❷である。3号事由を否定した裁判例は、事例⓭、事例⓯、事例⓳、事例㉓、事例㉖、事例㉟、事例㊳、事例㊷である。他に、職権で嫌疑の相当性を否定した事例が1例ある（事例❶）。
　なお、うち事例㉜以降の番号の事例は、すべて、最決平26・11・17以降に出されたものである。

III 2号事由について

　1　罪証隠滅を疑うに足りる相当な理由の有無について、これを否定している裁判例は、その判断理由を見る限り、被疑事実の罪体部分を念頭に検討し、罪体部分の立証に関し罪証隠滅の可能性や実効性に欠ける場

合、これを否定しているように読めるものが多い。

　たとえば事例❷は、警察車両への体当たりという公務執行妨害事案において、現認した警察官３名の供述調書や再現見分が実施されていることから、端的に２号事由を否定し、事例❹も詐欺の共犯者らの自白供述が証拠化されていることを捉えて、２号事由を否定しているというようにである。

2　これに対し、被疑事実の罪体部分のみならず、動機、経緯、さらには心情や常習性といったところまでを、罪証隠滅の対象に含める裁判例は、ほとんどの場合、２号事由それ自体は肯定することになる。

　たとえばスーパーにおける万引き事案である事例⓱は、現認事案であり自白も得られているが、犯行に至る経緯の詳細な供述が得られていないことを理由に挙げ、２号事由を一応は肯定しているし、事例㊳も、腹立ちまぎれに郵便局の窓を蹴り割ったとされる事案であるが、動機経緯等の重要な情状要素に関し、関係者に働きかけるおそれがないとはいえないとして、２号事由を一応肯定している。事例㊺は、ダフ屋行為の事例であるが、常習性の有無が不明であることを理由に２号事由を肯定している。

3　以上の通り、大きな対立点として、罪体を中心に考えれば足りるという見解と、「重要な情状事実」までを対象に含めて考える見解との対立があるようである。そして、「重要な情状事実」までを対象に含めて考える見解には、それをどこまで広げるか、また、未解明であることをどの程度、被疑者の身体拘束に転嫁するかで、濃淡がある。

4　思うに、何が「重要な情状事実」かは、勾留当初の段階では正確に見極めづらい。まして、「なにか重要な情状事実が隠されているかもしれないから勾留しよう」というのでは、憲法の人身の自由の保障にもとろう。

　「重要な情状事実」がまったく対象とならないとまでは言い切れないとしても、枝葉はしょせん枝葉であり、また、未解明である場合を不利益

に転嫁されないよう、弁護人としては、意識的に言及していく必要がありそうである。

IV 3号事由について

1 2号事由は認めても3号事由は認めない裁判例も複数が認められた。嫌疑の相当性があり、かつ、罪証隠滅をしかねない、と疑われても、逃げるまでではない、という判断がされているということである（事例❷などは、3号事由の認定は否定されたが、結論においては、勾留が維持された）。

2 概括的にいうと、身分関係の安定（長期勤続事実、家族と同居、経済的支柱）や、捜査機関への協力姿勢（弁護人との連携、身元保証）が肝であろう。そして、このような要素は、勾留当初の段階で弁護人が積極的に収集しなければ疎明されないことも多いから、弁護人に課せられた使命は大であるということができる。

V 2号事由・3号事由と勾留の必要性の棲み分け

1 最決平26・11・17は、読みようによっては、罪証隠滅の現実的可能性が低くとも勾留の理由はある（2号事由は認めてよい）が、勾留の必要性の判断を左右する大きな要素となる、と読める。

このような読み方を前提とすると、現実的可能性が低い罪証隠滅しか想定されない事案であっても、ひとまず2号事由を認定して勾留することができてしまい、あとは、勾留の必要性が肯定されるか否かの匙加減一つで決まる、ということになりかねない。実際、事例❸などは、衆目のあるところでの突発的な器物損壊行為であり、罪体はもちろん、動機や経緯についても、およそ隠滅がありうるような話でもないと見受けられるが、それでも2号事由は肯定され、しかし勾留の必要性を否定する論旨部分では「かなり低い」とされている。「かなり低い」罪証隠滅のおそれでも、とりあえず勾留が正当化されるというのは、非常に危うい印象

がある。

2 まして、勾留の必要性は、法律上、明文規定があるわけでもなく、その内容は非常に漠然としている。

今回、検討した事例中でも、2号事由や3号事由は肯定しつつ、その程度の小ささを自認して勾留の必要性を否定した事例は多いが（事例❸、事例❹、事例❹等々）、勾留の必要性の内実が曖昧である現状で、それに勾留裁判の帰趨の大部分を委ねてしまうことは、裁判の透明性を欠き、解釈論としては否定されるべき方向性であろう。たとえば事例❹は、被疑者が外国籍であり、帰国も可能だとして3号事由を認定しつつ、他方で、難民申請中であり特定活動の在留資格を有しているとして逃亡のおそれの程度を小さいとしているのであるが、難民申請中であって、通常、帰国に拒否的であるという事情を捨象して3号事由を認めてしまうことは、あまりに机上の論であり、空疎である。この場合、難民申請中であるという具体的事情も加味して、3号事由を否定すべきであったと思われ、2号事由・3号事由の検討は抽象的外形的に行い、勾留の必要性の審査の段階で具体的な個別事情に配慮するという方向性は否定されるべきである。

3 勾留の必要性の内実が漠然としている点は、今回検討した裁判例中でもすでに理解に混乱が見られる点からも、指摘できる。

勾留の必要性を否定した裁判例の中で目を引いたのは、勾留が過酷であるという趣旨の指摘をして勾留の必要性を否定する裁判例群である（事例❸、事例❸、事例❹、事例❹、事例❹等、多数）。

事例❸は勾留による失職の危険を指摘し、事例❹は自営業の経営に不利益が生じることを指摘し、事例❹も自営業への不利益が相対的に大であることを指摘するのであるが、本来、2号事由・3号事由を勾留理由とした趣旨が、捜査への支障の回避や公判確保にあるとすれば、このような事情が勾留の帰趨を分けるというのは不自然である。つまり、捜査への支障の回避や公判確保において同程度の案件において、被疑者が自営

業者であれば勾留できないが、無職なら勾留してよい、というのは、誤っていると考えるからである（裏から読めば、経営への不利益が大きいということは、生活維持を優先する動因となるから2号事由・3号事由を逓減させるのだと読めなくもないが、迂遠に過ぎるだろう）。

　このような奇異な現象が生じるのは、2号事由・3号事由の内容が空疎化したためと考えるべきであり、無職であろうと自営業者であろうと、捜査への支障の回避や公判確保において同程度の案件においては、等しく、勾留の理由段階で、釈放を命じるべきであり、そのように、2号事由・3号事由の内容を充実させるのが本来であろう。

【ワンポイントアドバイス】
・2号を争う場合は、罪体に加え、「重要な情状」関係も意識する。
・勾留に伴う弊害を強調する前に、2号・3号についてしっかり論述する。

> **コラム①**
> **1日でも早く**
>
> 　身体拘束はそれまで平穏な社会生活を営んでいた依頼者にとって甚だしい不利益であるから、文字通り「1日でも早く」依頼者を身体拘束から解放することが求められる。勾留決定から5日後に準抗告が認められ釈放されたとしても、「良かった」と喜ぶのではなく「もっと早く申し立てるべきであった」と反省するべきであろう。
>
> 　初回接見の際に勾留裁判で勝ちうる事件かあたりをつけ、見込みがあれば被疑事実関係は勿論、身上関係についても十分に聴取し、接見中に誓約書等を作成してもらうのがよい。接見中又は直後に警察署内でできる情報収集も相当あり、勾留状謄本が手元になければ（賛否はあるだろうが※）留置担当の警察官に求めて確認させてもらうことができるし、携帯電話に記録された親族等関係者の連絡先も留置担当または捜査担当の警察官に尋ねれば把握できる可能性がある。
>
> 　被害者の連絡先をその場で教えてくれなければ、検察官の許可を得て教えてくれるように言づけておくべきである。関係者の連絡先が判明次第、連絡をとり、身元引受書等の疎明資料の作成にとりかかる。被害者がいるなら

ば直ちに示談交渉を開始し、合意に至らなくとも交渉に着手したという事実を作る。欲を言えば、現地に赴き、防犯カメラなど隠滅対象とならない証拠があるか確認してくることも有用である。

そのうえで適切な準抗告申立書を作成し、提出する。遅くとも初回接見の翌日中には申立てにこぎつけたいものである。

古田宜行

※ 警察官から事実上、便宜を図ってもらうことに強い抵抗感を示す弁護士から異論が示されたことを付け加える。同弁護士によれば、「勾留状謄本は、裁判所にファクスしてもらう」（理を尽くして説けば基本的に断られない）のだとか。

コラム②
準抗告の決定を待たずして釈放された事例

勾留決定に対する準抗告申立てをなしたが、裁判所の決定を待たずに（検察官の自主的な判断で）釈放されるケースがある。本書収集事例❽も、そのような事案であると推察される。筆者にも経験がある。

筆者の経験事例は、いわゆる社交飲食店での喧嘩に起因する傷害事件である。逮捕された翌日に示談が成立したので、示談書を添えて勾留請求をしないよう検察官に申し入れをなしたものの、勾留請求がなされ、勾留決定が出てしまった。そこで、示談書を疎明資料として準抗告申立てをなしたところ、裁判所に申立書を提出後ほどなくして、検察官から、「本日釈放します」との連絡があり、釈放された。裁判所から検察官に何らかの働き掛けがあったのかどうかは、不明である（申立後に裁判所から「検察庁に釈放するように連絡をするので、申立てを取り下げられたい」旨の連絡を受け、実際にほどなくして被疑者が釈放されたという経験をした者もいるということである）。

この事案では、準抗告が認容される可能性が相当程度あった。しかし、準抗告をすることなく等閑視していれば、おそらく10日間勾留されたであろう。躊躇なく準抗告すべき事案であり、迅速さ、果断が依頼者の人権を守るのである。

二宮広治

第2章
捜査先行の評価

不破佳介

I 捜査先行事例とは

　本章において取り上げる捜査先行事例とは、準抗告の対象となった事例を本件とした場合に、本件の逮捕・勾留に先立って捜査機関により一定の捜査がなされたか、または、一定の捜査をすることが可能であったと思われる事例をいう。これらの事例のうち、別件について逮捕・勾留がされている場合には、本件の逮捕・勾留が違法な再逮捕・再勾留にあたるかを判断したものも含めた。

　なお、収集された事例の中には、本件の逮捕前に、被疑者が任意の事情聴取に応じた場合、自首した場合または出頭した場合の事例があり、これら被疑者の自発的行為をきっかけに、捜査機関により被疑者の供述等が証拠化された事例が複数存在するが、これらの事例については、被疑者の事情に関するものとして、第3章「供述内容・供述態度の評価」で検討しているので、参照されたい［→31頁］。

II 勾留決定（または勾留請求却下決定）の事例

　勾留決定（または勾留請求却下決定）に対する準抗告事例全68件のうち、捜査先行事例は9件（事例❸、❾、❿、⓬、㉘、㊴、㊸、㊳、㊾）であった。
　この9件のうち、被疑者の身体拘束を解く結論に至った事例、すなわち、弁護人準抗告を認容したものおよび検察官準抗告を棄却したものは3件であり（事例❸、㊴、㊸）、被疑者の身体拘束を認める結論に至った事例、すなわち、弁護人準抗告を棄却したものおよび検察官準抗告を認容したものは6件であった（事例❾、❿、⓬、㉘、㊳、㊾）。
　以下、各事例を紹介する。

1 被疑者の身体拘束を解く結論に至った事例

事例❸（重過失傷害）

　2008（平成20）年3月28日の本件の勾留許可決定（飼育する大型犬6頭を散歩させるにあたり、係留せず、他人の犬を襲うなどしていたことから、同様に放し飼いにすれば、第三者の犬を襲い単独では制御不能になることが容易に予想できたにも関わらず、係留する義務を怠って、被疑者の大型犬6頭のうち数頭が、被害者の犬に襲い掛かったうえ、被害者の左環指を咬むなどして同人に加療1週間を要する傷害を負わせた重過失傷害被疑事件）において、2007（平成19）年7月30日に大型犬6頭の飼育に関し、狂犬病予防法違反、動物の愛護及び管理に関する法律違反で逮捕、勾留され、同被疑事実に関しては必要な捜査が遂げられたうえで、同年8月15日狂犬病予防法違反で罰金刑に処せられたこと、本件被疑事実に関しても、現時点までに相当程度捜査が進み、証拠が収集されていることなどが認められるとし、被疑者の供述態度等を勘案しても、被疑者が罪証を隠滅すると疑うに足りる相当な理由があるとまではいえないとした。

　相当程度進んでいたという捜査の内容については、決定書からは読み取ることはできないが、準抗告申立書によれば、別件についても、飼育実態等本件被疑事実と重なる部分が多く、飼育実態に関するパソコンやデジタルカメラ等はすべて先行した別件逮捕時に押収されていることや、先行する事件の捜査の端緒が本件であったという特殊性、別件の釈放後半年以上経過していたという事情が存在する事例であった。

事例㊴（威力業務妨害）

　本件犯行に際して別件傷害事件を起こして現行犯逮捕されており、その捜査過程で、本件犯行状況が撮影された防犯カメラ映像が解析済みであること、本件犯行の多数の目撃者について供述調書が作成済みであること等から被疑者が罪証隠滅行為におよぶ可能性・実効性が低いとされた事例。

事例㊸（傷害）

　本件は現場に臨場していた警察官の面前で行われたものであり、逮捕

までの約6カ月の間に罪体や犯行の経緯等に関する証拠はおおむね収集されていること等から、本件について罪証隠滅のおそれ及び逃亡のおそれの程度は低く、勾留するまでの必要性があるとは認められないとされた事例。

2　被疑者の身体拘束を認める結論に至った事例

事例❾（窃盗）

本件と共犯者を同じくする同種のタイヤ窃盗について、別件逮捕勾留が先行した事例において、本件と別件は日時場所や被害者が異なり、同時捜査が可能とは言えないとして、本件勾留が違法な逮捕・勾留の蒸し返しであるという弁護人の主張を排斥した事例。

事例❿（住居侵入・窃盗）

別件で2013（平成25）年7月25日に逮捕され、同年8月9日に窃盗幇助で起訴されたのち本件で勾留されたことについて、不当な勾留の蒸し返しであるとの主張に対し、別件での捜査過程でそれと並行して本件の取り調べが進められていたからといって、現段階における本件に関する取り調べの必要性がなくなるわけではないから、勾留の必要性は認められると判断した事例。

事例⓬（窃盗）

本件に先行した別件の逮捕・勾留期間において同時捜査が容易に可能であったとの主張に対し、犯行の日時場所や被害者が異なり、同時捜査が容易であったとはいえないから、勾留の必要性は否定されないとした事例。

事例㉓（覚せい剤取締法違反）

別件被疑事実による逮捕・勾留が先行していた事例において、原裁判は、別件逮捕・勾留期間中に本件被疑事実についても捜査を行うことが可能であったことなどを重視して勾留請求を却下したが、検察官の準抗告を受けた準抗告審は、別件被疑事実により身体拘束を受けている間、本件被疑事実について曖昧な供述をし、覚せい剤の入手状況等についても十分な供述をしていないことを指摘し、別件での身柄拘束中に本件の捜査

を十分に行われたという状況にはないとした。そして、事件単位の原則のもとにおいても、例外的に、ある被疑事実による身柄拘束を利用して別の被疑事実についても捜査が遂げられているとして、前者の被疑事実による身柄拘束後、後者の被疑事実により改めて身柄を拘束することが不当となる場合があることは否定できないが、本件はそのような例外的な場合ではないとし、検察官の準抗告を認めた事例。

事例㊽（盗品等保管）

本件に先行する別件被疑事実について逮捕・勾留されていたものの、一件記録および別件被疑事件記録からすると、別件被疑事実による逮捕勾留期間中に本件被疑事実についての必要な捜査が遂げられたとは認められず、本件勾留の必要性も認められるとされた事例。なお、弁護人による違法な再逮捕再勾留にあたるとの主張に対し、被害者や保管時期など基礎となる事実が異なっているとして、弁護人の主張を排斥している。

事例㊾（覚せい剤取締法違反）

本件に先立ち、覚せい剤譲渡の被疑事実により勾留されており、前回の勾留期間中に、被疑者が提出した尿の鑑定結果が判明していたのであるから、余罪捜査として本件の捜査を遂げるべきであったという弁護人の主張に対し、時期や内容等が異なり、特に関連性があると認められず、必要な捜査の主要な部分が共通するとはいえないとし、前回の勾留期間中に捜査機関が本件をすでに認知していたとしても、余罪捜査として同時に処理すべきであったとはいえないから、勾留すること自体は違法ではないとした事例。

3 事案の分析

上記9例を見ると、捜査先行によって捜査機関にどのような証拠が収集されたかが明確になっている事案については、被疑者の身体拘束を解く方向で判断されているように思う。

他方で、別件で逮捕・勾留されており、その別件勾留の際に本件についても捜査をするべきであった（またはすることができた）という主張については、別件と本件との違い等を理由に、弁護人の主張を認める例はな

かったようである。

　上記9例の決定文を見ると、捜査先行型においても、単に捜査が先行していることを指摘しただけでは勾留が認められないという判断に傾くことはなく、勾留の要件である罪証を隠滅すると疑うに足りる相当な理由に引き付けたうえで、具体的に、その理由がないことを指摘しなければ、裁判所は被疑者の身体拘束を解く判断までには至らないと思われる。

III　勾留延長決定に対する準抗告事例

1　概略

　勾留延長決定に対する準抗告事例全29件のうち、捜査先行に言及するものは4件（事例⑩、㊵、㊽、㊾）であった。この4件のうち、検察官の勾留延長請求に対して勾留延長期間を制限した事例が2件（事例⑩、㊵）、検察官の勾留延長請求を認めたものが2件（事例㊽、㊾）であった。　以下、各事例を記載する。

事例⑩（ガス等漏出、激発物破裂、現住建造物等放火）

　ガス等漏出、激発物破裂、現住建造物等放火被疑事件において、犯行からすでに2年10カ月余りが経過し、その間の捜査により客観的証拠が相当程度収集されていることを指摘し、勾留延長期間は4日間が相当であると認められ、その限度で208条2項のやむを得ない事由があると認められるとした事例。

事例㊵（窃盗）

　本件（6月●●日被害申告）発生後である8月●●日にした同一被害者宅への侵入容疑で同日現行犯逮捕され、同月●●日に同罪で起訴、その捜査段階で本件被疑事実に関する捜査も進められており、原裁判時までには相当程度の証拠が収集されていると指摘し、延長を認めるべき勾留期間を10日間とするのは長きに失し、5日間とするのが相当であり、その限度で理由があるとした事例。

事例㊽（出入国管理法違反）

　被疑者および共犯者らの身柄拘束に先立ち、関係先の捜索差押えがさ

れ、多数の関係資料等が押収されていたことは認めながらも、罪証隠滅を疑う相当な理由も勾留の必要性も認められるとし、さらに、すでに押収された関係資料を精査して、共犯者らを含む多数の関係人を取り調べる必要があるとし、10日間の勾留延長はやむを得ないとした事例。

事例⑩（青少年保護育成条例違反）

在宅での捜査が先行していた等弁護人の主張を踏まえたとしても、関係証拠を精査したうえで関係者および共犯者に対する取り調べを遂げ、そのうえで、さらに被疑者の取り調べをする必要があるとして、10日間の勾留期間延長はやむを得ないとした事例。

IV 全体の考察

1 逮捕・勾留が先行していた場合

(1) 別件逮捕・勾留中に本件の取調べが行われていた場合

別件（違法な別件勾留ではない）の勾留中に本件の取り調べを受けていた場合、これを本件の勾留期間の判断において考慮すべきかという点について、捜査官が別件の勾留を利用して本件の取調べを行うということは、実質的には本件につき勾留したのと同じ効果を持つのであり、この実質に着目し、すでに本件につき取調べが行われたことは被疑者に有利に考慮されなければならないから、本件において許容される勾留期間は別件の勾留期間中本件の取調べを行った日数を差し引いた期間ということになろうと指摘するものがある（『増補　令状基本問題〔上〕』〔一粒社、1996年〕223～224頁）。

よって、弁護人としては、別件時にすでに本件の取り調べを受けていたのであるから、本件の勾留期間においてこれを考慮した場合には、すでに勾留すべき期間は残っていないため、あるいは少なくとも10日未満であるため、勾留の必要性がないと主張することが考えられる。

なお、上記事例とは本件と別件の時系列が逆の事例（本件勾留延長時に余罪捜査の必要性を考慮してよいかという問題）について、消極に解したものとして事例㋑がある。

(2) 再勾留について

　そもそも、同一の被疑事実に関しては、原則として、逮捕・勾留は一回しか許されないと解されており（一罪一逮捕一勾留の原則）、被疑者の身体拘束を厳格に規定している刑訴法の趣旨からしても、この原則は尊重されるべきである。

　他方で、刑訴法には、再逮捕を想定した規定が置かれており（刑訴法199条3項）、勾留も逮捕と密接不可分の関係を有する以上、再逮捕・再勾留について、一定の要件のもとで許容されているという現状がある。

　この再逮捕・再勾留に関し、大阪地決平21・6・11（勾留請求却下に対する準抗告申立事件〔判タ1321号283頁〕）は、同一の被害者に対し、2回に渡り金員を脅し取り、また、脅し取ろうとした恐喝および恐喝未遂事案（両事実は併合罪関係にある）において、「両事実が人的に共通していることは明らかであり……、両事実の行為態様は必ずしも同一とはいえないとしても、いずれの行為も10年以上前の貸金等の返済を受けようとし、被害者から金員を脅し取ろうという共通の目的に向けられた行為であるといえるし、被疑者らが被害者に対し支払いを迫った債権は、平成8年に共犯者Aが被害者に対し行った2,000万円の融資等に起因するものであるから、……背景事情や恐喝の目的という点で経済的にも密接に関連するということができる。時的な点をみても、両事実は連日の出来事であり、被疑者らは、前日の分割金支払いをむげにされたことから再度返済を求めて恐喝に及んだものであって、近接性も高いものといえる」として、行為態様の共通性、経済的な関連性、時的な近接性を指摘し、両事実の共通性を検討している。

　さらに、同決定は、「平成21年2月24日に被害者が警察に被害申告をしたことにより、本件は捜査機関が認知していたのであり、遅くとも同年3月19日には、捜査機関は、被害者に対する取調べを行った上で両事実の内容を相当程度把握していたと認められるのであって、これらの事情も併せ考えると、捜査機関において両事実につき前回勾留の際に同時処理を行うことが困難であったとは認められない」として、捜査機関による同時処理の可能性についても検討を加えている。

以上の検討を踏まえ、同決定は「本件勾留請求にかかる被疑事実と、前回勾留にかかる被疑事実は実質的に同一であり、本件勾留請求は違法な再勾留請求である」として本件勾留請求を却下した原裁判に対する準抗告を棄却したのである。
　以上のとおり、一罪一逮捕一勾留の原則のもと、再逮捕・再勾留については、そもそも限定的に考えられるべきであるところ、弁護人としては、先行する別件の逮捕・勾留が、同勾留における取調べの実態や捜査の実態等の事実を具体的に適示し、先行事件と本件との形式的共通性（人的・経済的・時的な共通性）、実質的共通性（捜査機関による同時処理の可能性〔捜査機関が当該犯行事実をどの程度把握していたか、各犯行事実の証拠がどの程度共通するか〕）を指摘し、後行の逮捕・勾留が実質的には違法な再逮捕・再勾留にあたることを主張すべきである。

2　罪証を隠滅すると疑うに足りる相当な理由がある場合との関係

　罪証隠滅のおそれが比較的低いと考えられる場合として、「それまでの捜査により罪体に関する重要な証拠がすでに収集されている場合」（別冊判タ34号120頁）が想定されているところ、それまでの捜査とは、勾留請求された時点までにおける捜査機関の証拠の収集状況が問題とされるべきであるから、捜査先行型においては、とりわけ、罪証を隠滅すると疑うに足りる相当な理由は少ない、ひいては、勾留の必要性は低いと考えるのが自然である。
　もっとも、単に捜査が先行しているというだけでは、罪証を隠滅すると疑うに足りる相当な理由がないとはいえず、弁護人としては、先行した捜査によって、捜査機関がどのような証拠を確保したのか、だれの供述を証拠化したのか等を具体的に指摘することによって、罪証を隠滅すると疑うに足りる相当な理由がないことを主張しなければならない。

3　勾留延長について

　刑訴法208条の「やむを得ない事由」とは、「事件の複雑困難（被疑者もしくは被疑事実多数のほか、計算複雑、被疑者関係人らの供述またはその他の証

拠のくいちがいが少なからず、あるいは、取調を必要と見込まれる関係人、証拠物等多数の場合等）、あるいは証拠蒐集の遅延もしくは困難（重要と思料される参考人の病気、旅行、所在不明もしくは鑑定等に多くの日時を要すること）等により勾留期間を延長してさらに取調をするのでなければ起訴もしくは不起訴の決定をすることが困難な場合」（最三判昭37・7・3民集16巻7号1408頁）をいうとされている（別冊判タ34号〔2012年〕174頁）。

　捜査先行型との関連でいえば、少なくとも、逮捕勾留時において捜査が先行していれば、勾留延長時においてもなお証拠の収集が困難であるといえる場合は極めて限定されるといえるのではないだろうか。

　もちろん、捜査の先行の程度にもよるとは思われるが、捜査機関が被疑者の逮捕・勾留に先立って当該被疑事実の捜査を先行しておきながら、勾留延長時においてもなお証拠収集の必要があるという場合は想定しづらい。

　したがって、弁護人としては、捜査先行型において勾留延長請求がされた場合には、証拠収集の遅延は存在しない、または、証拠収集の遅延が存在したとしてもそれは捜査機関の懈怠に基づくものであるという事情を主張するべきである。

【ワンポイントアドバイス】
・捜査が先行している事案では、先行した捜査により収集された証拠を具体的に指摘する。
・別件逮捕・勾留の事案では、別件と本件との同種性等を具体的に指摘する。

コラム③
違法捜査、蒸し返し論を準抗告で主張する意味、実践

　逮捕そのものに対する準抗告を否定するのが判例の立場である。ゆえに、現状における逮捕の違法についての最も早期の司法審査は勾留に対する準抗告であろう。そして、実際に違法な逮捕に引き続く勾留が許されないとされた事例もある。

　また、1事件につき最大23日間にわたる起訴前の身体拘束は、それ自体が国際的にも長い。加えて、複数の被疑事件がある場合には、大概、先行事件の勾留満期に密着して後行事件で逮捕、引き続き勾留が行われる。そこに見られるのは、捜査手持ち時間の最大化という発想であり、身体の自由に対する侵害の最少化という観点は見られない。

　勾留決定や勾留期間延長決定に対する準抗告は、当該被疑者を身体拘束から解放し又は拘束期間を縮減させる活動である。違法逮捕や、いわゆる逮捕勾留の蒸し返しの主張は、まず、そのための手段である。前者については、東京地決平成27年1月6日D1-Law判例ID28232743、後者については京都地決平成27年11月20日LEX/DB文献番号25541880のように、近時の認容事例も見受けられる。

　しかし、それにとどまらず、「防犯に地域の目」などと言われるのと同様、絶えず全国の刑事弁護人が捜査活動に目を光らせていることを捜査機関、そして裁判所に認識させるという点においても、これら主張を行う意義があるであろう。

神保壽之

コラム④
勾留取消か準抗告か

　被疑者勾留において、勾留決定後に示談が成立した、身元引受人が見つかった、など、勾留決定「後」の事情からすると、もはや勾留要件を満たさなくなった場合、その事情を「勾留決定に対する準抗告」で主張すべきか、「勾留取消請求」で主張すべきか判断に迷うことがあるかもしれない。

勾留決定後の事情であるから、勾留決定そのものに違法がないと考えると、勾留取消請求を行なうことが適当のようにも思われがちである。しかし、同手続によれば、法律上、検察官の意見聴取が必要的とされており（刑訴法92条2項、1項、法207条1項）、その分時間がかかるという問題がある。また、単独裁判官が判断することから、合議体で審理される準抗告と比較して、勾留決定をした裁判官に対する「配慮」が働きやすいのではないかという懸念もある。今回の収集事例のうち、被疑者勾留に対する準抗告決定において勾留決定後の事情を評価して身柄解放を認めたものは多数あった。実務上、（1年以上も後の事情変更の事案はともかくとして）被疑者勾留決定後、数日中に生じた事由を準抗告において主張することは全く否定されていない（議論にすらなっていない）。一日でも早い身柄解放を目指して、手続選択を迷って余計な時間を費やすのではなく、直ちに勾留準抗告申立書の起案に着手すべきである。

上田学

第3章
供述内容・供述態度の評価

上田学

I　分析対象について

　本稿では主に、被疑事実についての自白・否認の別が、勾留決定に対する準抗告審においてどのように評価されているかを検討した。
　また、収集事例中、多くの準抗告申立書において「素直に認めている」「一貫して認めている」等被疑者の供述態度について触れられているものが散見されたところ、これに対して準抗告審がどのように評価しているかを検討した。

II　自白・否認の別についての概論

　収集事例は68件、そのうち、被疑者にとって有利な判断、すなわち弁護人準抗告を認容したものおよび検察官準抗告を棄却したもの（以下、これらを「認容事例」と呼ぶ）は38件、被疑者にとって不利な判断、すなわち、弁護人準抗告を棄却したものおよび検察官準抗告を認容したもの（以下、これらを「棄却事例」と呼ぶ）は、30件であった。
　収集事例全68件中、被疑者・被告人の供述内容について決定文で明確に言及されている（具体的な供述内容が認定されているもののほか、「認めている」「否認している」「分からないなどと曖昧な供述をしている」等判断されているものも含む）ものは52件あり、言及されていないものは16件（事例❸、❺、❾、⓫、⓯、⓴、㉔、㉙、㊳、㊿、㊺、㊾、㊻、㊽、㉚、㊿）であった。また、この14件の内、決定文からは具体的な供述内容は判断できないものの、被疑者または被告人の「供述状況等を考慮すると」「弁解内容を考慮すると」等判断して結論を導き出しているものは10件（事例❸、❾、⓫、⓯、㊳、㊿、㊺、㊾、㊻、㊽）で、被告人の供述内容についてまったく言及され

ていないものは6件（事例❺、⓯、⓴、㉔、㉙、㉞）に過ぎなかった。

　すなわち、収集事例68件中、決定文において被疑者・被告人が被疑事実についてどのような供述をしているかにつき何らかの形で触れられている事例は合計62件あり、全体のうち約9割を占めた。準抗告審の結論に影響を及ぼす要素であることはまず間違いないといえよう。

III　供述態度についての概論

　他方、供述態度にみると、「一貫して認めている」等として、供述態度に有意な評価が下されている事例は68件中、9件（事例⓱、⓳、㉖、㉚、㉜、㉝、㊴、㊻、㉚）であった。それ以外の供述態度、たとえば、申立書に散見された「素直に」供述している等について、有意に評価している事例は一件もなかった。[1]

　事例収集の結果、申立書で記載されている件数に比して、決定文で有意な評価が下されている件数は少ないという結果であった。供述態度が準抗告審の結論に影響を及ぼす程度は、決定文からは読み取ることができなかった。

IV　刑訴法60条の各要件との関係

1　認容事例

　認容事例全38件中、決定文において被疑者・被告人が被疑事実について「認めている」と認定されているものは19件（事例❻、⓭、⓲、⓳、㉒、㉚、㉛、㉜、㉝、㉟、㊴、㊵、㊷、㊸、㊺、㊻、㊼、㊽、㉚）、「否認している」旨認定されているものは9件（事例❶、❷、❹、⓮、㉑、㊱、㊶、㊹、㊽）であった（それ以外の事例については、決定文からは認否が判然としない）。

　これらの各事例について、刑訴法60条の各要件のうち、2号・3号の

1　なお、「一応認めている」「あいまいな供述をしている」等の評価を下しているものは一定数存在したが、これは供述態度というよりはむしろ、供述内容についての評価であると捉え、供述態度について言及された事例としてはカウントしていない。

いずれとの関係で論じられているか、決定例を分析した。
(1) 「認めている」と認定された事件について
ア　19件のうち、2号要件を否定（勾留の必要性判断の中で「罪証隠滅のおそれはそれほど高くない」等判断しているものも含む）する文脈で論じているものは、14件（事例❻、⓲、⓳、㉒、㉚、㉛、㉜、㉝、㉟、㊴、㊵、㊷、㊻、㊼）であった。また、残り5件（事例⓭、㊸、㊺、㊽、㊿）についても、「被疑事実を概ね認めているものの」という枕詞の後に、消極事情を列挙して罪証隠滅のおそれを認定していることから、やはり2号要件該当性の判断事情（否定する方向に働く事情）として考えられている。

　以上総合すると、被疑事実を認めていることが、2号要件を否定する方向に働く事情とされていることは疑いようがない。
イ　ここに、罪証を隠滅すると疑うに足りる相当な理由の判断にあたっては、①「罪証隠滅の対象」、すなわちいかなる事実についての罪証隠滅が予想されるのか、②「罪証隠滅行為の態様」、すなわち予測しうる被疑者の行為を罪証隠滅行為の一態様として評価して良いのか、③「罪証隠滅の余地」、すなわち被疑者がそのような罪証隠滅行為に出ることが客観的に可能な状況にあるか、また、現実にそのような行為に出た場合に想定される結果はどのようなものか、④「罪証隠滅の意図」、すなわち被疑者の主観において、罪証隠滅行為を行なう意図があるか、を具体的事例に則して検討する（増尾崇「罪証を隠滅すると疑うに足りる相当な理由」別冊判タ34号〔2012年〕108頁〔以下、増尾論文という〕）との指摘がされている。

　被疑事実を認めていることは上記のうち③罪証隠滅の余地及び④罪証隠滅の意図、を否定する方向に働く事情として評価されているのであろう。

　ただし、認容事例のうち、被疑事実を認めていることを挙げて、2号要件そのものを否定している事例はわずか4件（事例❻、⓲、㉛、㉟）にとどまり、その他は勾留の必要性を否定した事例であった。被疑事実を認めている場合になお罪証隠滅の具体的可能性があるかを検討したうえ、それがない場合には、端的に2号要件を否定すべきである。この点が十分に検討されない（少なくとも決定文から十分に判断したことが窺えない）ま

まに「罪証隠滅のおそれは一応認められる」などと判断する決定文が散見されたが、妥当ではない。

ウ　なお、19件のうち、「認めている」ことを2号・3号を一括して否定する事情として挙げたものはあるものの、純粋に3号のみを否定する文脈で論じているものは、1件もなかった。

(2) 「否認している」と認定された事件について

ア　9件のうち事例❶は、嫌疑がないことを理由として準抗告の申立てをし、裁判所がこれに応じて職権で嫌疑の有無を判断し、結果、「被疑事実を犯したと疑うに足りる相当な理由があるとは言いがたい」として準抗告を認容した事例である。

嫌疑がないことを理由とした準抗告は認められていないとされているが、裁判所に職権判断を促す契機となることを示した好例である。

イ　その他8件はいずれも否認していることを2号要件との関係で論じているが、たとえ否認をしている場合であっても、準抗告が認容される場合があることを示す好例である。そのうちのいくつかを紹介する。

事例❷および㉑はいずれも警察官に対する公務執行妨害事例である。事例㉑については、110番通報を受けて臨場した警察官に対して暴行を加えたという事案であり、「被疑事実の一部につき故意を否認しているが、本件事案の性質、内容に鑑みると罪体について罪証を隠滅するおそれは乏しい」と判断されている（結果としては一応の罪証隠滅のおそれを認定したうえ、勾留の必要性を否定）。

事例❷は、警察車両の前に立ちはだかったり体当たりするなどして、職務の執行を妨害したという事案であり、「車両に体当たりしたことを否認しているが、事態の一部始終を現認した警察官3名の供述調書が作成され、警察官立ち会いによる犯行再現状況も証拠化されており、もはや被疑者による罪証隠滅のおそれは認められない」と判断されている。

事例㊱については、スーパーマーケットにおける万引き事案であるが、被疑者は代金の支払を忘れてしまったなどと弁解して窃盗の故意を否認しているところ、「被疑者が現行犯逮捕されており、犯行の一部始終を目撃した者が職業警備員であること、防犯カメラの画像記録が存在してい

ること、被疑者の弁解を裏付ける証拠を具体的に作出することは困難であること等に照らすと被疑者が前記罪体について罪証を隠滅するおそれ及びその実効性は低い」と判断し、勾留の必要性が認められないとして準抗告を認容した。

　上記３例は、いずれも否認はしているものの、上記増尾論文において挙げられた２号要件判断基準のうち、③罪証隠滅の余地、すなわち被疑者がそのような罪証隠滅行為に出ることが客観的に可能な状況にあるか、また、現実にそのような行為に出た場合に想定される結果はどのようなものか、を証拠構造との関係で判断したものであろう。

　たとえ否認事例であっても準抗告が認容される可能性を示したものとして参考になる。

　なお、事例㊱については否認をしていることを２号要件のほか、「被疑者が否認していることなどからすると、逃亡のおそれも否定できない」として３号要件との関係でも論じている点に特徴がある（ただし、結果としては上記の通り勾留の必要性を否定して準抗告を認容している。準抗告を棄却する場面において、否認＝３号該当と判断をした決定は、少なくとも今回の収集事例中には存在しなかった。またこの点について後記事例㉓が参考になる）。

２　棄却事例

　棄却事例全30件中、「認めている」と認定されたものは10件（事例❼、❽、⓬、㉞、㊲、㉛、㊽、㉜、㊺、㊻）、「否認している」（「分からないなどと曖昧な供述をしている」と認定されたものも含む）と認定されたものは８件（事例❿、㉓、㉗、㊾、㊽、㊿、㉛）であった。

(1)　「認めている」と認定された事件について

ア　10件とも「被疑事実を認めているものの」という枕詞の後に、消極事情を挙げて２号要件が認定された事例である。

　挙げられた消極事情としては、重要な情状事実について否認ないし明確な供述が得られていないとされたものが４件（事例❽、㉛、㊽、㉜）、事件後逮捕までの行動や供述態度、被害者との関係等からして、なお罪証

隠滅のおそれがあると認定されたものが６件（事例❼、⓬、㉞、㊲、(65)、(66)）あった。

この点、刑訴法60条１項２号にいう「罪証隠滅」の対象については、犯罪事実およびその認定について重要な意味を持つ事実にとどまらず、起訴・不起訴の決定や刑の量定に影響を及ぼす重要な情状に関する事実が含まれるというのが実務の一般的な運用とされている（前掲増尾論文）。

イ　事例(58)は、覚せい剤の自己使用事案において、被疑事実については認めているものの、入手先等について未だ明らかになっていないことから、重要な情状事実について罪証を隠滅すると疑うに足りる相当な理由があるとされた事例である。２号要件における「罪証隠滅のおそれ」の対象は罪体に関する証拠のみならず、重要な情状事実・周辺事実についての証拠を含むこと、そして、後者について具体的な供述がなされていなかったり、否認をしていると、たとえ罪体について認めており罪証隠滅のおそれがないとしても、なお勾留決定が維持されることを示した例である。

そして、事例(58)のように、実務上、覚せい剤自己使用事案において、覚せい剤の入手経路等について「重要な情状」と位置づけ、勾留決定を維持する場面にはよく出会う。しかし、覚せい剤自己使用の量刑判断においては同種前科前歴の有無に重要な意義がある一方、覚せい剤の入手経路が量刑に与えている影響は相対的に小さいといえ、このような事情を「重要な情状」と位置づけて勾留決定を維持する判断には極めて疑問がある。

⑵　「否認している」と認定された事件について

８件とも２号要件を肯定して棄却した事例であった。

事例㉓は、自動車運転過失傷害の事案であるが「事故から約５時間後に被疑者が夫らに付き添われて警察に出頭していること、被疑者の生活状況及び居住状況は安定していることなどに照らすと被疑者が逃亡すると疑うに足りる相当な理由を認めることはできない」として３号要件を否定したうえ、「対人事故を起こした事実は認めるものの、その認識について曖昧な供述をしていること……」等からして、「罪体及び重要な情状事実

に関する罪証を隠滅すると疑うに足りる相当な理由が認められる」として２号要件を認定している。

上記判断過程を検討すると、否認をしていることはあくまで２号要件との関係で論ずべきものであり、３号要件との関係では直接の影響をしないと評価しているようにも思われる。

(3) **黙秘事例について**

収集事例中、決定文および準抗告申立書から、被疑者が黙秘していることが明らかである事例は２件（事例❻⓪、❻⓻）あった。

このうち、事例❻⓪は、傷害事件において被疑者が黙秘している事案であるが、弁護人提出の意見書において「被害者は被疑者に会うより前に……（第三者である）男性から暴行を受けて既に負傷していた旨主張している（括弧書内は筆者）」ことを認定している。そして、「弁護人の主張を踏まえると、今後被害者を更に取り調べることはもとより、被疑者の主張の真偽を確かめる捜査を実施する必要がある」「被疑者と被害者の関係等に照らせば、現段階で被疑者を釈放すれば被害者に対して働きかけたり前記男性等の第三者と通謀したりして虚偽の証拠を作出するなどのおそれがある」として罪証隠滅のおそれを肯定している。

事例❻⓻は、共犯者と共謀して、通行中の被害者からバッグをひったくったという窃盗事件であるが、「被疑者及び共犯者の供述状況、被疑者と共犯者の関係等に照らせば、被疑者の身柄を釈放した場合、共犯者に働きかけるなどして、……罪証を隠滅すると疑うに足りる相当な理由があると認められる」としている。

では、黙秘権を行使していることは、刑訴法60条１項２号要件該当性との関係でいかに評価されるべきか。

この点、黙秘権の行使をしたことをもって被疑者に不利益な推測をすることは憲法38条の趣旨に反し許されないものとしたうえ、他方で、黙秘権行使の結果、被疑者が自らは捜査の手がかりを与えないことの結果、捜査機関が必要な証拠の収集等を早期に行なうことが困難になる場合、自白がある場合に比べて罪証隠滅の余地があると言える場合があるとの指摘がある。また、自白という供述態度が被疑者等の罪証隠滅の意図を

否定する方向に働く事情となりうるのと対比して、被疑者等が黙秘という供述態度に出ている場合には、その供述態度からは被疑者等の罪証隠滅の意図を否定する方向に働く事情を見いだせないから自白のある場合と同様の扱いをされないという意味で反射的に不利な立場に置かれることはやむをえないとの指摘もある（秋田志保「黙秘権の行使と勾留の理由、必要性」別冊判タ34号〔2012年〕122頁）。

　事例❻の事例は上記前段の指摘に沿う判断をしたものであろう。

　事例❻においては単に「被疑者の供述状況等に照らせば」「罪証を隠滅すると疑うに足りる相当な理由がある」との判断をしており、その決定文の短さからどのような判断過程を経たのか明らかでないが、あたかも黙秘権を行使している供述態度から罪証隠滅のおそれを推測しているようにもみえる。

　そもそも、勾留要件の実質的判断は総合判断であり曖昧化する危険を内在しているとの指摘があり（川崎英明「否認と保釈」『現代令状実務25講』〔日本評論社、1993年〕）、罪証隠滅のおそれの判断において黙秘しているという態度を被疑者に不利に評価する場合、「自白のある場合と同様の扱いをされないという意味で反射的に不利な」判断をしたものであるのか、それとも黙秘していること自体から罪証隠滅のおそれを直接推測したものであるのか（後者であるとすればそれは憲法上保障された黙秘権の一内容、すなわち不利益推認の禁止に正面から抵触するものである）その境界は判然としない。黙秘権の保障を実現させるためには、そもそも勾留要件の判断において黙秘権の行使を考慮すること自体を排斥することが必要なのではないかと考える（なお、否認も黙秘権の行使の一態様と捉え、罪証隠滅のおそれの判断に際して否認を考慮すること自体を排斥すべきと論じたものとして、川崎英明「否認と保釈」『現代令状実務25講』〔日本評論社、1993年〕）。

【ワンポイントアドバイス】

・自白、否認の別は主に2号要件との関係で論じる。
・否認であっても証拠構造を丁寧に分析し、準抗告を諦めない。

コラム⑤
黙秘でも釈放された事案

　被疑者取調べの必要性が身体拘束を正当化する理由となるか否かについては、諸説あるところであるが、捜査機関は（もちろん裁判所も）、これを肯定的に考えていることは明らかである。勾留延長理由に、「被疑者取調未了」という定型文句がゴム印で押印されていることからも、この実情は明らかである。

　ところで筆者は、被疑者が黙秘権を行使しながら身体拘束から釈放されたケースを2例経験している。

　1例は、居酒屋の店外で酔余暴れていたところ、臨場した警察官に取り押さえられた際、警察官を足蹴にしたとして公務執行妨害の嫌疑で現行犯逮捕された事案である。被疑者本人は泥酔状態であったため、事実関係については黙秘していたが、勾留不必要で釈放された。後に略式罰金となった。

　もう1例は、居酒屋にて、酔余、居合わせた女性客の体に触れたとして条例違反の嫌疑で現行犯逮捕され勾留されたが準抗告が認容された。こちらは公判請求され、罰金となった。

　いずれも酔っ払いが現行犯逮捕された事案であり、特段の前科・前歴がなく、定職を有し、帰住先がしっかりしている点が共通している。痴漢事件では被疑者の供述状況に関わらず　釈放されるという傾向が　全国的にみられる（当地においては必ずしも妥当しないが）ところ、痴漢事件に限らず同様の判断がなされることが望ましい。黙秘事案でも、臆すること無く準抗告を申し立てるべきである。

二宮広治

コラム⑥
特別抗告をしよう

　勾留裁判について、2つの最高裁決定（最一小平26・11・17、最二小平27・10・22）が注目を集めたが、無論これらは特別抗告事案である。

　特別抗告事由は憲法違反や判例違反に限られるが、これに該当しなくとも、著反正義があれば認容され得る。申し立てること自体が肝心である。

そして、平成27年決定が「本件抗告の趣意は、憲法違反をいう点を含め、実質は単なる法令違反、事実誤認の主張であって、刑訴法433条の抗告理由に当たらない」という書き出しであるのに対し、平成26年決定が「本件抗告の趣意は、事実誤認、単なる法令違反の主張であって、刑訴法433条の抗告理由に当たらない」という書き出しであることに注目して欲しい。平成26年決定の特別抗告は、おそらく、適法な抗告理由を構成することもなく、兎にも角にも不当だ、という一心で申し立てられたに相違ない。そのような労を惜しまない弁護活動が時代を動かしたのだと言えるだろう。

金岡繁裕

第4章
共犯関係の評価

不破佳介

I 勾留決定（または勾留請求却下決定）の事例

　勾留決定（または勾留請求却下決定）に対する準抗告事例全68件のうち、共犯事例は17件（事例❹、❺、❻、❼、❾、❿、⓭、⓮、㉞、㉗、㊶、㊾、㊾、㊿、㊺、㊼、㊽、㊻、㊿）であった。
　この17件のうち、被疑者の身体拘束を解く結論に至った事例、すなわち、弁護人準抗告を認容したものおよび検察官準抗告を棄却したものは7件であり（事例❹、❺、❻、❼、⓭、⓮、㊶）、被疑者の身体拘束を認める結論に至った事例、すなわち、弁護人準抗告を棄却したものおよび検察官準抗告を認容したものは10件であった（事例❾、❿、㉞、㉗、㊾、㊿、㊺、㊼、㊽、㊻）。

II 勾留の要件との関係

1 刑訴法60条1項2号との関係

　17件の事例のうち、「罪証を隠滅すると疑うに足りる相当な理由があるとき」（刑訴法60条1項2号）との関係で共犯関係に言及した事例は、16件であった。
(1)　この16件のうち被疑者の身体拘束を解く結論に至った事例7件は、以下のとおりである。
　　・事例❹（被疑者が共犯者に犬の世話をしてもらっていたという人間関係を具体的に指摘したうえで罪証隠滅のおそれがないとは言えないとしたが、共犯者2名がすでに調書作成しており、罪証隠滅の実効性は低く、共犯者2名に連絡しないとの誓約書が本人から提出され弁護人からその旨を指導監督するとの上申書が出されていることから、罪証隠滅すると疑うにたりる相当な

理由までは認められないとした事例)

・事例❺(被疑者と共犯者らとの関係について〔弁護人の申立書によれば、被疑者は、興信所の所員である共犯者に依頼したという関係であり、共犯者の居所を把握していない〕、被疑者と共謀して隠滅を隠滅すると疑うに足りる相当な理由があるとまではいえないとした事例)

・事例❻(被疑者が従属的立場であることから、共犯者の1人が所在不明であることを考慮しても、罪証を隠滅すると疑うに足りる相当な理由があるとはいえないとした事例)

・事例❼(共犯者から働きかけを受け、共犯者に働きかけるおそれがあるとした事例〔申立書によれば、被疑者は未成年で知的障害がある一方で、共犯者は成年である〕〔少年事件〕)

・事例⓭(被疑者と共犯者が友人関係であることから、罪証を隠滅すると疑うに足りる相当な理由は一応認められるとした事例〔少年事件〕)

・事例⓮(関係者と通謀して、罪証を隠滅すると疑うに足りる相当な理由があるとされた事例)

・事例㊶(関係者に働きかけるおそれがあり、罪証を隠滅すると疑うに足りる相当な理由があるとした事例)[1]

(2) 被疑者の身体拘束を認める結論に至った事例10件は、以下のとおりである。

・事例❾(共犯者が複数という事案の性質から共犯者に働きかけるおそれがあるとして、罪証を隠滅すると疑うに足りる相当な理由があるとされた事例〔弁護人申立書によれば、被疑者は19歳、共犯者の1人は30歳で、被疑者が従属的立場〕〔少年事件〕)

・事例❿(共犯者に働きかけ、罪証を隠滅すると疑うに足りる相当な理由があるとされた事例)

・事例㉞(被疑者と共犯者らは交友関係にあるとして、罪証を隠滅すると疑

---

1 事例㊶は、従業員をして住居侵入及び窃盗をしたという事案について、被疑者が被害者や関係者に働きかけるなどして被害品の所有ないし占有関係や犯行に至る経緯などの罪体または重要な情状事実について罪証を隠滅すると疑うにたりる相当な理由があると認められるとしている。

うに足りる相当な理由があるとされた事例）
・事例❸（暴走族構成員による共犯者多数の事件であるとして、罪証を隠滅すると疑うに足りる相当な理由があるとされた事例）
・事例❹（共犯者らを含む事件関係者と互いに面識があることや本件会社および系列会社における被疑者の立場を考慮して、罪証を隠滅すると疑うに足りる相当な理由があるとされた事例）
・事例❺（共犯者を含む関係者と口裏合わせをするなどして、罪証を隠滅すると疑うに足りる相当な理由があるとされた事例）
・事例❺（被疑者と共犯者らとの関係に照らすと、罪証を隠滅すると疑うに足りる相当な理由があるとされた事例）
・事例❺（共犯者らと口裏を合わせるとして罪証を隠滅すると疑うに足りる相当な理由があるとされた事例）
・事例❺（共犯者と通謀して罪証を隠滅すると疑うに足りる相当な理由があるとされた事例）
・事例❻（共謀状況についての詳細が明らかになっていないため、被疑者と共犯者の関係等に照らせば、共犯者に働きかけるなどして罪証を隠滅すると疑うに足りる相当な理由があるとされた事例）がある。

2　勾留の理由のうち刑訴法60条1項3号との関係

　17件の事例のうち、「逃亡すると疑うに足りる相当な理由があるとき」（刑訴法60条1項3号）との関係で共犯関係に言及した事例は、事例❻（従属的役割に留まる等として、逃亡のおそれを否定した事例）1件のみであった。
　共犯と逃亡との関係に言及する事例がわずかであるのは、共犯者が存在したからと言って逃亡の可能性に影響を与えないと考えられているからであろう。
　今回紹介した事例❻も、共犯関係に言及したのは、従属的役割であるから終局処分が重大なものにはならないという趣旨でのものと思われ、共犯関係を直接考慮したものではない。

3　勾留の必要性との関係

　勾留の必要性との関係で共犯関係に言及したのは3件である。
　具体的には、事例⓭（共犯者が身体拘束されていることにも言及して勾留の必要性を否定した事例）、事例⓮（探偵会社社員の指示に従って行動する従属的な立場であったこと等から勾留の必要性を否定した事例）、事例㊲（多数の共犯者の取調とその結果を踏まえた取調が必要であり、勾留の必要性があるとした事例）である。

4　考察

　一般に、勾留決定および同決定に対する準抗告決定において、共犯は、被疑者と共犯者が通謀するなどして罪証を隠滅するおそれがある（いわゆる「口裏合わせ」）として、盲目的、抽象的に罪証隠滅のおそれが認定される傾向にあると言え、口裏合わせの現実的可能性、実効性の有無について具体的に論じたものは少ない。
　罪証を隠滅すると疑うに足りる相当の理由の有無に当たり考慮すべき事情として、物証の隠滅・隠匿、共犯者との通謀、事件関係者その他参考人に対する働きかけ・圧迫等があるとされ、事実に反する供述をするように共犯者同士が打ち合わせをすることによって罪証を隠滅することは十分に考えられる（神垣英郎「問題39」『増補　令状基本問題〔上〕』〔一粒社、1996年〕240頁）とされている。
　たしかに、共犯事案においては、共犯者同士が通謀する可能性を指摘されることが多い。しかし、その通謀の可能性は、果たしてすべての共犯事案で同様にあてはまるものであろうか。
　すなわち、共犯者間の地位の差（共犯者の1人が主犯格で、もう一方は単に指示を受けて行動したに過ぎない場合や、共犯者が多数であってもそのうちの1人がリーダー的存在であり、他の者はそれに服従していたに過ぎない場合）がある場合において、単に指示を受けて行動したに過ぎない共犯者や服従していたに過ぎない共犯者が、他方の主犯格もしくはリーダー格の共犯者に口裏合わせのための打ち合わせを持ち掛けたり、圧力をかけるこ

とができるかといえば、その可能性は非常に低いと考えられる。▼2

　また、共犯者間の罪証隠滅工作については、被疑者がこれに加わることによって多少とも違いが生ずる場合には、勾留の必要性を肯定すべきであるとする説もある。▼3

　同説は、罪証隠滅の効果に多少とも違いが生ずる場合という曖昧な要件により勾留の必要性を肯定するという点で、勾留の必要性を広く解する説であり、相当ではないと思われるが、同説の記述においても、被疑者が組織の中である程度重要な地位を占める場合などを例として挙げており、やはり、ここでも、被疑者の立場に言及している。

　今回収集した事案においても、共犯関係や事案の証拠構造を具体的に指摘し、共犯であっても２号要件を否定して準抗告を認容した事案があることから、被疑者と共犯者とがどのような関係にあるのか、共犯者と連絡をとることが実際に可能であるのか等を具体的に検討することが重要である。

　このように、共犯事案といっても、ひとくくりにできるものではなく、共犯者間の関係性、共犯者の役割、共犯者の立場等はそれぞれの事件において異なるのであり、弁護人としては、当該被疑者が共犯事件において、どのような地位にあるのか、どのような役割を果たしていたのかを分析したうえで、共犯事件において、当該被疑者が重要な役割を担っていない場合や、他の共犯者からの指示を受けて行動するにすぎない従属的な立場であった場合、これまでの共犯者間の関係から、被疑者が常に他の共犯者からみて弱い立場にあった場合等には、被疑者の身体拘束が解かれても、他の共犯者への影響力が低いことを説得的に論じて、身体拘束の解放をあきらめない姿勢が重要である。

　なお、今回収集した事例において、他の共犯者の身体拘束の有無について明確に述べたのは、「共犯者が身体拘束されていること」と述べた事

2　なお、他方の共犯者が当該被疑者に圧力を加えることを防止するために当該被疑者を勾留することができないことについては、木谷明「問題40」『増補　令状基本問題〔上〕』（一粒社、1996年）243頁参照
3　前掲注２書・木谷。

例❸のみであった（ただし、少年被疑事件）。

　裁判実務では、他の共犯者が身体拘束されている事案においても、当該他の共犯者が釈放される可能性もありえることを考慮して、罪証隠滅のおそれを否定しづらいとされている。

　しかし、そもそも、罪証を隠滅すると疑うに足りる相当な理由の判断において、抽象的な可能性まで考慮することは、身体拘束を不当に広く認めることになり妥当ではない。他の共犯者が身体拘束されていれば、一般面会では立ち会いがあり、仮に、接見禁止が付されていればそもそも面会自体が不可能であるから、他の共犯者が身体拘束されている場合にまで、抽象的な罪証隠滅のおそれを認めることが妥当であるかは、批判的に検討されなければならない。

Ⅲ　勾留延長決定に対する準抗告事例

1　概略

　勾留延長決定に対する準抗告事例全29件のうち、共犯関係に言及するものは、12件（事例❻、❼、❼、❼、❽、❽、❽、❾、❾、❾、❾、❾）であった。

2　「やむを得ない事由がある」（刑訴法208条2項）との関係

　同要件との関係で、共犯関係に言及する事例は11件あり、いずれも、やむを得ない事由を肯定するものであった。

　各事例が考慮した事情としては、事例❼（共犯者が多数の重大事案という本件事案の性質、被疑者や共犯者らの供述状況等）、事例❼（共犯者らの取調、共犯者らとの共謀状況）、事例❼（共犯者が複数という本件事案の性質、共犯者らの供述状況、共犯者らの取調、供述の信用性吟味の必要性）、事例❽（関係者が多数、多数の関係者の取調の必要）、事例❽（夫と共謀し有名ブランドの商標に類似する商標を使用した装飾品を販売譲渡のために所持し、商標権を侵害した事案では、共犯者の取調を行い供述の真偽を見極める必要）、事例❽（多数の者が関与する組織的な事案、共犯者の取調の必要）、事例❾（関係者多数の事案、共犯者の取調の必要）、事例❾（共犯者の取調の必要）、事例❾（共謀の内容や

各自の役割等が明らかにならないと適正な処分ができない事案、共犯者の一部の取調が未了）、事例❹（被疑者及び共犯者の引き当たり捜査の必要、共謀状況等のさらなる取調の必要）、事例❽（共犯者との共謀状況等の解明のために、共犯者を取り調べる必要）が挙げられる。

3　考察

　刑訴法208条の「やむを得ない事由」とは、「事件の複雑困難（被疑者もしくは被疑事実多数のほか、計算複雑、被疑者関係人らの供述またはその他の証拠の食い違いが少なからず、あるいは、取調を必要と見込まれる関係人、証拠物等多数の場合等）、あるいは証拠蒐集の遅延もしくは困難（重要と思料される参考人の病気、旅行、所在不明もしくは鑑定等に多くの日時を要すること）等により勾留期間を延長してさらに取調をするのでなければ起訴もしくは不起訴の決定をすることが困難な場合」（最三小判昭37・7・3民集16巻7号1408頁）をいうとされている（小林充「問題66」『増補　令状基本問題〔上〕』〔一粒社、1996年〕348〜349頁、飯畑正一郎「勾留期間を延長すべきやむを得ない事由の意義」別冊判タ34号〔2012年〕174頁）。

　共犯事件においては、しばしば、被疑者取調べ未了、共犯者取調べ未了、被疑者の供述の裏付け捜査未了等として、勾留延長が認められる傾向にある。

　共犯事件との関係では、関係者多数等のため被疑者の取調べが未了のほか、一応の取調べは済んでいるが、捜査の進展に伴いさらに被疑者の供述を聴く必要が生じた場合もやむを得ない事由があるとしてよいとされ、「共犯者についても同様に解してよいであろう」（前掲小林）とされる。

　この共犯者についても同様に解してよいとする文意は必ずしも判然としないが、共犯者の取調べについて、その取調べが未了またはさらに取調べをする必要が生じた場合と解釈するのが自然と思われる。

　しかし、注意しなければならないのは、単に共犯者の取調べが未了であればやむを得ない事由が認められるのではなく、あくまで、事案が複雑困難であることを前提とすべきであり、共犯事案であり共犯者の取調べが未了であるからといって、勾留延長が漫然と認められてよいわけで

はない。

　この点について、前掲飯畑は、「被疑者多数の内乱罪や騒乱罪における付和随行者等、その者にかかる事実関係は比較的単純で争いがなく首謀者や指揮者との関係が薄いなど勾留を延長して捜査を認める必要性がないか、当初の勾留期間内に捜査を遂げなかったことが相当でないと考えられる場合や、被疑者・関係人らの供述が食い違っていても、その重要度や各供述の信用性の軽重などをも考慮すると、さらに取調べや裏付け捜査をする必要性に乏しい場合には、勾留延長を認めがたいことがあろう」としている。

　共犯事案であっても、単に共犯者がいるということのみで事案が複雑になるわけではなく、当初の勾留期間の10日間のうちに捜査を遂げることができる事案は相当数あるのではないだろうか。

　また、共犯者間に供述の食い違いがみられる場合であっても、弁護人が各共犯者の立場や役割分担等を具体的に述べることで、供述に食い違いがあってもその齟齬は勾留延長をするほどのやむを得ない事由に当たらないと主張できる可能性もある。

　さらに、共犯者には、立場・役割がそれぞれ異なっている場合が多いと思われるところ、弁護人としては、当該被疑者が共犯事件において、どのような立場にあり、どのような役割をしているのかを十分に把握し、勾留延長が不要であることを、被疑者の立場や役割から具体的に論じることが必要であると思われる。

【ワンポイントアドバイス】
・共犯事案では、当該被疑者の立場や役割、共犯者間の関係性を具体的に指摘する。
・その上で、罪証隠滅の具体的な可能性がないことを説得的に論ずる。

コラム⑦
共犯者弁護人との接触等

　被疑者段階において、共犯者弁護人の存在が明らかになった場合、共犯者弁護人に連絡すべきか、という問題がある。

　共犯者弁護人に連絡する目的としては、①共犯者に対する捜査状況等を調査し、勾留に対する準抗告の主張根拠として利用する、②示談金の金額で共犯者間の足並みを揃える、③共犯者供述の詳細を把握し、証人請求の準備をする等が考えられる。

　実際、私も②の目的で共犯者弁護人から連絡を受けたことがある。当該共犯者弁護人は、被害者との間で示談が成立しそうであるが、当該示談金額にて示談を成立させると、私の示談交渉でも同額程度の示談金額が要求されてご迷惑をかけるかもしれないので連絡したとのことであった。

　しかし、当該共犯者弁護人の示談交渉で既に示談金も概ね定まっている段階で連絡をもらったところで、今更私から当該示談金額についてどうこう言えるはずもなく、仮に言ったところで当該共犯者弁護人も示談金額を変えようがないであろう。また、私の担当する被疑者と当該共犯者は、供述内容の重要な部分（主犯がどちらであるか）について供述の食い違いもあり、示談交渉で足並みを揃えることは難しかった。最終的には、私は当該共犯者弁護人の述べていた示談金額の3分の1程度の金額で示談を成立させることができた。

　このように、共犯者弁護人との連携は、明確な目的意識を持ち、タイミングを逃さずに行うことが重要と思われる。

　さて、それでは被疑者段階で前記目的のいずれかに基づき、共犯者弁護人に連絡を取りたい場合、どのようにして連絡先を知ればよいか。

　以前は、法テラスに問い合わせれば共犯者弁護人の有無・氏名・連絡先を教えてもらえることもあったようであるが、独立行政法人等の保有する個人情報の保護に関する法律の施行に伴い、共犯者弁護人の有無は当該共犯者の個人情報として保護されるようになったため（同法2条2・3項、同法9条）、法テラスでも容易に共犯者弁護人の有無等を開示できなくなった。

　現在は、法テラスに共犯者弁護人の有無の問い合わせがあった場合、「共犯者弁護人がいるかどうかということ自体もお伝えすることができないが、共犯者弁護人がいれば当該共犯者弁護人に対し、お問い合わせいただいた弁

護人が連絡を取りたがっている旨お伝えし、できる限りの協力を依頼するが、最終的に連絡するかどうかは当該共犯者弁護人に任せることになっている」旨回答しているそうである。

　このほか、警察や検察に問い合わせると、担当者によっては共犯者弁護人に連絡を取り次いでくれるケースもあるので、活用されたい。

小野田弦起

コラム⑧
明日の準抗告担当部は？

　準抗告審にも裁判体ごとの「個性」があるのは、公判手続における訴訟指揮や判決におけるのと同様である。ある程度の件数申立てをこなしていると、準抗告が認容されやすい裁判体や棄却の場合でも申立書の内容に対して具体的に踏み込んだ判断を示してくれる裁判体があること、そしてその逆の裁判体があることを痛いほど実感する。例えば、本書において取り扱った勾留延長決定に対する準抗告については延長期間の短縮を認めるにとどまる決定例が多い中、在宅捜査に切り替えても足りるとして「やむを得ない事由」を否定した２つの決定は、同一の裁判体の判断によるものであり、他に同様の判断をした決定例は見当たらない。

　名古屋の場合、地裁刑事部には６つの合議体があり、週単位の持ち回りで準抗告の審理を担当しているようである。そのため、私は、準抗告申立書を提出するに先んじて、当日の裁判体と翌日の裁判体がいずれであるのか、裁判所に確認をすることがある。申立てが１日遅れれば身柄拘束が確実に１日長引くことになるが、翌日の裁判体に判断してもらった方がよいのではないかと、真剣に悩むことが度々ある。

　さすがに現実に申立てを先送りしたことは一度もないが、このようなくだらないことで悩む必要などなくなってほしいと切に願うところである。

古田宜行

第 5 章
重要な情状事実の位置づけ

二宮広治

I 本稿の目的──「罪証」の対象と「重要な情状事実」

1 「罪証を隠滅すると疑うに足りる相当な理由」にいう「罪証」の対象となる事実について、学説上、以下のとおり分類でき、実務上は⑤が有力であるとされる（新関雅夫ほか『増補 令状基本問題〔上〕』〔一粒社、1996年〕239頁、246頁〜）。

① 犯罪の特別構成要件を充足する事実についてのみ考えるべきで、犯罪の動機、情状については考えるべきでないと狭く解する説。
② 犯罪の成否、態様、情状に関する一切の事実を含むと広く解する説。
③ さらにその中間的な考え方をとる説。
④ 以上の見解とはやや異なり、「罪証隠滅の手段は、どのような効果が期待されるものであることを要するか」という見地からこれを考察する見解。
⑤ さらに、④と同様、罪証隠滅の効果に着目しつつも、④の見解が事実の存否と事実のありかたという限定的かつ抽象的な分類をしていることに疑問を呈し、「具体的な特定の事実に関する証拠の隠滅が想定される場合に、その事実が罪証隠滅の対象となるかどうかは、当該事件の基礎となる社会的事実関係においてそれが重要な事実であるかどうかを検討すべきものであり、それが犯罪の態様、動機、情状などの抽象的分類のいずれにあたるかは重要ではないといわなければならない。言いかえると、当該事件においてその具体的事実がどの程度被疑者の罪責ないし刑責に影響を及ぼすおそれがあり、また、その結果がどの程度適正な刑事司法の運

用に害を及ぼすおそれがあるかということを個別的に考えるほかはない」と説く見解。

2 そして、⑤の見解に立つ場合、出典元によれば、「『被疑者の罪責ないし刑責に影響を及ぼす』という基準はより具体的には『起訴・不起訴あるいは略式起訴・正式公判請求の選別、さらに裁判における量刑に影響を及ぼす』といって良いと思われ、かつそこから一般的な情状に関する事実を除外する理由はないということになろう。そして、このような考えによれば、殺人罪等における動機、犯行に至る経緯、殺害の態様等、共犯事件における共謀の成立過程とその内容、役割分担、犯行後の利益分配等、いわゆる集団事件における共謀に至る具体的事情、計画性の有無、集団における被疑者の地位・役割等に関する事実は多くの場合罪証隠滅の対象となる事実ということになり、また最近増加している覚せい剤事犯における覚せい剤の入手経路・入手状況・処分先、密売組織との関係等に関する事実も罪証隠滅の対象となる事実に含まれると考えられよう。実務上はこのような考えが有力と思われ、これによれば、本問に挙げられている『犯罪の動機及び犯行に至るまでの詳細な経過』についても、犯罪の種類等に応じ、前記の基準により具体的な検討を加え、罪証隠滅のおそれの有無を決するのが相当と思われる」とされる。

要するに、ケースバイケースで判断せざるをえない。

3 収集事例のうち、罪証隠滅の対象について、「罪体」と「重要な情状事実」とを書き分けているものが多く見られる。これは、上記⑤の見解に立つことを示すものと考えられる。そこで、「重要な情状事実」とは具体的にはどのような事実を指すのか、それらが勾留の判断にあたりどのように位置づけられているのか、ひいては終局処分にどのように影響しているのかについて検討するのが、本稿の目的である。

Ⅱ 決定書における「重要な情状事実」という文言の使われ方

1 はじめに

　以下では、収集した実際の決定書において、「重要な情状事実」という文言がどのような文脈で用いられているのかについて、決定例から引用する形で示す。なお、単に「重要な情状事実」としか記載されず、その具体的内容に言及していないものは除く。他方、「重要な情状事実」という文言を直接的に用いない決定例であっても、裁判所が「重要な情状事実」と考えているであろうことがうかがえる記載については引用する。

2 決定書の具体的な記載がどうなっているか

事例⓮（窃盗：下着泥棒　認容）→懲役１年（３年猶予）
　被疑者は本件以外にも同種犯行におよんだ旨自認しており、常習性がうかがわれること、一件記録上、被疑者方の捜索等が行われたとは認められないことなどからすれば、本件犯行に至る経緯や常習性などの重要な情状事実について、罪証を隠滅すると疑うに足りる相当な理由があると一応認められる。しかしながら、罪証隠滅のおそれはそれほど高いとはいえず、逃亡すると疑うに足りる相当な理由も認められない。勾留の必要性もない。

事例⓯（窃盗：原付盗　認容）→不起訴
　本件事案の性質、内容、逮捕時における本件原動機付自転車の状況、被疑者と被害者との関係などに照らすと、被疑者が罪体又は犯行に至る経緯等の重要な情状事実について、罪証を隠滅するおそれがあると認められる。しかしながら、勾留の必要性がない。

事例㉑（公務執行妨害、傷害　認容）→自動車運転過失致傷は不起訴、道交法違反は略式罰金15万円
　もっとも、情状を左右しえないではない交通トラブルから本件犯行に至る経緯に関し、関係者の供述に食い違いがあることなどに照らし、罪証を隠滅すると疑うに足りる相当な理由がないとはいえない。しかしながら、勾留の必要性がない。

事例㉓（自動車運転過失傷害、道交法違反　棄却）→起訴（公判係属中）
　本件は事故前後の状況に関して被害者の供述などが重要な証拠になる事案と認められるところ、被疑者は対人事故を起こした事実は認めるものの、その認識についてあいまいな供述をしていること、被疑者と被害者が近隣住民で顔見知りであること、被害者の取調べが未了であることなどに照らすと、罪体及び重要な情状事実に関する罪証を隠滅すると疑うに足りる相当な理由が認められる。

事例㉔（公務執行妨害　勾留請求却下→検察官の準抗告→認容）→終局処分不明
　犯行動機や犯行に至る経緯に関する捜査が重要となるところ……罪体及び重要な情状事実に関し、被疑者が直接又は第三者を介して前記交際相手らと通謀したり、同人らに働きかけたりして、その罪証を隠滅すると疑うに足りる相当な理由があると認められる。

事例㉕（窃盗：万引き　認容）→終局処分不明
　被疑者は被疑事実を認めているが、犯行状況や犯行に至る経緯、動機などについての具体的な供述が得られていないこと……に鑑みれば、罪証隠滅及び逃亡のおそれはいずれも否定することができない。しかしながら、勾留の必要性は認めがたい。

事例㉖（窃盗未遂：ひったくり　認容）→終局処分不明
　被疑者が、犯意を形成した過程について曖昧な供述をしていることなどからすれば、本件犯行に至る経緯や動機などの重要な情状事実について、罪証を隠滅すると疑うに足りる相当な理由があると一応認められる。しかしながら、勾留の必要性がない。

事例㉗（覚せい剤自己使用　棄却）→執行猶予付き懲役刑
　本件被疑事実について当初否認し、具体的な入手状況等についていまだ詳細な供述をしていないことに照らすと、被疑者が、関係者に働きかけるなどして、罪体及び重要な情状事実について罪証を隠滅すると疑うに足りる相当な理由があると認められる。

事例㉚（大麻所持　認容）→懲役６月（３年猶予）
　本件被疑事実に係る大麻の入手先についての原裁判時の捜査の進捗状況等に照らせば、被疑者が大麻の入手経緯や常習性等の重要な情状事実

に関し、罪証を隠滅する可能性がないわけではない（しかし、勾留の必要性がない）。

事例㉛（交際相手への脅迫　認容）→終局処分不明
　被疑者と被害者の従前の関係、さらに、経緯等について被疑者の詳細な供述が得られていないなど、捜査の進捗状況に鑑みると、交際時の状況を含めた本件犯行に至る経緯等の重要な情状事実について、被害者に働き掛けるなどして、罪証を隠滅すると疑うに足りる相当の理由がないとはいえない（しかし、勾留の必要はない）。

事例㉝（銃刀法違反：カッターナイフの携帯　認容）→不起訴
　被疑者は、本件で現行犯逮捕されたものであるが、犯行動機について、元交際相手に謝罪して許してもらえなければ自傷行為に及ぼうとして本件カッターナイフを携帯していた旨述べているところ、被疑者を釈放した場合、元交際相手に働きかけるなどして、犯行の動機に関する罪証を隠滅する可能性がないとはいえない（しかし、勾留の必要はない）。

事例㉞（窃盗：万引き　棄却）→保護観察処分
　被疑者は、被疑事実を認めているものの、共謀状況や犯行に至る経緯についての捜査が未了であること、被疑者と共犯者らは交友関係にあり、事件発覚後、前歴のある被疑者の関与を仲間内で隠そうとしたことなどに鑑みれば、被疑者を釈放すれば、直接又は第三者を介して共犯者らに働きかけるなどして、罪体又は重要な情状事実について罪証を隠滅すると疑うに足りる相当な理由が認められる。

事例㉟（窃盗：万引き　認容）→不起訴ないし起訴猶予
　万引きの常習性等の重要な情状事実に関しては、被疑者は、逮捕当初から日常的に万引きを繰り返してきたことなどを自認しているものの、具体的な供述はしておらず、多数の万引きを行ってきた動機、経緯等を含めた本件の背景事情につき、被疑者が第三者に働きかけるなどして罪証を隠滅すると疑うに足りる相当の理由がないとはいえない（しかし、勾留の必要性がない）。

事例㊲（道交法違反：集団暴走　棄却）→少年審判（別件と併合して一般長期）
　被疑者は本件被疑事実について認めているものの、犯行態様や共謀の

内容等について詳細な供述はなされておらず、本件が暴走族構成員による共犯者多数の事件であることや、先行する別件の観護措置が取り消されていることも踏まえると、被疑者を釈放すれば、逃亡の疑いがあるかはともかく、共犯者らと通謀し、罪体及び重要な情状事実について罪証を隠滅すると疑うに足りる相当な理由がある。

事例㊳（建造物損壊　認容）→終局処分不明

　罪証隠滅のおそれについては、被害結果が明らかで、犯行態様も単純な本件事案の性質に加え、被疑者の供述状況からすれば、被疑事実について罪証を隠滅すると疑うに足りる相当な理由は認められない。他方、動機、経緯等の重要な情状事実については、現時点での捜査の進捗状況等からすると、被疑者が関係者に働きかけるなどして罪証を隠滅すると疑うに足りる相当な理由がないとはいえない（しかし、勾留の必要性がない）。

事例㊴（器物損壊、威力業務妨害　認容）→終局処分不明

　被疑者と目撃者らとの関係や暴力団関係者と交友のある被疑者の身上関係等に照らせば、被疑者が目撃者らや被害者に働きかけ、又は被害者に告訴の取り下げを迫るなどして、罪体又は重要な情状事実に関し罪証を隠滅すると疑うに足りる相当な理由があると一応認められる（しかし、勾留の必要性がない）。

事例㊶（建造物侵入、窃盗　認容）→終局処分不明

　被疑者が犯意を否認する供述をするところ、被害者や関係者らの供述状況等からすれば、被疑者が被害者や関係者に働きかけるなどして、被害品の所有ないし占有関係や犯行に至る経緯等の罪体又は重要な情状事実について罪証を隠滅すると疑うに足りる相当な理由があると認められる（しかし、勾留の必要性がない）。

事例㊷（窃盗：勤務先でのカード窃取　認容）→終局処分不明

　被疑者及び関係者の供述状況、被害カードの使用状況等からすれば、罪体又は犯行動機等の重要な情状事実について罪証を隠滅すると疑うに足りる相当な理由があると認められる（しかし、勾留の必要性はない）。

事例㊸（傷害　認容）→処分保留

被疑者は本件犯行を認めているものの、事件関係者の供述内容に照らせば、本件に至る経緯等の重要な情状事実に関し、被疑者が罪証を隠滅すると疑うに足りる相当な理由があると一応認められる（しかし、勾留の必要性はない）。

事例㊹（公務執行妨害　勾留請求却下→検察官準抗告→棄却）→略式罰金20万円
　「重要な情状事実」という文言は登場しないものの、重要な情状事実に該当するであろう事実を明記している。被疑者は蹴った覚えはない旨述べて本件犯行を否認しているところ、関係者と通謀する、あるいは関係者に働きかけたりするなどして、暴行の有無のみならず、職務の適法性にかかわる暴行に至る経緯等の事実について罪証を隠滅すると疑うに足りる相当な理由があると認められる（しかし、勾留の必要性はない）。

事例㊺（ダフ屋行為による条例違反　認容）→終局処分不明
　被疑者は、被疑事実を認めているものの、入場券の入手状況や常習性の有無等が明らかになっていないことからすると、被疑者が第三者に働きかけるなどして罪証を隠滅すると疑うに足りる相当な理由がないとはいえない（しかしながら、勾留の必要性はない）。

事例㊻（盗撮による条例違反　認容）→終局処分不明
　被疑者が常習性等の重要な情状事実について罪証を隠滅すると疑うに足りる相当な理由があるといえ……（しかし、勾留の必要性はない）。

事例㊼（脅迫　認容）→不起訴
　被疑者が被害者に働きかけるなどして、犯行に至る経緯や動機等の重要な情状事実について罪証を隠滅すると疑うに足りる相当な理由があると認められる（しかし、勾留の必要性はない）。

事例㊽（盗撮による条例違反　認容）→終局処分不明
　犯行に至る経緯や常習性の有無といった重要な情状事実が明らかになっているとはいえず、被疑者が罪証を隠滅すると疑うに足りる相当な理由がないとまではいえない（しかし、勾留の必要性はない）。

事例㊾（不法就労助長　棄却）→不起訴
　被疑者が、その罪責を免れ又は軽減させるため、本件会社及び系列会社の相互関係や業務統括形態並びに本件外国人らの雇用派遣経緯等に関

し、共犯者ら及び事件関係者らに働きかけるなどして、罪体及び重要な情状事実に関する罪証を隠滅すると疑うに足りる相当な理由が認められる。

事例51（児童買春　棄却）→別件と併合して懲役２年（４年猶予）

被疑者の身柄を釈放した場合、被害児童や店舗従業員ら関係者に働きかけるなどして、犯行に至る経緯や常習性等の重要な情状事実に関する罪証を隠滅すると疑うに足りる相当な理由がある。

事例55（公務執行妨害　棄却）→不起訴？

被疑者を釈放した場合、本件犯行状況やその経緯等の罪体又は重要な情状事実について、同乗者等に働きかけるなどして罪証を隠滅すると疑うに足りる相当な理由がある。

事例58（覚せい剤自己使用　棄却）→懲役１年６月（３年猶予）

覚せい剤の入手先や常習性等については未だ明らかになっていないことが認められ、被疑者を釈放した場合には、罪体又は重要な情状事実に関し、罪証を隠滅すると疑うに足りる相当な理由があると認められる。

事例61（器物損壊　棄却）→不起訴

被疑者を釈放した場合、本件当日の被疑者の飲酒状況等につき、関係者と口裏を合わせたり、被害店舗側に働き掛けたりして、本件の罪体や重要な情状事実について、罪証を隠滅すると疑うに足りる相当な理由があると認められる。

事例62（脅迫　棄却）→不起訴

本件犯行の経緯、動機や具体的な犯行態様等についての取調べはいまだ十分とはいえず、被疑者を釈放すれば、被疑者が被害者らに働きかけるなどして被疑事実又は重要な情状事実について罪証を隠滅すると疑うに足りる相当な理由があると認められる。

事例63（住居侵入　認容）→不起訴

本件の経緯・動機及び態様に関する被疑者の供述内容等に鑑みると、被害者その他の関係者に働きかけるなどしてこれらの点に関連する重要な情状事実について罪証を隠滅すると疑うに足りる相当な理由が認められる（しかし、勾留の必要性はない）。

事例㊅(傷害　棄却)→略式罰金20万円

　被疑者が被害者等の関係者に働きかけるなどして、犯行状況や犯行に至る経緯等の罪体又は重要な情状事実について、罪証を隠滅すると疑うに足りる相当な理由があると認められる。

事例㊆(窃盗　棄却)→不起訴

　本件の事実関係、特に共謀状況についての詳細が明らかになっていないことに加え、被疑者及び共犯者の供述状況、被疑者と共犯者の関係等に照らせば、被疑者の身柄を解放した場合、共犯者に働きかけるなどして、罪体及び重要な情状事実に関し、罪証を隠滅すると疑うに足りる相当な理由があると認められる。

事例㊇(児童買春　棄却)→公判請求

　「重要な情状事実」という文言は登場しないものの、重要な情状事実に該当するであろう事実を明記している。被疑者が被害児童の年齢の知情性を否認していること等の事情に照らすと、この点に関する事実や常習性等について、罪証を隠滅すると疑うに足りる相当な理由があると認められる。

III　決定例の検討

1　「重要な情状事実」の具体例

　検討対象とした勾留準抗告事例68例のうち、50例が「罪体及び重要な情状事実」について罪証隠滅のおそれの有無について明記している。もっとも、当該事件において「重要な情状事実」とは具体的に何を意味するのかについて、明示的に言及している事例は34例であり、「重要な情状事実」が単なる"マジック・ワード"に止まっている例も多く見受けられる。

　「重要な情状事実」の例示として比較的多いものは、犯行状況、犯行に至る経緯、常習性、共犯事件における共謀状況、禁制品(薬物、盗品等)の入手経緯である。ここに挙がっている例示は、冒頭に紹介した⑤説(実務上有力であるとされる説)を前提とした例示事項として列挙されたところと対応しているといえる。ただし、決定例をみる限り、「重要な情状事実」

を具体的に示しているとはいっても、「犯行経緯、動機、態様」のさらなる具体的内実にまで踏み込んで言及した事例は皆無であり、いまだ抽象的な言及に止まるとの印象は拭いがたく、"歯がゆさ"の残るところである。このあたりの"歯がゆさ"は、勾留理由開示公判において、裁判官に対し、勾留の理由ないし必要性について具体的な釈明を求めても、「捜査の秘密」などの理由を挙げてそれ以上の追及に応じようとしない多くの裁判所の対応と通底しているといえよう。そう考えると、事案に即して具体的言及をしている事例㉑、㉓、㉛、㊴、㊶、㊹、㊺、㊾、㉛は、貴重である。

なお、認容事例であっても、「重要な情状事実」の隠滅のおそれがないとされた事案は見られない。いずれも、罪証隠滅のおそれは否定できないが、勾留の必要性がないという論法で、認容の結論を導いている。

2　終局処分との関係

それでは、終局処分との関係はどうか。冒頭、「罪証」の対象論として、「『起訴・不起訴あるいは略式起訴・正式公判請求の選別、さらに裁判における量刑に影響を及ぼす』といって良いと思われ、かつそこから一般的な情状に関する事実を除外する理由はないということになろう」との見解が実務上有力であるとされている旨、紹介した。

ところで、刑訴法248条は起訴便宜主義について規定した条文であり、ここに「犯罪の（軽重及び）情状」とは、「一般予防的見地を考慮したもので、犯罪に対する評価の問題であり、法定刑、法律上の加重減軽などの抽象的事由から被害の大小、犯行動機、目的、計画性、犯行態様の残虐性等の具体的事由まで含まれる」とされる（松尾浩也ほか『条解刑事訴訟法〔第4版〕』〔弘文堂、2016年〕494頁）。起訴猶予処分にあたり、「犯罪の情状」として考慮すべき事項としては、犯罪の動機・原因・方法・手口、犯人の利得の有無、被害者との関係、犯罪に対する社会の関心、社会に与えた影響、模倣性等が挙げられる（司法研修所検察教官室編『検察講義案〔平成21年版〕』〔法曹会、2010年〕96頁）。

収集事例のうち、「重要な情状事実」に言及して勾留準抗告を認容した

事例は、24件である。そのうち、公判請求され実刑判決を受けた事案は、1件もない。多くは不起訴もしくは略式罰金であり、執行猶予判決を受けた事案は1件のみである（事例㉚）。ただし、「重要な情状事実」に言及し準抗告が棄却された事案であっても、必ずしも起訴されるわけではなく、また実刑となるわけでもないことに注意が必要である。結局、「重要な情状事実」という概念が起訴／不起訴、実刑／執行猶予を分かつ要素ではないといえよう。

3　犯罪類型との関係

準抗告が比較的認容されやすい犯罪類型としては、交通事件（事例⑧、⑯、ただし公判請求されるような事案や暴走行為などは棄却）、電車内盗撮／痴漢系事件（事例⑮、㊻、㊽）、比較的事案簡明かつ被害僅少の窃盗（事例⑲、⑳、㉕、㉖、㉟、㊶）、器物損壊（事例㊳、㊴、㊶）を挙げることができよう。

逆に、薬物事件のうち、覚せい剤事犯では認容事例は1件もない。大麻所持について、認容事例が1件あるが（事例㉚）、これは被疑者が学年末試験を控えた大学生ということであり、一般化はできないであろう。

暴行・傷害事件について、認容事例は1件のみであり（事例㊸）、起訴猶予とされた事案（事例(54)）および略式罰金となった事案（事例(65)、(66)）であっても棄却されている。認容事例は、臨場した多数の警察官の面前で発生した事案であること、事件発生から逮捕まで約6カ月を要していること、および被疑者が被害者とまったく面識がなかったことが影響しているといえよう。被害者と面識がないことは、電車内盗撮／痴漢系事件が比較的認容されやすいこととも関連しよう。最一決平26・11・17[▼1]が電車内痴漢事件であることを想起すべきである。

1　同決定は、「本件が京都市内の中心部を走る朝の通勤通学時間帯の地下鉄車両内で発生したもので、被疑者が被害少女に接触する可能性が高いことを示すような具体的な事情がうかがわれないことからすると」と述べる。つまり、被害者との関係が、いわゆる「行きずりの関係」であることが重要である。

IV　まとめ

　準抗告申立てにあたっては、事案の概要を早期に把握したうえ、予想される検察官の終局処分が不起訴ないし略式罰金であれば、積極的に準抗告申立をなすべきであろう。検察官が終局処分をなすにあたり考慮するであろう事柄および判決において重要な量刑要素となる事実は何かを、その事案ごとに吟味し、これを意識した申立書を起案することが肝要であろう。

【ワンポイントアドバイス】
・準抗告が認められやすい犯罪類型はある。
・犯罪類型と事案に即した「重要な情状事実」の具体的内容を意識して、申立書を起案すべき。

> **コラム⑨**
> **疎明資料の充実**
>
> 　申立書に記載した主張は、その主張内容を裏付ける疎明資料を添付してはじめて十分な説得力を持ち、裁判官に対し、準抗告を認容しようという心証を抱かせることとなる。
> 　弁護人としては、準抗告という時間に余裕がない中での申立であり、疎明資料がなくてもいいだろうという淡い期待のもとに申立書を提出しがちであるが、細かい点についても疎明資料が行き届いた申立書を目指したい（とある弁護士は、「申立書には誰でも似たような内容を書く。差が出るのは疎明資料の有無とその内容である」といって憚らない）。
> 　事案の内容に関わらず一般的に考えられる疎明資料として、逃亡や罪証隠滅の意思がないことを示す被疑者署名の書面（誓約書や謝罪文）はもちろんのこと、被疑者の健康状態を示す診断書、通院中の病院の診察券、親族による監督環境があることの書面（身元引受書）、被害者との示談が成立していれば示談書、勤務先の証言が必要であれば勤務先上司作成の書面（及びこれを裏付ける勤務関係記録、会社概要資料）等が考えられる。また、同居する

家族がいることの疎明のための住民票等も忘れないようにしたい。

　よく目にする身元引受書は、「被疑者を監督し、身元を引き受ける」旨を記載した１、２行の形式的なものである。しかし、60条１項３号の該当性を否定したいのであれば、なぜこの身元保証人が被疑者の出頭確保に資する人物であるかが具体的に説明されている内容の充実した陳述書を提出すべきである。

　他方で、被疑事実に関する被疑者署名の書面を提出して良いかは、慎重に考えなければならない。署名押印拒否や黙秘権行使で対応している場合は尚更であるし、弁護人の面前で作成した内容が後から否定される状況になっては目も当てられない。

　また、身体拘束の性質上、充実の上でも速やかな申立が肝要である。

　当該文書の意思の主体の署名がある文書がとりつけられない場合には、弁護人作成の示談経過報告書や、被害者との会話を録取した電話聴取書等で代用することも考えたい。

　被疑者署名の文書について※は、時に代用刑事施設で指印証明が必要かを問われる時があるが、（あってもいいけれども）時間がかかるなら敢えて求めるまでもない。

不破佳介

※　「電子機器持ち込み問題」と関連するが、被疑者署名の文書についてはデジカメ撮影を印字して提出するのを当然とする弁護士層もいる。リスクは自ら負うべきとして、迅速かつ、データ情報から確定日付けに匹敵する認証が得られることは、大きな利点であるとのことである。

第6章
前科前歴・終局処分の評価

古田宜行

I 前科前歴について

1 勾留決定（または勾留請求却下決定）に対する準抗告事例

(1) 事例群の俯瞰

　勾留決定（または勾留請求却下決定）に対する準抗告事例は、全68件であった。うち、弁護人による勾留決定に対する準抗告事例（以下、「弁護人準抗告」という）が63件であり、検察官による勾留請求却下決定に対する準抗告事例（以下、「検察官準抗告」という）が5件であった。

　そして、全68件中、決定文において被疑者の前科前歴の有無またはその内容について言及されているものは、34件であった（事例❷、❸、⓾、⓭、⓮、⓯、⓱、⓲、⓳、㉑、㉕、㉖、㉚、㉜、㉝、㉞、㉟、㊱、㊳、㊶、㊷、㊸、㊹、㊺、㊻、㊼、㊽、㊺、㊻、㊼、㊽、㊿、㉕、㉖、㉗、㊶、㊷、㊸、㊹）。うち、被疑者にとって有利な判断、すなわち弁護人準抗告を認容したものおよび検察官準抗告を棄却したもの（勾留を認めなかったもの）が26件であり（事例❷、❸、⓭、⓮、⓯、⓱、⓲、⓳、㉑、㉕、㉖、㉚、㉜、㉝、㉟、㊱、㊳、㊶、㊷、㊸、㊹、㊺、㊻、㊼、㊽、㊿）、被疑者にとって不利な判断、すなわち弁護人準抗告を棄却したものおよび検察官準抗告を認容したもの（勾留を認めたもの）は8件であった（事例⓾、㉞、㉕、㉖、㉗、㊶、㊷、㊸）。

　全決定中半数が被疑者の前科前歴の有無またはその内容に言及していることから、決定の結論を具体的に左右しうる事実関係であることがうかがわれ、特に結論として勾留を認めなかった決定において言及される傾向が認められる。

(2) 前科前歴の有無またはその内容が論じられる文脈

ア　続いて、前科前歴の有無またはその内容が、勾留の要件である勾留の理由（2号事由および3号事由）と勾留の必要性のいずれと関係する事情

であるかについて、決定例を分析した。

イ まず、2号事由との関係で明示的に前科前歴について触れている決定は10件ある（事例❸、⓱、⓳、㉕、㉖、㉜、㉝、㉟、㊺、㊽）が、これらは、いずれも勾留を認めなかったものである。

ただし、結論として2号事由を否定した決定は1件のみであり（事例❸）、その他の9件はいずれも「罪証隠滅のおそれはそれほど高いとはいえない」（事例⓳）とか、「罪証隠滅のおそれは相当低い」（事例㉟）などとしたうえで2号事由ではなく勾留の必要性を否定したものであった。また、上記事例❸は、被疑事実と密接に関連する事実について略式命令による罰金前科があることから2号事由を否定しているところ、これは、当該略式命令の際に十分な証拠収集がなされたことから、もはや新たに収集するべき証拠がないことを理由として2号事由を否定したものと推察され、一般的な事例とは異なる文脈で前科前歴について言及がなされている特殊な事例であるから、一般化し難い。

したがって、前科前歴の有無および内容は、2号事由の判断に影響をおよぼしうる（低減しうる）事情の1つではあるものの、それのみによって2号事由を打ち消すほどの影響力は有しないと解される。

なお、前科前歴が存在することをもって2号事由を積極的に基礎付けている決定は見当たらなかった。これは、決定において2号事由を肯定するにあたっては罪体および犯情事実の内容から論証すれば足り、あえて一般情状事実である前科前歴に言及する必要性がないからであると解された。

ウ 次に、3号事由との関係で前科前歴について触れている決定は20件あり（事例⓾、⓭、⓱、⓲、㉑、㉚、㉞、㉟、㊱、㊳、㊷、㊸、㊺、㊻、㊼、㊺、㊻、㊼、㊿、❺、❻、❼、❼、❾）、うち勾留を認めたものが6件、認めなかったものが14件であった。

勾留を認めなかった14件のうち、結論として3号事由がないとした決定が6件存在した（事例⓭、⓲、㉟、㊳、㊷、㊺）。その他8件はいずれも、「逃亡のおそれが一応認められる」（事例⓱）等、3号事由が存在することを認定したうえで、その現実的可能性が低いとして勾留の必要性を否定した

ものであった。

　他方で、被疑者が「現在執行猶予中である」ことから「逃亡すると疑うに足りる相当な理由も否定できない」とした決定（事例㉑）や「約２か月前に同種事犯による前刑の執行を終えたばかりであること」から「逃亡すると疑うに足りる相当な理由が認められ」るとした決定（事例㊼）など、前科前歴の存在をもって積極的に３号事由を認定する決定も複数した。

エ　最後に、前科前歴をもっぱら勾留の必要性との関係で論じている決定（前科前歴を２号事由および３号事由との関係で論じたうえで、その現実的可能性の大小をもって勾留の必要性の判断要素としたものを除く）は、13件であり（事例❷、⓮、⓯、⓱、㊶、㊹、㊺、㊻、㊼、㊱、㊲、㊳、㊴）、うち勾留を認めたものが６件、認めなかったものが７件であった。

(3)　若干の考察

ア　事例群の俯瞰から、前記(1)〔→64頁〕のとおり、前科前歴の有無及び内容が決定の半数において言及されている事実であり、前記(2)ウ〔→65頁〕のとおり、３号事由を否定する重要な事実関係の１つとされていることが確認できた。

　これは、端的には前科前歴の有無および内容が終局処分に与える影響との関係で考慮されていることによるものと解される。すなわち、前科前歴がある場合には重い終局処分（および刑事罰）が見込まれるから当該処分を免れるために逃亡を図る現実的可能性がある、したがって３号事由および勾留の必要性が認められる、逆に前科前歴がなければ逃亡の現実的可能性がなく（低く）、勾留の必要性も認められないとされているのである（なお、前科前歴と３号事由の結びつきについて、小林謙介「逃亡すると疑うに足りる相当な理由」別冊判タ34号〔2012年〕114頁、井上正仁監修『裁判例コンメンタール刑事訴訟法』〔立花書房、2015年〕290頁等）。

イ　他方で、重い終局処分を課される見込みであれば罪証隠滅行為を行う動機が認められるとして、前科前歴は２号事由の考慮要素でもあるとされる（前掲井上正仁288頁）のであるが、前記(2)イ〔→65頁〕のとおり、２号事由について言及している決定中２号事由を積極的に肯定するためにあえて前科前歴に言及している決定は存在せず、いずれの決定も前科前

歴の内容からすれば現実的可能性は低いとしつつもなお2号事由を認めるものになっていた。

ウ　以上のとおり、前科前歴の有無および内容は、特に3号事由との関係で重要な事実である。そのため、弁護人の活動によって変動させることが不可能な事実ではあるものの、少なくとも弁護人において前科前歴の有無および内容を取り違えて説得力を欠いた準抗告申立てをしてしまうことがないように、初回接見時から前科前歴についても被疑者に対する具体的な聴き取りを行うことが必要である。

2　勾留延長決定に対する準抗告事例

(1)　事例群の俯瞰

勾留延長決定に対する準抗告事例（いずれも弁護人の申立てによるもの）は、全29件であった。これらのうち、決定文において前科前歴の有無または内容について言及されているものは3件のみであり（事例❼❽、❽❹、❾❼）、うち2件の認容例（事例❼❽、❽❹）は、いずれも「やむを得ない事由」を否定して勾留延長決定を全部取り消すものであった。

上記2件が前科前歴の有無に言及している文脈を見ると、「古い交通事故の前科が一犯だけである」というもの（事例❼❽）と「最近の前科はない」というもの（事例❽❹）であり、いずれも、前科前歴があることが一般論としては身柄拘束の継続に傾きがちであるという前提に立ちながら、その具体的内容（時期）から重視するべきではないと判断している。

(2)　若干の考察

ア　前記(1)〔→67頁〕のとおり、勾留延長決定に対する準抗告事例において前科前歴に関する言及がなされることは、勾留決定に対する準抗告事例と比較して稀である。

イ　かかる傾向の違いからは、実務上、勾留決定に対する準抗告と勾留延長決定に対する準抗告の審理対象が相当異なっていることが理解される。すなわち、前者の審理対象は当然勾留の理由および必要性の有無なのであるが、これらは後者の審理対象から事実上除外され、形式的に肯定されたうえで勾留延長の「やむを得ない事由」のみが実質的な審理の対

象とされていると解されるのである。現に、勾留延長決定を全部取り消した前記２件の決定も、勾留の理由および必要性について特段言及しないまま、「やむを得ない事由」を否定して勾留延長決定を取り消している。

ウ 本来、勾留の理由及び必要性は勾留期間中常に存在していなければ身柄拘束の正当性を保ちえないのであるから、勾留延長決定に対する準抗告に際しても、勾留の理由および必要性が実質的な審理の対象とされるべきは当然である。そのため、上記のような準抗告審実務の状況は甚だ疑問であると言わざるをえない。

もっとも、前科前歴の有無およびその内容は、ほぼすべての事件において当初の勾留決定時に判明しており、かつ、勾留期間中に変化が生じることがありえないから、勾留の理由および必要性があることを前提とした「やむを得ない事由」の有無の判断に影響を与えるという事態が想定しにくい。

以上のような理由から、勾留延長決定に対する準抗告に関する決定は、勾留決定に対する準抗告の場合と比較して前科前歴に言及するものが少なくなっているものと解される。

エ とはいえ、現に、２件の全部認容例が前科の存在を重視するべきでないことを指摘したうえで「やむを得ない事由」を否定して結論を導いていることからすれば、勾留延長決定に対する準抗告を申し立てる場合にも、前科前歴の有無およびその内容に言及することは必須であると思われる。

Ⅱ 終局処分の見込みについて

1 勾留決定（または勾留請求却下決定）に対する準抗告事例

(1) 事例群の俯瞰

勾留決定（または勾留請求却下決定）に対する準抗告事例全68件中、決定文において被疑者に対する終局処分の見込みについて触れているものは全11件あり事例（❻、⓱、⓳、㉖、㉜、㉟、㊶、㊷、㊹、㊽、㊿）、うち１件（事例㊿）のみが被疑者の勾留を認め、その他10件は被疑者の勾留を認め

なかったものであった。
(2) 終局処分の見込みが論じられる文脈
ア 続いて、終局処分の見込みが、勾留の理由（2号事由および3号事由）と勾留の必要性のいずれと関係する事情であるかについて、決定例を分析した。

イ まず、被疑者の勾留を認めた事例❺では「予想される終局処分等の弁護人が指摘する事情を踏まえても……逃亡すると疑うに足りる相当な理由及び勾留の必要性は認められる」として3号事由および勾留の必要性の判断要素とされていた。

ウ これに対し、被疑者の勾留を認めなかった10件においては、「罪証隠滅のおそれはそれほど高いとはいえない」などとして2号事由と結びつけるものが5件（事例⓳、㉖、㉜、㉟、㊽）、「逃亡のおそれがないということはできない」「逃亡のおそれがあるとしても、相当に低い」などとして3号事由と結びつけるものが2件（事例❻、㊶）、2号事由および3号事由について触れることなく勾留の必要性の判断要素としたものが3件（事例⓱、㊷、㊹）であった。

ただし、上記2号事由または3号事由に言及した決定中、結論として2号事由または3号事由を否定したものは1件もなく、いずれも最終的な判断を勾留の必要性に委ねて結論に至っていた。

エ 終局処分の見込みが2号事由の判断に大きな影響を与えないことは、2号事由が基本的に罪体および犯情事実から根拠付けられるものと解されることからも理解しやすい。他方で、重い処分が見込まれることから逃亡する事態が想定され3号事由が肯定されうる（前掲小林115頁、前掲井上290頁等）のであれば、軽い処分が予想される場合には3号事由が否定されるべきであると解される。

しかし、前記イ［→69頁］のとおり、現実には終局処分の見込みに言及したうえで3号事由を否定した決定は存在しない。この点は、前記Ⅰ1(2)ウ［→65頁］のとおり、前科前歴については3号事由を否定した決定例が複数存在することと比較して対照的であった。

2 勾留延長決定に対する準抗告事例

(1) 勾留決定に対する準抗告事例との違い

全29件中、終局処分の見込みに言及する決定は1件も存在しなかった。

このような傾向は、「やむを得ない事由」の具体的内容の解釈および裁判所の過度の自粛に由来するものと思われる。すなわち、「やむを得ない事由」の具体的内容の1つとして捜査を継続しなければ検察官が事件を処分できないか否かというものが含まれると解釈されている(松尾浩也他『条解刑事訴訟法第4版』〔弘文堂、2016年〕400頁)ことから、裁判所が終局処分の見込みについて具体的に言及(予想)すれば必然「やむを得ない事由」が存在しないという結論に至るため、裁判所が検察庁の判断を尊重するべくあえて終局処分の見込みに関する言及を避けているように解されるのである。

(2) 若干の考察

終局処分の見込みは、前記1［→68頁］のとおり、勾留の理由および必要性の判断を左右しうる要素でもあるから、勾留延長決定に対する準抗告に際しても勾留の理由および必要性の存否が適切に審理されるのであれば、問題は一応解消される。

しかし、現実には、前記Ⅰ2(2)［→67頁］のとおり、実務上勾留延長決定に対する準抗告の際には勾留の理由および必要性の存否が実質的に審理されていないと言わざるをえない。そのため、終局処分の見込みについては、捜査の進展によって具体化していくにも関わらず、勾留決定に対する準抗告申立てを除いて実質的な判断の機会が与えられていないのである。これこそが、勾留決定を取り消す決定に比して勾留延長決定を(全部)取り消す決定の件数が著しく少ないことの要因の一つではないかと思われる。

3 実際の終局処分結果

(1) 勾留決定(または勾留請求却下決定)に対する準抗告事例の終局処分結果

ア 勾留決定(または勾留請求却下決定)に対する準抗告事例全68件中、担

当弁護人からの情報提供により終局処分の内容が判明したものは53件であり、準抗告の結果および具体的な終局処分の内容は、勾留を認めなかったもの（合計25件）では不起訴処分が12件、略式命令請求が4件、公判請求が7件、少年審判が3件であり、勾留を認めたもの（合計28件）では不起訴処分が10件、略式命令請求が4件、公判請求が10件、少年審判が4件（場所変更のみ認容された2件を含む）であった。

イ　勾留決定に関する認容事例では、25件中16件が不起訴処分または略式命令請求という「軽い」終局処分であった。略式命令請求とはいえ罰金の金額が80万円と高額であるもの事例❻も存在しており、公判請求と略式命令の境界線上にあった事例と評価できるように思われるが、やはり、軽微（と見込まれる）事案であることが結論に大きな影響を与えていると確認できる。

　他方で、弁護人準抗告認容または検察官準抗告棄却後公判請求された事例が10件も存在していることから、終局処分の見込みは重要ではあるが絶対的なものではないことが確認された。

　たとえば、事例❸⓪は、若干量の大麻所持の自白事件であり事案の性質上確実に公判請求が見込まれるものであり、事例❷❷は、危険運転致傷罪および道路交通法違反の事実で公判請求され、第一審において懲役3年6月の実刑判決を受けたというものであるが、いずれも被疑者の勾留を認めなかった（ただし、事例❷❷は逮捕時の罪名が自動車運転過失致傷罪〔当時の罪名〕および道路交通法違反であったことが準抗告審の判断に影響を及ぼしている可能性もある）。

(2)　**勾留延長決定に対する準抗告事例の終局処分結果**

ア　勾留延長決定に対する準抗告事例全29件中、担当弁護人からの情報提供により終局処分の内容が判明したものは27件であり、準抗告の結果および具体的な終局処分の内容は、全部認容事例（合計3件）では不起訴処分が2件、公判請求が1件であり、一部認容事例（合計8件）では不起訴処分が1件、略式命令請求が1件、公判請求が5件、少年審判が1件であり、棄却事例（合計16件）では不起訴処分が4件、略式命令請求が1件、公判請求が6件、少年審判が6件であった。

イ　3件の全部認容事例中2件が不起訴処分であり（事例❼⑧、❽④）、絶対数は少ないものの、ここでも終局処分の見込みが重要な要素に位置づけられていることがうかがわれた。

　他方で、一部認容事例では5件が公判請求されており（事例❼②、❼⑦、❼⑨、❽②、❾①）、予想される終局処分の重さとの間には特段の関係がないように思われた。軽微とはいえない事件であっても勾留期間の短縮がされているという点では肯定的に捉えるべきであるが、別の観点から見ると、つまるところ勾留延長決定に対する準抗告の場合には勾留の理由および必要性については形式的な判断しかなされず、「やむを得ない事由」の判断の中で一部認容というかたちで「調整」がはかられているということもできる。かかる判断手法が軽微事案にも影響して、本来は全部認容されるべきところが一部認容にとどめられてしまうのであれば、それはやはり不適当であると言わざるをえない。

【ワンポイントアドバイス】
・前科前歴の有無を十分に聴取せよ。
・早期に終局処分の正確な見込みを立てよ。
・公判請求が見込まれる事案でも諦めない。

コラム⑩
裁判官面談の活用

　準抗告申立時においても、保釈請求時同様、積極的に裁判官面談を利用するべきである。

　ただし、準抗告申立書に記載した事実をなぞるだけであれば、わざわざ面談をする時間が無駄である（裁判官にとっても、弁護人にとっても）。面談を求めるのであれば、申立書に記載し尽くすことの出来なかった事情を伝えるべきである。具体的には、身元引受人との面談状況、疎明資料の作成経過、示談成立の経過等である。これらの事情は申立書や疎明資料には表われていない背景事情ではあるものの、各事情や資料の証明力に関わるもので心証形成に影響を有するであろう。このように、裁判官に伝えるべき事情は

いくつもある。これらを面談前にきちんと整理をして臨むべきである。

　面談を求める場合には、その旨及び希望時間帯を申立書に印字する、付箋を貼るなどして裁判所に意向を伝える必要がある。求めるからには、明示的に、見過ごされないようにしなければならない。折り返しの連絡先の明記も必須である。

　なお、「連絡先の交換」は重要である。

　少し表題とは逸れるが、裁判所は裁判所で、弁護人に連絡を取って申立書の記載内容について補充の説明を求めたり、資料の追加を求めたりする場合がある。このような場合に備えて、弁護人としては、昼夜、事務所の内外を問わず、裁判所と直ちに連絡を取ることができる連絡先（携帯電話番号等）を伝えておく必要がある。

　裁判結果を踏まえ、迅速に次の行動に移る必要がある。身元引受人に迎えを指示したり、特別抗告の準備である。やはり、連絡先を伝えておく必要がある。

　留意したい。

上田学

コラム⑪
取調べに弁護人が同席できないことを理由に出頭拒否すると身体拘束されるか

　本書に収録されている決定例の中には、少なからず、被疑者が捜査協力を誓約していることを指摘して、3号事由や勾留の必要性要件を否定しているものが見受けられる。勿論、弁護人が勾留裁判に対抗して、被疑者の意思を確認し、このような誓約事実を疎明しているものである。

　さて、このような捜査協力の誓約は、絶対的に無条件の協力を言うものだろうか。仕事を理由に取調べを先送りしたり、入院を理由に先送りしたり、と、色々あり得ようが、在宅状態であるからには出頭義務も滞留義務も無く、罪証隠滅や公判不出頭を疑わせる特に不合理なものを除き合理的な条件付けは許されよう。

　刑事弁護実践において、実質的弁護機会を逃さない工夫としては、この種

の条件付けの一つとして弁護人の取調への同席を条件付けることが考えられる。名古屋地決平20・10・27（事例❹。季刊刑事弁護58号〔2009年〕所収）は、この点について、「弁護人同席を求めることは不当ではない」「（同席を得られないことから取調べに応じなかったことを）実質的な出頭拒否と評価することは出来ない」としている。

　しかし、（残念なことに捜査機関には捜査妨害にしか映らないようで）近時においても弁護人同席への捜査機関の抵抗は激しい。事例❻⓼では、勾留準抗告により釈放された被疑者が、その後、弁護人同席が認められないために取調べを先送りしていたところ、再逮捕・再勾留されるという事態が生じた。これに対する準抗告認容決定が事例❻⓼の２（名古屋地決平28・4・13）であり、裁判所は「被告人が公判期日に出頭する意思を明確にしていることなども考慮すると、このような事情をもって、逃亡のおそれ、すなわち、被告人について召喚も勾引もできなくなるおそれが高まったということもできない」とした。

　以上より、弁護人の同席を要求して取り調べに応じないことは、いまなお捜査機関の抵抗に遭い得るところではあろうが、公判出頭確保を論じるべき３号事由とは別論であり、弁護人のきめ細やかな捜査対応があれば最終的には身体拘束を阻止できる公算が高い。弁護人同席が一向に認められない我が国の現状を変えていく上でも、意識的な弁護実践が求められよう。

　なお、上記事例は何れも筆者の担当事例であり、平成20年の決定当時、裁判例評釈された中島宏教授は、同席要求が認められるべきことは「理論的には争いの余地はなかろう」としつつも、この決定例が広く参考にされるべきともされていた。それから７年半を経て、争いの余地がないどころか、逆に再逮捕まで引き起こしたという事態には言葉を失ったというのが偽らざるところである。事例❻⓼の２の決定で、令状主義はぎりぎり踏みとどまったと言えようが、いきなり警察官に連行され、収容された依頼者の胸中を想像するやいかばかりか、である。

金岡繁裕

> コラム⑫
> **勾留質問対策**
>
> 　勾留決定前から弁護人に選任されている場合、勾留裁判を担当する裁判官に意見書を提出したり、面談して意見を述べることが出来る（やることは準抗告の時とさほど、変わらない。強いて言えば、この段階では被疑事実を的確に把握できていない場合が多い、という違い程度であろう）。
> 　では、引き続く勾留質問にはいかなる対応が考えられるか。
> 　釈放が期待できる事案では、被疑者に積極的に主張を述べてもらったり、裁判官にも捜査協力意思の確認をしてもらう等の利用方法が考えられる（逆に言えば、黙秘や署名指印拒否で対応する事案は、勾留質問にもまた同様の姿勢で臨むべきことを忘れず助言しておく必要がある）。
> 　しかし、より効果的なのは、弁護人として立ち会うことであろう。在宅段階の取調べに弁護人の同席を要求することが不当ではない、とされているのである（本書コラム「取調べに弁護人が同席できないことを理由に出頭拒否すると身体拘束されるか」参照）から、権利性の強い勾留質問機会に弁護人の同席を要求しても、なにもおかしくない。
> 　残念なことに、筆者に立ち会い成功例はなく、国内でも風聞程度に成功例があるやに聞く程度である。何故立ち会わせないかと問うても、「特に必要は無いと判断しました」とあしらわれ、それ以上、議論を続ける縁もない。
> 　お隣韓国では、勾留質問には弁護人立会権があり、かつ、必要的弁護になるので結局全件立会になるという（東弁リブラ2011年3月号の贄田報告）。やはり、地道な実践を通して変えていくしかないのだろう。
>
> 　　　　　　　　　　　　　　　　　　　　　　　　　　　　金岡繁裕

> コラム⑬
> **検察準抗告後の手続**
>
> 　勾留却下決定に対し、検察官が準抗告を申し立てる場合がある。事例㉔、㉘、㊹、⑳等は、その一つである。
> 　準抗告申立と同時に執行停止が申し立てられ、ほぼ無条件に釈放執行が停止される（却下決定の執行停止をしても、もともとされていない勾留の効力

が復活する余地はなく、学説的には異論もあるところであるが)。身元引受人に被疑者の迎えを御願いしている場合などもあるだろうから(本書コラム「疎明資料の充実」参照)、執行停止となると数時間程度以上、釈放が先送りになることを説明しておく必要があろう。

　実務的には、執行停止申立書と、準抗告申立書は、裁判所から弁護人に送付されることが多いのではないかという感覚である。法的には、申立書の謄写権はないと思われるが、釈放が係っている重要な局面で弁護人の反論機会が奪われるようでは弁護権の名が泣く。検察準抗告の一報を受けた段階で、各申立書を速やかに弁護人にも届けるよう、裁判所に申し入れ、あわせて反論書の提出も予告しておくことが肝要である。

　なお、勾留決定に対する準抗告にせよ、検察官準抗告にせよ、迅速に処理することが予定される。正規の謄写手続は別途取るとして、事実上、ファクスによる先行交付が実務的に多用されていることは知っておくべきである(そして、「裁判文書をファクスする扱いはしない」という裁判所に対しては、迅速な事件処理の必要性、反論機会が必要であること等を説明し、各地で実務的に行われていることも説明し、粘り強く理解を求めていく必要がある)。

金岡繁裕

第7章
被疑者の属性について

神保壽之

I　はじめに

　本稿では、収集した準抗告事例における「被疑者の属性」の取り扱われ方について分析検討した。なお、本稿中の意見にわたる部分は、筆者の個人的見解である。

　本稿の構成は、おおむね以下のとおりである。

　まず、被疑者の属性が、主として刑訴法60条1項3号の「逃亡し又は逃亡すると疑うに足りる相当な理由があるとき」（以下、単に「3号」という）および勾留の必要性の判断要素として位置づけられるという認識を前提に、実際の準抗告事例において被疑者の属性が何の判断要素として用いられているかを再検討し、従来の認識が的確であることを確認した。いわば総論である。

　次いで、主だった属性ごとに、勾留の裁判に対する準抗告ないし勾留期間延長の裁判に対する準抗告において各属性がどのように機能しているかを検討した。いわば各論である。

　その後、これを踏まえ、被疑者の属性に関する弁護人向けの注意点をいくつか挙げ「結びにかえて」とした。結論を端的に述べるならば、被疑者の属性は弁護人による情報収集および疎明の余地が大きい要素であることから、弁護人による積極的な活動が望まれるというに尽きる。

　また、上述の検討作業を行いつつ、準抗告に関する過去の文献の見直しも行っていたところ、勾留期間延長の裁判に対する準抗告に関し、近時は明示的にはあまり言われることがない被疑者の属性の位置づけ方が目に付いた。「勾留期間を延長して被疑者の身体拘束を続けることの有害性」としてまとめた一文がそれである。本稿の本来の守備範囲をややはみ出すかとも思われたが、筆者としては有用な視点と考えて本稿の一部

とした。読者諸賢のご海容を賜りたい。

II 分析の対象について

1 対象事例

対象となる事例は、勾留および勾留期間延長の裁判に対する準抗告の決定であるが、弁護人による準抗告のほか、検察官による準抗告（勾留請求却下決定に対する準抗告）によるものが含まれる。もっとも、後者の事例が少ないことから、弁護人による準抗告を中心に据え、以下においては、「認容」という場合は、弁護人の準抗告を認容した事例のほか、検察官の準抗告を棄却した事例を含み、「棄却」という場合は、弁護人の準抗告を棄却した事例のほか、検察官の準抗告を認容した事例を含む。

勾留（勾留決定に対する準抗告、勾留却下決定に対する準抗告）に関する認容事例は41件（うち2件が勾留場所変更）で、棄却事例は28件であった。

勾留期間延長（勾留期間延長決定に対する準抗告）に関する認容事例は11件（うち1件は申立て後に検察官が自主的に釈放）で、棄却事例は19件であった。

2 被疑者の属性とは

被疑者の「属性」という語が何を指すかは一義的に明確ではないが、おおむね量刑における被告人の「属性」（米山正明「被告人の属性と量刑」判タ1225号〔2007年〕5頁参照）と同様と考えてもらえればよい。ここでは差し当たって、家族関係、年齢、住居関係、職業、身元引受、病気・障害、前科前歴という要素をもって検討の対象とした。身元引受は、保護監督者の存否が刑訴法248条の「境遇」に含まれると解されることや、家族や雇用主・上司が身元引受人となる例が多く、家族関係や職業とも密接に関係することなどから属性に含めたものである。ここにいう身元引受は、「身柄引受」「身元保証」等名称のいかんにかかわらず、また、「出頭要請に応じさせる」「指導監督する」などといったものも含めた。

このほか、刑事手続上やや特殊な属性として、少年について別途検討

した。

Ⅲ　決定における属性一般の挙げられ方

1　総論

　勾留の要件のうち3号については、一般に、①生活不安定のため所在不明となる可能性、②処罰を免れるため所在不明となる可能性、③その他の理由による所在不明となる可能性、の3類型に分類されてきた（小林謙介「逃亡すると疑うに足りる相当の理由」別冊判タ34号〔2012年〕114頁など）。前科前歴は②に関わるが、被疑者の属性はおおむねこの①の対象となる。

　また、勾留の理由の度合いは勾留の必要性の判断要素となるとされ（武林仁美「勾留の必要性」別冊判タ34号〔2012年〕121頁等）、その意味で被疑者の属性は勾留の必要性の判断要素でもある。そこで以下、3号と勾留の必要性について見ていきたい。

　もっとも、その前に、今回の調査対象となった全99事例中、3号と勾留の必要性以外への影響がないかを見ておきたい。

　被疑者の属性が刑訴法60条1項2号の「罪証を隠滅すると疑うに足りる相当な理由」（以下、単に「2号」という）の判断要素のように読めたものは2例（事例❺❽、❽❾）にとどまった。事例❽❾は、被疑者の会社での立場、健康状態、長女の婚儀などを踏まえても、釈放すれば罪証を隠滅すると疑うに足りる相当な理由および勾留の必要性があるとしたもの。事例❺❽は、被疑者の身上関係を考慮しても上記各判断（勾留の理由および必要性を認める判断）は左右されないとしたものである。勾留の必要性の判断の中で、被疑者の属性が2号の度合いに関する事情のように読めたものも、身元引受の箇所で述べる4件（事例❶❻、❷⓿、❷❷、❷❾）および、事例❷❺（土木作業員として稼働し、住所地において家族と同居していることから、罪証隠滅および逃亡のおそれはいずれも大きいとはいえないとした）が見られるにとどまった。結果として、2号・3号を一括して挙げたものではない、純粋に2号の判断要素としていると見える事例は❽❾のみであった。

　刑訴法208条2項に定める勾留期間延長の「やむを得ない事由」の判断要

素と読めたものは 6 件（事例❼❸、❼❹、❼❽、❽❹、❽❽、❾❹）あった。うち、事例❼❸、❼❹、❾❹は少年ないし高校生であることを延長の消極事情として、事例❽❽は知的障害および発達障害を延長の積極事情として、事例❼❽、❽❹は在宅捜査で足りるとして、職業・前科等を延長の消極事情として扱ったものであった。

2　勾留

　勾留場所変更を除く勾留についての認容事例39件中、準抗告審で 3 号該当性を認めていないものは21件あり（事例❶、❸、❹、❺、❻、❶❸、❶❹、❶❺、❶❻、❶❽、❶❾、❷❻、❸❶、❸❺、❸❽、❸❾、❹❷、❹❺、❹❽、❻❸、❻❽）、うち、被疑者の属性を理由に挙げて 3 号を認めなかったものが13件あった（事例❹、❺、❻、❶❸、❶❽、❶❾、❷❻、❸❶、❸❺、❸❽、❹❷、❹❺、❻❸）。残る 8 件のうち 5 件（事例❶❹、❶❺、❶❻、❸❾、❹❽）では被疑者の属性を含む事情により勾留の必要性が否定され、 2 件（事例❸、❻❽）は被疑者本人の誓約等から勾留の必要性が否定され、 1 件（事例❶）は被疑事実を犯したと疑うに足りる相当な理由が否定された事例であった。

　また、39件中、準抗告審で 3 号を認めたとみられるものは16件あったが（事例❷、❶❼、❷❶、❷❷、❷❺、❷❾、❸❶、❸❷、❸❸、❸❻、❹❶、❹❸、❹❹、❹❻、❹❼）。このほか、 3 号の存否について「あるとしても」と仮定的な表現をした 1 件〔事例❹❶〕があった）、16件中 2 件（事例❷、❹❸）を除く14件は、勾留の必要性を判断する中で、被疑者の属性を挙げたうえで 2 号の度合いが高いとはいえない旨の言及があった。

　 3 号自体を認めない決定と、その存在を前提としつつ勾留の必要性を認めない決定との分水嶺は、明らかではない。もっとも、後者をよく見ると、 3 号を積極的に認めたものは 2 件（事例❷❶、❹❹）に留まり（「一応認められる」とした事例❶❼を入れても 3 件）、大半は「ないとはいえない」「否定できない」といった消極的表現にとどまっていた（事例❷、❷❶、❷❺、❷❾、❸❶、❸❷、❸❸、❸❻、❹❶、❹❸、❹❻、❹❼）。刑訴法60条 1 項 2 号・ 3 号の要件は「……疑うに足りる相当な理由があるとき」であり、たとえば民事訴訟における訴訟上の救助を定めた民訴法82条1項ただし書の要件である「勝訴の見

込みがないとはいえないとき」を持ち出すまでもなく、「ある」と「ないとはいえない」とは論理的にその程度を異にし、代替できない。そうすると、「ないとはいえない」式の決定では、3号該当性を認めていないと捉えるのがむしろ正確とも思われ、その意味でも、3号を否定するか必要性を否定するかの差は流動的と思われる。

　他方、勾留についての棄却事例28件中、準抗告審で刑訴法60条1項3号が認定されていたのは、21件（事例❽、❾、❿、⓫、⓬、㉔、㉗、㉘、㉞、㊶、㊷、㊸、㊹、㊺、㊻、㊼、㊽、㊾、㊿、㉜）で、うち18件（事例❾、❿、⓫、⓬、㉔、㉗、㉞、㊶、㊷、㊸、㊹、㊺、㊻、㊼、㊽、㊾、㊿、㉜）で被疑者の属性を含む事情から3号が認定されていた。さらに、3号が認定されていた21件中8件（事例㉗、㊶、㊸、㊹、㊺、㊻、㊽、㉜）では、被疑者の属性が勾留の必要性を肯定する事情として挙げられており、これら8件のすべてで被疑者の属性が3号を認める事情として挙げられていた。

3　勾留期間延長

　勾留期間延長に関しては、認容・棄却の計29件中、被疑者の属性に触れたものは10件で、うち4件（事例㊸、㊱、㊳、㊴）は、前提となる勾留の理由または勾留の必要性に関するものであった。

　もっとも、残る6件中2件（事例㊲、㊴）は、在宅捜査で足りる事情として、「やむを得ない事由」を判断する中で被疑者の属性について述べたものであった。

　また、残る4件はいずれも少年であるが、1件（事例㊳）は被疑者の障害への配慮のため通常より時間を要するとして、勾留期間延長の積極要素と判断したもの、3件（事例㊳、㊴、㊸）は、少年ないし高校生であることを考慮しても延長がやむを得ないとしたものであった。

Ⅳ 決定における各属性の取り扱い

1 家族関係

(1) 勾留

　勾留場所変更を除く勾留についての認容事例39件中、家族関係を身体拘束の消極事情とした決定は20件（事例❺、⓭、⓮、⓯、⓲、㉑、㉒、㉕、㉖、㉚、㉛、㉜、㉟、㊱、㊳、㊶、㊷、㊹、㊺）あった。

　うち8件が3号該当性を否定し（事例❺、⓲、㉖、㉛、㉟、㊳、㊷、㊺）、12件が勾留の必要性を否定した（事例⓭、⓮、⓯、⓱、㉑、㉒、㉕、㉚、㉜、㊱、㊶、㊹）。3号該当性を否定したものと、必要性を否定したものとの間に、決定文上の有意な相違点は読み取れなかった。

　上記20件はいずれも親族と同居している事例で、2件（事例❺、㉑）以外は決定において「同居」「ともに生活」などと示されていた。同居する親族の内訳については、決定書の記載がないか「家族ら」などと内訳が不明確なものは申立書や疎明資料で補うと、妻子7、両親6、妻3、両親および兄弟2、母および兄弟1、子1で、配偶者または一親等の親族が含まれていた。

　事例㉑は申立書によれば両親と同居している事案であるが、決定では、準抗告申立てに際して主張された、元妻や実子と定期的に交流している点を、原裁判後に明らかとなった「逃亡のおそれも高いとはいえない」事情として挙げており、このような事情も生活の安定を示すものとして身体拘束からの解放に向けて働くという点は参考となる。

　また、事例㊷は、独身であることを身体拘束の積極事情として挙げる一方、同居の両親の健康状態や介護を消極事情として挙げている。

　他方、単身であることを身体拘束の積極事情としながらも勾留を認めなかった事例も3件あった（事例❸、❹、㊵）。事例❸は、単身で居住関係も必ずしも安定していないとされたが、弁護人を介して捜査に応ずる旨を約する陳述書を提出していることなどから3号が否定されたもの（弁護人は、定まった住居を有し、元妻との間の子の面倒を元妻と協力してみている旨も主張）。事例❹は、単身などの理由から「一般的に言って、逃亡のおそ

れは否定できない」としつつ、出頭に応ずる旨の陳述書や、同旨の弁護人の上申書の提出から「逃亡すると疑うに足りる相当な理由までは認められない」とされたもの（事例❸、❹の被疑者は同一人物のようである）。事例⓵は、単身生活をする外国籍の人物で、一時的所在不明や母国への帰国など逃亡すると疑うに足りる相当な理由がないともいえないが、難民申請したうえで特定活動の在留資格で滞在し逃亡のおそれも小さく、被疑者の誓約も考慮すれば勾留の必要性なしとされたものであった。

　これらの事例より、単身のような一般的にはマイナスと捉えられがちな事情が存在する事案であっても、その他の事情によってこれが補いうることがわかる。

　また、認容事例中、申立書から単身であることがわかるものとして事例㉙があり、単身だが上司が身元を引受け、本人も出頭要請に応ずる旨誓約している点などから、逃亡のおそれなどがそれほど大きいとはいえないとして、勾留の必要性が否定されている。

　棄却事例中、家族関係を身体拘束の積極事情としたものは３件（事例⓵、㉔、㉴）あり、いずれも単身で、３号が認定されている。事例⓵は複数の前科があり、事例㉔も検察官の主張によれば前科多数とされ、事例㉴は無職で家族とも疎遠かつ微罪処分の前歴があるとされた事案（被疑事実、前歴ともに万引き）であった。

　家族関係を身体拘束の消極事情として挙げながら申立てを棄却したものとして事例㉞、㉕、㉖がある。事例㉞は、家族との同居に言及はあるが（なお、家族は外国籍の母と姉と妹）、交友関係や複数の非行歴（被疑者は少年）から３号該当とされたもの。事例㉕は、住所地で祖母および弟と同居しているが無職で逃亡のおそれも否定できないとされたもの。事例㉖は、息子を養育する必要などを踏まえても勾留の必要性ありとされたものであった（事例㉕、㉖はいずれも被疑事実が傷害で、交際相手へのDV事案）。

(2) **勾留期間延長**

　勾留期間延長に関しては認容・棄却ともに決定で家族関係に触れたものは見当たらなかった。特徴的な事案としては、弁護人が、被疑者と恋人との関係が相当期間におよび単身身軽でないなどと主張したが、３号

該当とされた事例❼⓪、妻に対する示凶器脅迫で、離婚して単身で生活する予定との主張がされ、在宅捜査で足りるとしてやむを得ない事情を認めなかった事例❼⑧があった。

2　年齢

　勾留の認容・棄却事例中、別途検討する少年の類型を除けば、年齢への言及があったものは、「被疑者の年齢」（被疑者は1948〔昭和23〕年生まれで、高齢との趣旨）を持ち家での妻との同居や定年後の継続勤務との事情とともに3号の消極事情として挙げた事例❸⑥と、「被疑者は72歳と高齢」として、これらから勾留の必要性を否定した事例❹①の2件であった。なお、2件とも、年齢のみならず健康状態に問題のあることのうかがわれる事案であった。高齢者の人口比率が高い今日、高齢という客観的に明らかな事項のみならず、あわせてそれに伴う健康状態の問題点を弁護人より主張・疎明することが有益と考えられる。

　年齢については、「年齢の老若は、他の事情とあいまって、生活の安定性を判定する要因となることが多い」「若年者は身軽で、軽率な行動に出ないとも保障できず、家庭又は職場において格別責任ある立場にあるともいえない等の理由で、生活不安定者と認められる場合が多いであろう」（法曹会編『例題解説　刑事訴訟法（四）〔三訂版〕』〔法曹会、1999年〕199頁）などとされていたが、今回の分析では、若年をもって生活不安定とした事例は見られず、高齢者を除けば年齢は生活の安定性を判定する事情として重視されていないように思われた（篠田省二「勾留理由としての「逃亡のおそれ（住居不定）」──準抗告の裁判の分析的研究〔上〕」警察学論集21巻2号〔1968年〕97頁に、若年の4事例の報告があるが、現在とは相当に時代背景が異なるように思われる）。

　勾留期間延長については、少年以外では年齢への言及は見られなかった。

3 住居関係

(1) 勾留

　家族との同居については家族関係で言及したが、勾留に関してそれ以外の住居関係を身体拘束の消極事情としていたのは２件（事例❸❻、❹❺）であった。いずれも認容事例である。事例❸❻は「持家で妻と同居」、事例❹❺は「自宅で家族と居住」（申立書によれば被疑者が一軒家を所有）とそれぞれ持家の存在を挙げ、これらから逃亡のおそれが高いとはいえないとし、勾留の必要性の否定につなげていた。住所地への定着の象徴ともいえる持ち家の存在は、生活の安定性を高める事情であることから、そのような事情がある事案では是非主張したいところである。

　他方、住居関係を身体拘束の積極事情としたのは１件で（事例❸）、居住関係が必ずしも安定していないことを指摘したものであるが、一方で、弁護人を介して捜査に応ずる旨を約する陳述書を提出していることなどから３号を否定した。事案の詳細は不明であるが、勾留状の住居欄では「不定」の文字を消して住所が記載されており、申立書を見ると弁護人は定まった住居を確保し定着性が高まっていると主張していた。準抗告審では定着性についてはなお問題があると捉えられたものの、それを補う弁護人の活動が奏功した事案と考えられる。

(2) 勾留期間延長

　勾留期間延長で住居関係に言及したものは２件（事例❼❽、❽❸）であった。

　妻に対する示凶器脅迫である事例❼❽では、転居先が決まるまで被害者らが住む従前の住所で寝食せず簡易宿泊施設等を利用するなどを誓約していることなどから、在宅捜査で足りるとして、「やむを得ない事由」が否定されており、DV事案では少なからず起こりうる事態であるだけに参考となる。

　他方、事例❽❸は、延長の前提となる勾留の理由に関して、実家とは別に事務所を構えるなど生活実態が明らかでないなどとして３号該当とされたうえで棄却とされている。

4 職業

(1) 勾留

　職業に言及した勾留の認容事例は21件（事例❸、❺、❼、❽、❾、㉑、㉒、㉕、㉚、㉛、㉝、㉟、㊱、㊳、㊶、㊷、㊹、㊺、㊻、㊼、㊽）で、職業の内訳は会社員が11件と最も多く、運転手2、大学生2、高校生1、会社役員1、配送業1、土木作業員1、ゴルフ場従業員（パート）1、無職1であった。パートは、定年退職後同じ職場に継続勤務中という事案であり（事例㊱）、定着性の高さがうかがわれる。被疑者が無職の事案（事例㊷）は、警備員として勤務していたビルでクレジットカードを窃取した事案である。独身無職だが、前科前歴なく真面目に稼働してきており常習的犯行とはうかがわれないことや、逮捕前に出頭し自供書を提出し示談金の準備を進めてきたこと、同居の両親の介護を続けてきたことなどから3号該当性が否定されている。無職であることは、一般に生活の安定性の低さにつながる典型的事情とは思われるものの、その他の事情によっては3号該当性自体の否定に至ることを示す例として参考となる。

　このほか、申立書において正業、定職を有するとの言及があるものは8件見られた（事例❷、❺、⑭、⑯、㉖、㉙、㉜、㊽）。

　棄却事例で職業を身体拘束の積極事情として挙げたのは、被疑者が無職の事案1件（事例㊿）であった。反対に、職業を身体拘束の消極事情として挙げつつ棄却したものは2件（事例㉔、㉜）であった。事例㉔は、被疑者が会社経営者であることなどを踏まえても逃亡すると疑うに足りる相当な理由があり、身柄拘束による被疑者の経営する会社の業務への支障等を考慮しても勾留の必要性ありとされたもの（公務執行妨害被疑事件で、検察官によれば前科前歴多数という）。事例㉜は、生活状況等に鑑みると逃亡のおそれはないとされたが、事案の性質、犯行態様等に照らせば、定職に就いていることなどを考慮しても勾留の必要性があるとされたものであった（夫婦げんかの仲裁に入った長女に包丁を突き付けた示凶器脅迫の事案）。

(2) 勾留期間延長

　勾留期間延長の決定で職業に言及したものは4件あった（事例❼❽、❽❸、❽❹、❾❹）。事例❼❽と❽❹は、勤務先が明らか、定職があるなどとして、在宅捜査で足りるとした認容事例である。事例❽❸は、申立書では被疑者が経営者で、被疑者が受注等をしなければ事業が機能せず従業員に不利益が生ずる旨の主張がされたが、決定では被疑者が個人事業者であることなどを考慮しても勾留の必要性があるとされた棄却事例（覚せい剤自己使用事案）。事例❾❹は、被疑者が高校生であることを考慮しても、勾留期間を延長すべきやむを得ない事由があるとされた棄却事例であった（共犯者のある詐欺被疑事件）。

5　身元引受

(1) 勾留

　勾留場所変更を除く認容事例39件中、身元引受に言及のあったものは22件（事例❹、❺、❻、⓭、⓮、⓯、⓰、⓱、⓲、⓴、㉒、㉕、㉙、㉛、㉜、㉝、㊱、㊳、㊴、㊶、㊼、㊿）、申立書に言及があったものは8件（事例❷、⓳、㉚、㉟、㊺、㊻、㊽、㊽）と、多数に上った。引受人の内訳は、決定で言及されたものは、両親6、妻4、母および上司・雇用主3、母2、妻および父1、妻および上司1、父1、妻および子（成人）1、弁護人1、上司1、交際相手1で、申立書のみに言及のあるものは、妻・内妻4、両親1、母1、子（社会人）および雇用主1、従兄弟1という内容であった。なお、上記の弁護人というのは事例❹で、弁護人が身体拘束の相当前から被疑者と信頼関係があったと見られ、共犯者へ連絡しないよう被疑者を指導監督する、弁護人同席を条件として出頭に応じさせる旨の上申書を弁護人が提出したという事案であり、このような事情が3号のみならず2号該当性の消極事情ともされている。さらに、4件（事例⓰、⓴、㉒、㉙）では、勾留の必要性の判断の中で、「罪証隠滅のおそれは高いとはいえず」などと、身元引受等が2号の程度低減に関する要素としても機能していた。

　認容事例中、申立書でも身元引受への言及が見られないのは6件（事例❶、❸、㉑、㉖、㊵、㊷）で（その余の認容事例は申立書がないなどから状況が

不明)、事例❶は嫌疑を否定された事例、事例❸、㉑は元妻および元妻との子との交流がある旨主張されていた事案、事例㊵は難民申請中の外国人である。事例㉖は同居の妻はいるが持病があるとされ、事例㊷は同居の両親はいるが高齢で介護を要するという事案で、各事情により身元引受ができなかったものと考えられる。

　棄却事例では、身元引受を身体拘束の消極事情として挙げつつ棄却したのは7件(事例㉔、㊾、㊱、㊽、㊳、㊵、㊷)あった。事例㉔では3号該当とされ、事例㊱、㊳では3号該当かつ勾留の必要性ありとされ、事例㊾、㊽、㊵、㊷では勾留の必要性ありとされた。なお、事例㉔は公務執行妨害被疑事件で、検察官によれば被疑者の前科前歴多数とされた事案。事例㊱は高額な架空の借用書の作成を迫った恐喝未遂の事案。事例㊳は疎遠であるとされる娘による身元引受であった。

　異質な決定としては事例㊱があり、実兄による指導監督の誓約や被害店舗が被害弁償金を受領する意向であること等については、原裁判後に発生した事情であり、本来、勾留取消請求の中で主張すべきものと括弧書きで付言している。準抗告審において原裁判後の事情を考慮できる範囲については、古くから準抗告審の構造にも絡む一連の議論がなされてきたところではあるが、「事は身柄拘束に関わる緊急性の高いものであるから、形式にとらわれることなく、準抗告審で新事情に関する資料をしん酌して一挙に判断することが妥当と思われる」(菊池則明「勾留の裁判に対する準抗告審が、原裁判後の新資料をしん酌し得る範囲」別冊判タ35号〔2012年〕166頁)とする近時の裁判官による論稿もあるうえ、実際に事例㊱以外には原裁判後の新事情であることを理由として準抗告申立てを論難する決定例は見られなかった。本件では、申立書提出後、追加的に提出された申立補充書において上記事情が主張されたという点が影響したものと推測されるが、通常ならば準抗告審においてしん酌されてよい事情といえるのではないか。

　このほか、申立書で身元引受に言及していたが棄却された事例は7件あった(事例❽、㉓、㊾、㊶、㊷、㊽、㊻)。うち2件(事例❽、㉓)はともに自動車運転過失傷害、道交法違反(救護・報告義務違反)被疑事件、事例㊾、

❷は事業活動に伴う犯罪のようである。

(2) **勾留期間延長**

　勾留期間延長では、決定で身元引受への言及があったのは1件（事例❽）で、両親による監督の約束を考慮しても勾留の必要性があるとされた。申立書において言及があったのは6件（事例❻、❽、❽、❽、❽、❾）であり、事例❽は検察官が釈放、事例❻は勾留期間が短縮され、残りは棄却であった。

6　病気・障害

　勾留の認容・棄却事例中、被疑者の病気・障害に言及した決定は3件（事例❼、❸、❹）であった。事例❼は、勾留自体は認めたものの知的障害のある少年被疑者の勾留場所を留置場から少年鑑別所に変更した事案。事例❸、❹は、いずれも年齢という要素ですでに触れた認容事例であるが、事例❸は、勾留の必要性について述べた後の括弧書きで被疑者が胃を摘出し健康状態が芳しくないことがうかがわれることに言及している（ただし、弁護人が申立書で述べる高血圧等の持病で服薬が欠かせないとの点は疎明がないとされた）。事例❹は、72歳と高齢で高血圧の持病があること等が、勾留の必要性なしとする事情とされている。

　申立書で言及があったものとしては2件（事例⓫、❹）あり、いずれも棄却事例であった。事例⓫は、精神疾患で通院中、股関節のリハビリ中という事情が述べられたもので、採尿手続の違法を主張する覚せい剤取締法違反（自己使用）の否認事件。事例❹は、健康問題（糖尿病、高血圧、睡眠時無呼吸症候群）が述べられたもので、派遣会社役員としての入管難民法違反という事案であった。

　勾留期間延長で、被疑者の病気・障害に言及した決定は2件（事例❽、❽）あった。事例❽は上記事例❹と同一被疑事件であり、健康状態などを踏まえても、罪証を隠滅すると疑うに足りる相当な理由および勾留の必要性ありとされた。事例❽は、知的障害および発達障害を有する少年について、同人に対する取調べは、これらの障害にも配慮して進める必要があり、そのため通常よりも時間を要するものと考えられると述べ、勾留

期間を延長すべきやむを得ない事由があるとしたものである。もっとも、知的障害を有する少年が被疑者である前記の事例❼で勾留場所が少年鑑別所に変更されたのはその情操への配慮からと解されるが、事例❼が窃盗、事例❽❽が現住建造物放火と事案の重大性に差があるとはいえ、後者で、障害を有する少年への「配慮」なるものが身体拘束の維持継続を指向したものとなっている点には問題があろう（なお、事例❽❽の勾留場所は留置場である）。

このほか、事例❻❾の申立書では、勾留の必要性に関し、精神的な不安定および身体拘束後の体調不良が主張されたが、決定ではこの点に触れることなく、勾留の延長期間が短縮されている。

7 前科前歴

勾留に関する認容事例中、決定で前科前歴を身体拘束の消極事情として挙げた事例は16件（事例❷、⓮、⓯、⓲、㉚、㉛、㉟、㊱、㊳、㊶、㊷、㊹、㊺、㊻、㊽、㊳）あり、うち3号該当性を否定したのが7件、勾留の必要性を否定したのが9件であった。16件の内訳は、前科等がないとするものが、前科なし7、前科前歴なし4、非行歴・補導歴なし（少年の事例）1で、前科等があるものは、少年時代の前歴1件以外前科前歴なし、前歴2件のみで前科なし、17年以上前の罰金前科のみ、罰金前科が3件あるが最新でも約15年前というものが各1件であった。

このほか、事例㊷は、前科前歴等から逃亡のおそれがないとはいえないとする一方、これが10年以上前のものであることなどから逃亡のおそれは小さいとして勾留の必要性なしとしている。事例㊸は、傷害被疑事件で、前科（申立書によると、傷害事件についての3カ月前の罰金前科）等から逃亡のおそれがないとはいえないとする一方、事案の内容・性質等から勾留の必要性なしとしている。

前科前歴の存在は、これにより量刑が重さを増すことから、処罰を免れるために所在不明となる可能性を高めるとされ、かつ、「実務においても、前科・前歴の有無はもっとも重視されている事情のひとつ」（前掲書例題解説　刑事訴訟法（四）〔三訂版〕』201頁）とされる。しかし、この可能性

は事案の軽重や犯行後の被疑者の態度（逃走の有無等）などを含めた総合判断であるから、他の事情により否定ないし低減されうる。事例❸は、相当近い時期に罰金とはいえ同種前科があった事案であるが、逮捕までの約6カ月間の間に逃亡の動きがなかったことや、事案の内容等からその可能性が低減された事案と見られ、参考となる。

　勾留に関する棄却事例中、決定で前科前歴を身体拘束の積極事情として挙げた事例は6件（事例❸、❺、❺、❺、❻、❻）で、3号該当性および勾留の必要性を基礎づける事情として機能していた。6件の内訳は、前科2、非行歴2、微罪処分の前歴（勾留の対象が窃盗被疑事件〔万引き〕で万引きの微罪処分）、約2カ月前に同種事犯による前刑の執行を終えたばかりというものが各1件であった。

　他方、前科前歴がないことを身体拘束の消極事情として挙げながら、勾留を認めた事例として事例❻があった（娘への示凶器脅迫の事案）。

　勾留期間延長に関して決定で前科前歴に言及したものは事例❽で、最近の前科がないことなどを在宅捜査で足りる事情として挙げ、やむを得ない事由なしとしたものであった。

8　その他

　上記のほか、主に勾留の必要性判断の中で、被疑者の属性に関する被疑者等の不利益を挙げたものが散見された。

　勾留に関する認容事例においては、職業に関するものとして、まず学生・生徒についての、

- 事例❸：定期試験を控え、欠席長期化で退学のおそれ（高校生）
- 事例❸：期末試験を控え、受けられなければ留年の可能性（大学生）
- 事例❸：身体拘束が長期化した場合の修学等への影響が大きい（大学生）

があり、また、社会人につき、解雇のおそれをいうもの（事例❶、❺、❸、❹）があった。

　他方、雇用主が職場復帰を強く希望（事例❷）というものも存在した。

両者は一見して反対の事情のようにも見えるが、解雇のおそれは、被疑者本人の不利益であるとともに、生活安定の危殆化を防ぐ要請という刑事政策上の必要性も働くであろう。勤務先からの職場復帰の要請は、勤務先の不利益であるとともに、生活安定の高さを示すものといえ、いずれにおいても身体拘束からの解放が社会への定着を維持する機能を果たすと考えられる。

　職業以外では、家族関係について、持病を持つ妻の生活がもっぱら被疑者の収入による事例❷❻というものや、両親の介護を要する事例❹❷というものが見られた。

　棄却事例の決定中では、経営する会社業務の支障を考慮しても勾留の必要性があるとした事例が2件（事例❷❹、❻❻）あった。

　勾留期間延長については、決定中で被疑者等の不利益に言及した事例は見られなかった。

Ⅴ　少年

1　少年の勾留

　被疑者が少年の決定例は14件あった。内訳は、勾留（勾留場所変更を含む）が8件（事例❻、❼、❾、❶❸、❷❺、❸❶、❸❹、❸❼）、勾留期間延長が6件（事例❻❾、❼❸、❼❹、❽❽、❾❹、❾❼）であった。

　少年に関しては、少年法が「やむを得ない場合」でなければ検察官が勾留を請求することも、裁判官が勾留状を発することもできない（同法43条3項、48条1項）と、少年独自の勾留要件を付加しているのが成人と異なる点である。この「やむを得ない場合」について考慮すべき事情は、一般に、①少年鑑別所の施設上の理由、②少年の資質等、③被疑事件の性質、④捜査遂行上の理由、に分類して説明されることが多い（足立拓人「少年法48条1項の『やむを得ない場合』の意義」別冊判タ35号〔2012年〕194頁等。なお、やむを得ない事由は①のうちの収容能力のみとする見解として、武内謙治「非行の発見と少年事件の捜査」法セ698号〔2013年〕127頁があり傾聴に値する）。このうち、被疑者の属性に当るのは②であり、年齢、前歴・非行歴、性

行等が考慮事情とされる。

　勾留場所変更が認められた事案２件（事例❼、㊲）を除く勾留が争われた事例中、認容事例は４件（❻、⓭、㉕、㉛）、棄却事例は２件（事例❾、㉞）であった。年齢は、認容事例が17歳２、18歳１、19歳１、棄却事例が19歳２で、サンプル数が少ないが、年齢だけからすると、より年少であることが身体拘束からの解放に親和的であるように見える。なお、罪名は、認容事例が窃盗３、脅迫、棄却事例が窃盗２で有意な差は認められなかった。ただし、認容事例をみると、事例❻は少年院在院中という特殊な施設環境にあった事例であるが、他３件はいずれも両親と同居するなど安定した家庭環境がうかがえた。

　他方、棄却事例を見ると、事例❾は住所地が共犯者方、事例㉞は外国籍の母らと暮らし（申立書によると、逮捕前、母は本国に帰国中）、複数の非行歴があるといった事案であった。

　少年を勾留する「やむを得ない場合」に関しては、事例㉞が、犯行現場への引き当たり捜査が必要となることなどを挙げていた。また、勾留場所変更事例として後に触れる事例㊲が、多数の共犯者に対する取調べ、それを踏まえた被疑者の取調べなど捜査に10日を超えることも見込まれること等を挙げていた。これらは、前記④捜査遂行上の理由であるが、安易に捜査上の必要性から「やむを得ない場合」に該当するとされていないか注視が必要である。殊に、事例㉞で述べられた引当り捜査については、仮に取調べ受忍義務を前提とする捜査機関の立場に立ったとしても、引当りは検証のような強制処分ではないから、被疑者に引当りへの立会義務はないというべきである（日本弁護士連合会刑事弁護センター編『逮捕・勾留・保釈と弁護』〔日本評論社、1996年〕28頁）。

2　少年院在院と逃亡すると疑うに足りる相当な理由

　なお、事例❻は、「その処遇が見直される可能性があることを考慮すると、被疑者が……少年院に在院中であるという一事をもって直ちに被疑者に逃亡のおそれがないということはできない」としている。これは、受刑者の勾留について「逃亡のおそれについても、刑期の満了、仮釈放、

刑の執行停止等の可能性があることを考慮すると、直ちにそれがないとはいえないと考えられる」(新関雅夫ほか『増補　令状基本問題〔上〕』〔一粒社、1996年〕269頁)とされるのと同様の理解と思われる。

　もっとも、ここで問題となるのは単なる「おそれ」ではなく、「逃亡し又は逃亡すると疑うに足りる相当な理由」であることが改めて確認されなければならない。そして、この点は、これまでも「単なる抽象的な危険性では足りず、確実性までは要求されないが、具体的な資料によって裏付けられた高度の可能性があることを要すべき」(小林謙介「逃亡すると疑うに足りる相当の理由」別冊判タ34号〔2012年〕114頁)のように理解されてきたはずである。また、勾留の必要性に関する判断の中ではあるが、最一小決平26・11・17(集刑315号183頁)が「罪証隠滅の現実的可能性」、最二小決平27・10・22(集刑318号11頁)が、「罪証隠滅・逃亡の現実的可能性」の程度を問題としているが、その前提となる2号、3号該当性については、「罪証隠滅・逃亡の現実的可能性」の存否が問題になるものと思われる。

　本件では申立書で、被疑者が「1級上」にも進級していない現時点で仮退院はありえず、進級後もただちに仮退院はありえないと主張されたものの、抽象的な可能性をもって上記のような判断がなされているように見える(なお、結論としては、母が今後は責任を持って指導するとの意思を示すなどの事情から3号が否定された)。今後は、成人受刑者をも含め、「刑期の満了、仮釈放、刑の執行停止等の可能性」が問われるのであれば、その「現実的可能性」(刑の満了までの長短その他、当該事案における具体的事情に即したもの)に即した判断が求められるのではないか。

3　少年の勾留場所

　少年の勾留場所が問題となった事案は2件(事例❼、㊲)であった。いずれも、勾留そのものは認めつつ、勾留場所を留置場から少年鑑別所に変更した事例である。事例❼は窃盗被疑事件で、被疑者は17歳で知的障害があった(なお、この事案は後に、「捜査官における誘導を否定することができない」として捜査段階の少年の供述が採用できないとされるなどして、審判で窃盗〔共同正犯〕から窃盗幇助に認定落ちしている)。事例㊲は、道路交通

法違反（集団暴走、無免許運転）被疑事件で、被疑者は15歳の中学生であった。

　勾留場所を留置場とするか少年鑑別所とするかは、少年の情操に影響するとされているところであり、少年を勾留する「やむを得ない場合」について考慮すべき事情に前記②少年の資質等が含まれるのもそれゆえである。これら２例は、少年被疑者の情操保護が当然求められる事案であった。

4　少年の勾留期間延長

　少年の勾留期間延長が問題となった事案は６件（事例㉕、㉜、㉝、㊼、㊽、㊾）であった。うち、事例㉕は勾留期間の短縮、他５件は棄却事例であった。事例㉕は営利目的での覚せい剤の共同所持で、捜査の進捗状況から短縮したもの。事例㉜は建造物侵入、強盗致傷被疑事件、事例㉝は窃盗被疑事件、事例㊼は現住建造物等放火被疑事件、事例㊽は詐欺被疑事件、事例㊾傷害被疑事件で、うち３件（事例㉜、㉝、㊽）は共犯事件であった。

　勾留期間延長のやむを得ない事由については、「勾留期間を延長してさらに取調をするのでなければ起訴もしくは不起訴の決定をすることが困難な場合」（最三小判昭37・7・3民集16巻7号1408頁）とされるが、少年の場合、起訴・不起訴は問題とならない。そこで、事例㉜、㉝では「検察官が適正な処遇意見を付して事件を家庭裁判所に送致するためには……更に10日間の勾留期間延長もやむを得なかった」との表現・判断に至っている。これらは、少年被疑事件であることをもって勾留の長期化を許容するように見受けられるものの、少年の身体拘束には謙抑的であるべきことからすれば（少年法より上位の規範として、子どもの権利条約37条(b)があることも忘れてはならない）、「少年事件においては、犯罪の嫌疑があると認められるときにはこれを家庭裁判所に送致するのであり、検察官において、起訴、不起訴を決すべき必要がないこと」を勾留期間延長の消極事情として捉えた長崎地決平2・8・17（最高裁判所事務総局編『勾留及び保釈に関する（準）抗告審裁判例集』〔法曹会、1992年〕93頁に要旨掲載）のような見解こそが正当と考えられる（財前昌和「少年事件における身柄拘束をめぐる

諸問題」神戸学院法学24巻2号〔1994年〕324頁以下も参照）。

　病気・障害の要素で触れたとおり、事例❽は、知的障害・発達障害のある少年という属性への「配慮」を名目に勾留期間延長を認めたという事例であるが、むしろ、このような属性は勾留期間の短縮をこそ基礎づけるのではないか。事例❼、❼、❾では、被疑者が少年ないし高校生であることを考慮しても、勾留期間を延長すべきやむを得ない事由があると判断されているが、これは少年ないし高校生であることが、一般的には勾留期間の延長についての消極事情として機能すると理解されているからと考えられる。

VI　外国人

　今回の調査事例のうち、記録上外国人であることが明らかなのは2件（事例❿、㉛）で、生年月日が西暦で記載されていた事例⓴も外国人と考えられる。外国人の勾留・保釈については特有の問題点もあるが（河村宜信「外国人の勾留」別冊判タ34号〔2012年〕183頁など）、今回の調査では極端に事例が少なかったため、検討するに至らなかった。

VII　結びにかえて

1　被疑者の属性一般について

　被疑者の属性は、勾留においては、おおむね従来の分類どおり、逃亡すると疑うに足りる相当な理由（3号）の存否およびその度合い（勾留の必要性）に関わる事情として機能していた。もっとも、それにとどまらず、身元引受については罪証を隠滅すると疑うに足りる相当な理由（2号）に関わる事情として機能しているものも見られた。身元引受人の監督機能が発揮されれば、罪証隠滅への抑止力となることが期待されるから、このような機能は首肯できるものと思われる。

　また、弁護人の視点としては、各属性の中でも、家族関係における単身、職業における無職、前科前歴における同種前科等、身体拘束からの解放

に向けては不利な事情がある事案であっても、その他の事情いかんによっては勾留からの解放が実現している実例が見られたことに注目したい。

これは、一見ハードルが高そうに思える事情があっても、弁護人において有利な事情を掘り起こし、積極的に情報および疎明資料を収集することが有益であることを示しているといえよう。

筆者においても自戒が必要であるが、「われわれは、これまで捜査弁護において、民事（保全）事件の処理では当たり前にやっていることを、手抜きして当たり前にやっていなかったのではないだろうか？」「われわれは捜査段階で依頼人（被疑者）の陳述書すらあまり作らず、相手方である捜査機関にその作成を委ねている」（萩原猛「勾留に対する準抗告認容事例と若干の考察①」季刊刑事弁護58号〔2009年〕73頁）との指摘はいま改めて重要である。量刑に関してであるが、「身上調書に被告人に有利な事情が記載されていない可能性はある」（前掲米山12頁）との裁判官の指摘もあるところ、被疑者の身上調書が作成済みの場合であったとしても、被疑者に有利な事情の記載があるとは限らず、かえって、有利な事情がことさらに略されていることや、曲解された記載となっていることもありうることは刑事弁護人であれば思い当たるところがあろう。弁護人による主体的な情報収集活動は、捜査機関とは異なる視点からの"アナザーストーリー"の提示につながるものであり、被疑者の属性については特にその活動の余地が大きいことを成果の上がった各事例は示している。

そして、このような活動の成果については、起訴猶予の判断事情や量刑事情とも共通するところが大きいと思われるから、そのような意味でも弁護活動として有益と考えられる。

2　刑訴法482条

ところで、身体拘束からの解放における被疑者の属性という要素を考えるにあたって参考になると思われるのが、自由刑の任意的執行停止を定めた刑訴法482条である。たとえば同条1号は病気、2号は高齢、6号および7号は家族の保護を理由としている。本人または家族に不当な不利益を与えないとの趣旨は、無罪が推定される未決勾留においてはな

おさら妥当すると考えられる（同趣旨をいうものとして、神山啓史「パワーアップ刑事弁護　預かり手のない幼児をもった被疑者の弁護」季刊刑事弁護4号〔1995年〕139頁。裁量保釈に関し、刑訴法482条所定の自由刑の任意的執行停止事由に準じて考察することを提唱するものとして、早瀬正剛「再保釈の基準」判タ296号〔1973年〕355頁）。したがって、少なくとも刑訴法482条各号に該当するような事情については、取りこぼすことなく主張・疎明することが必要であり、また、刑訴法の体系上もこれが考慮されることは当然と、その重要性を訴えることも検討してよいと思われる。

3　捜査への身体拘束継続随伴の必要性

　また、被疑者の属性が勾留期間延長の「やむを得ない事由」の考慮事情として機能している決定例も見られた。この「やむを得ない事由」という要件については、①起訴不起訴の決定をするため勾留期間の延長をして捜査する必要があるか、②当初の勾留期間内にその捜査を遂げることができなかったことが相当か、③勾留を延長すればその期間内にその捜査を遂げる見込みがあるか（飯畑正一郎「勾留期間を延長すべきやむを無い事由の意義」別冊判タ34号〔2012年〕174頁等）といった3分類が行われることが一般的と思われる。

　これは一見して、もっぱら捜査の進捗に関する事情により判断されるかのようであるが、①の必要は、「勾留期間の延長をして捜査する必要」であり、「在宅で足りる捜査の必要」ではない。つまり、ここには、その捜査が必要かという捜査そのものの必要性と、当該の捜査への身体拘束継続随伴の必要性という2つの問題が内在していると思われる。そして、今回調査した決定において被疑者の属性が勾留期間延長の「やむを得ない事由」の判断要素として機能していたのは、後者についてであったと考えられる。

　不可抗力により未了であった捜査を遂げる必要があるとの捜査機関の主張がいかになされても、それが在宅捜査をもって足りるものに過ぎないのであれば、勾留期間を延長して被疑者の身体拘束を継続することが「やむを得ない」とはもはやいえないから、なお未了の捜査への身体拘束

継続随伴の必要性（弁護人の立場からはその欠如）は有意な主張として機能するであろう（この点を指摘するものとして、古田宜行「未了の捜査があるが在宅捜査で足りるとして勾留延長決定が取り消された事例」季刊刑事弁護83号〔2015年〕26頁。公刊等されている勾留期間延長に対する準抗告決定例自体少ないが、被疑者の属性を考慮し在宅捜査で足りる趣旨で勾留期間延長を認めなかった事例として、東京地決平21・4・28D1-Law判例ID28165832、東京地決平21・7・22D1-Law判例ID28165844も管見に触れた）。

4　勾留期間を延長して被疑者の身体拘束を続けることの有害性

　勾留期間延長の「やむを得ない事由」についての文献を調査していたところ、この要件について判断した最判昭37・7・3（民集16巻7号1408頁）より後において、「やむを得ない事由」を、被疑者の人権保障と捜査の必要の調和ないしバランスという観点から把握する複数の裁判官による論稿があった（岡次郎「刑事実務ノート17　勾留及び保釈」判タ185号〔1966年〕62頁、大阪刑事実務研究会「《共同研究》勾留に関する準抗告の実証的研究4——大阪地裁の決定例を中心として」判タ311号〔1974年〕33頁以下〔梶田英雄執筆〕。「勾留の必要性阻却事由を差引いてもなお捜査官の利益を支持すべき場合でなければならないのは勿論である」とする穴沢成己「勾留延長の『やむを得ない事由』について」『創立20周年記念論文集 第3巻（刑事編）』〔司法研修所、1967年〕437頁も同趣旨と思われる）。そのうち、岡次郎判事による「勾留期間の延長は勾留を継続してゆくのであるから、勾留の理由および必要が認められなければならないが、その必要性は期間の延長との関係においてあらためて考慮されなければならない」との理由による、「勾留期間を延長して被疑者の身柄を拘束しておく必要の認められること」を「やむを得ない事由」の要件として挙げる論稿（前掲岡）については、検察官からも「特に参考となろう」と評価されていた（西村好順『法務研究報告書第59集第6号勾留・保釈に関する準抗告の研究』〔法務総合研究所、1972年〕225頁）。

　捜査の必要性と人権保障の調和という観点は、刑訴法1条からして当然に首肯できる。そして、勾留が人身の自由に対する侵害であることからすれば、前記の「捜査への身体拘束継続随伴の必要性」が求められるの

は当然である。さらに、人権保障という観点からすれば、勾留期間を延長しての身体拘束継続が、（一般的な人身の自由に対する侵害を超えた）有害性を有する場合には、絶対的なものではありえない捜査の必要性を障害すると整理できよう。

　たとえば、少年被疑者の勾留期間延長について、棄却例ではあるが3例（事例❼❸、❼❹、❾❹。裁判体はすべて異なる）において「少年であることを考慮しても」などと述べられていたのもこのような勾留期間を延長しての身体拘束継続による有害性を考慮要素と捉えたものと位置づけることができる（実際に少年であることをも考慮して勾留期間を短縮した事例として、前掲長崎地決平2・8・17『勾留及び保釈に関する（準）抗告審裁判例集』93頁のほか、東京地決平21・6・10D1-Law判例ID28165838が管見に触れた。なお、前掲梶田41頁は、具体的に、被疑者が老齢、病身、年少者であることなどを考慮すべき事情として挙げていた）。

　また、今回の調査対象事例ではないが、被疑者の健康状態も考慮して勾留期間延長請求を却下した裁判例（横浜地決昭41・6・4下刑集8巻6号936頁、東京地命昭48・2・28判時698号114頁。なお、前掲西村227頁以下に挙げられている新潟地決昭43・7・15も、結論としては勾留期間延長の裁判に対する準抗告を棄却しているが、「被疑者が勾留に堪えられるか否かにつき考えるに」と、被疑者の健康状態を検討している）や、自白強要の危険も考慮して勾留期間延長請求を却下した裁判例（鳥取地決昭63・7・29『逮捕・勾留・保釈と弁護』124頁、大阪地堺支決平5・8・24『逮捕・勾留・保釈と弁護』129頁）も、やはり勾留期間を延長しての身体拘束継続による有害性を考慮したものと見られる。

　人権の擁護を使命とする弁護士として、弁護人には、勾留期間を延長して被疑者の身体拘束をすることの有害性といった被疑者側の事情も、積極的に主張・疎明していくことが期待される。

【ワンポイントアドバイス】

・被疑者の属性については、弁護人において積極的に情報を収集し、主張・疎明する。

- 単身、無職など弱い部分があっても、それを補いうる事情がないかなど弁護人の工夫によるフォローを検討する。
- 勾留期間延長に対する準抗告に関しても、人権の擁護者として、身体拘束による弊害という視点を忘れない。

コラム⑭
勾留場所に関する準抗告

　勾留決定に対しては、準抗告において、勾留場所を定めた部分を取消し、勾留場所を別の場所とするよう求める、すなわち、勾留場所の変更を求めることも可能である。主位的に勾留自体を争い、予備的に勾留場所の変更を求めることもできる。

　いわゆる代用監獄の弊害や、自白強要、少年の情操への影響等を理由に、勾留場所を留置場から拘置所又は少年鑑別所へと変更するよう求めることが、典型例として想定される。

　また、勾留場所については、検察官において、裁判官の同意を得て被疑者を移送することが可能である（刑訴法207条1項、刑訴規則80条1項）。実務上、この移送は、法務省の訓令である事件事務規程に定める移送指揮書によって行われる。移送指揮書には「上記移送に同意する。」との不動文字の下に、日付、裁判所名、裁判官名等を記載する欄が設けられ、この欄を埋めることで同意が行われる。この移送への裁判官の同意は、刑訴法429条1項2号に定める裁判であることから（最決昭46・11・12集刑182号27頁）、当該同意に対する準抗告を申し立てて、移送を争うことも可能である。移送により接見交通権を含めた防御活動に支障が生ずる場合等には準抗告を検討すべきであろう。

　本書に収録された勾留場所に関する決定例は3件ある。うち、事例❼及び事例㊲が認容例（いずれも被疑者は少年で少年鑑別所へと勾留場所を変更）、事例⓫が排斥例（成人）である。勾留場所の変更に関しては、捜査担当署からの現勾留場所と勾留を求める場所との各距離も問題となる。事例⓫はほぼ距離を無視できる事案だが、捜査遂行の支障、いわば「身柄」支配に基づく判断となっている。事例㊲は、現勾留場所より少年鑑別所の方が捜査担当署に近い事例だが、距離の問題が捜査遂行の支障の判断要素に落とし込まれている。弁護の立場からこれらの発想に賛同はできないが、裁判所の発想から

すれ ば、距離の接近は勾留場所変更にとって有利な要素として利用できよう。ただし、距離がかなり懸隔した事例❼でも勾留場所変更が認められており、そのような事案でも諦めることはない。

神保壽之

コラム⑮
令状関係書類の開示・謄写について

　勾留状や、勾留期間延長決定後の勾留状については、謄本の交付請求権がある。それ以外の令状関係書類についてはどうであろうか。裁判所における令状関係書類の保存状況や閲覧謄写については、浅見宣義「令状審査の活性化と公開化のために（下）」判時1502号5頁以下に詳しいが※、裁判所に保存される書類自体が少ない。逮捕勾留についての捜査機関作成書類としては、逮捕状請求書謄本が数少ないこの種の書類であり、大阪高裁管内でその謄写が認められたこともあったが、後に謄写はできなくなったとされる（高見秀一「逮捕状請求書謄本の謄写請求の勧め」季刊刑事弁護4号〔1995年〕162頁、「この弁護士に聞く④ 高見秀一」季刊刑事弁護73号〔2013年〕7頁）。

　令状関係書類が開示されないため、違法不当な令状請求が行われても被疑者側にはそれを知る端緒がない。先年、筆者が申し立てた準抗告で、終了済の捜査をなお未了であると称して勾留期間延長請求が行われていたことが発覚し、準抗告が認容されたという実例もあり（熊本地決平24・7・20 LEX/DB文献番号25500164）、捜査機関の不正は杞憂ではない。これは「検察の理念」が制定（平成23年9月）された後の事案であるが、捜査段階の令状関係書類の開示を必要とする立法事実の1つであろう。

神保壽之

※　主立ったものを書き抜いてみると次の通りである。読者におかれて、存在すら知らなかったというものが大多数ではないだろうか。

(1) 逮捕状関係
　　請求書／逮捕状／却下決定／疎明資料
(2) 勾留状関係
　　請求書／勾留質問調書／勾留状／却下決定／疎明資料
(3) 勾留延長関係
　　請求書／延長決定／却下決定／疎明資料
(4) 勾留理由開示関係
　　請求書／却下決定／開示公判調書
(5) 勾留取消、勾留の執行停止関係

　　　　請求書／取消・執行停止決定／取消請求却下決定／疎明資料
　(6)　接見禁止関係
　　　　請求書／禁止決定／却下決定／疎明資料
　(7)　移監関係
　　　　請求書・同意書／疎明資料
　(8)　捜索差押許可状関係
　　　　請求書／捜索差押許可状／却下決定／疎明資料
　(9)　検証許可状・身体検査令状・鑑定留置、鑑定処分許可状関係
　　　　請求書／各令状／却下決定／疎明資料
　(10)　各令状関係共通
　　　　事実の取調調書

第8章
勾留延長の実態

二宮広治

I　はじめに――本稿の目的

　勾留は、「やむを得ない事由があると認めるとき」に延長することができる（刑訴法208条2項前段）。

　そして、「やむを得ない事由」とは、文献に依れば、勾留のあった事件について、起訴不起訴の決定をするため捜査を継続する必要上、勾留期間を延長して被疑者の身柄を拘束しておくことがやむを得ないと認められる場合をいう。すなわち、事件の複雑困難、あるいは証拠収集の遅延もしくは困難等の事情があり、勾留期間を延長してさらに取調べをするのでなければ起訴・不起訴の決定をすることが困難な場合である（新関雅夫ほか『増補　令状基本問題〔上〕』〔一粒社、1996年〕348頁）。

　別の文献に依れば、「やむを得ない事由」の要件は以下の三つであるという。すなわち、①捜査を継続しなければ検察官が事件を処分できないこと、②10日間の勾留期間内に捜査を尽くせなかったと認められること、③勾留を延長すれば捜査の障害が取り除かれる見込みがあること、である（松尾浩也他『条解刑事訴訟法〔第4版〕』〔弘文堂、2016年〕400頁）。

　ではどのような事情が勾留延長を正当化する事由となり、どの程度の期間延長が認められているのか、準抗告が認容されるのはどのような場合であるかを、具体的事情に即して検討するのが、本稿の目的である。

II　事例の分析

1　全部認容事例

(1)　終局処分との関係

　勾留延長に対する準抗告が全部認容された事例は、収集事例中3件で

ある（事例❼⑧、❽①、❽④）。うち２件は不起訴となっているものの、１件（事例❽①）は公判請求され別件とあわせ執行猶予付き有罪判決を受けている。不起訴や略式罰金となっている事案であっても、勾留延長に対する準抗告が棄却されている（事例❽⑦、❽⑨、❾⑥、❾⑧）ことから、必ずしも終局処分と勾留延長準抗告の結果とは一致しないようである。勾留延長されることなく起訴される事案も相当程度あることに鑑みれば、当然であるともいえよう。

(2) **事例❼⑧、❽④——所謂DV事案**

事例❼⑧、❽④は、いずれも交際相手ないし妻に対する暴行ないし脅迫事案である。このような所謂DV事案は、被害者を保護する要請が高いことから、被害者を行政のシェルターに収容してしまうことも割と多く見られるところである（こうなってしまうと、示談交渉も容易でない）。

両事案とも、被疑者は被害者側に接触しないことを誓約し、被害者との間で宥恕文言付き[1]の示談が成立しており、これが全部認容の決め手となったようである。

(3) **事例❽①——道路交通法違反（無免許）**

事例❽①は、無免許運転による道路交通法違反事件である。検察官には別件同種事件（本件無免許運転の５日前に、同一被疑者が敢行した無免許運転）についての捜査目的があったようであるが、準抗告決定は「本件勾留の基礎となる被疑事実とは異なる別件である上、一件記録上、当該別件と併せて処理しなければ本件の処分を決定し得ないような事情は認められない」と述べて余罪捜査の必要性を勾留延長の正当化理由とは認めなかった。

このことは、逆にいうと、「当該別件と併せて処理しなければ本件の処分を決定し得ないような事情」がある場合には、余罪捜査も勾留延長の正当化理由となるといえよう。

文献によれば、余罪捜査が勾留延長の正当化理由となる場合として、次のように説く。「余罪が勾留事実と同種の行為で、余罪の立証によって勾留事実についての犯罪意図が明らかになるという関係がある場合、あ

---

1 勾留延長を求めない旨の文言も入っていたようである。

るいは余罪と勾留事実とが相まって全体としての犯罪計画、犯罪企図を立証しうるという関係がある場合は、余罪の捜査が即勾留事実の内容に関する捜査ともみられるから、余罪について勾留期間延長の一般的要件が存する限り、余罪の捜査を理由として勾留期間の延長を認めてよいと思われる。また、勾留事実として余罪との間に右に見たような特殊の関係がない場合でも、余罪を捜査しなければ真に勾留事実の起訴不起訴の決定ができないという場合には、余罪の取調べが勾留事実に影響を及ぼすという意味において、やはり勾留事実の捜査とみてよいから、勾留期間の延長を認めてよいと思われる」(新関雅夫ほか『増補　令状基本問題〔上〕』351〜352頁)。

　本件の準抗告審は、本件無免許運転と5日前の別件無免許運転との間には、前記特殊な関係はなく、また別件の捜査をしなければ本件の処分ができない関係にもないと判断したものである。

2　一部認容事例

(1)　一部認容事例件数

　一部認容事例(すなわち勾留延長期間の短縮が認められた事例)は、8件ある(事例❻❾、❼⓪、❼❶、❼❷、❼❼、❼❾、❽❷、❾❶)。

(2)　罪質との関係——重大事犯でも認容例がある

　営利目的の覚せい剤共同所持(事例❻❾)、現住建造物等放火(事例❼⓪)といった比較的重大事案であっても一部認容がなされていることに照らせば、罪名は問題となっていないように見受けられる。この点は、勾留準抗告の場合と大きく異なるところである。

　ただし、事例❻❾も事例❼⓪も、いずれも特殊なケースであったことは否めないので、一般化はできないと思われる。この点については後述する。

(3)　短縮後の延長期間

ア　延長期間

　短縮後の延長期間は、2日(事例❻❾：覚せい剤の営利目的共同所持の否認の少年事件)、4日(事例❼⓪：ガス等漏出・激発物破裂・現住建造物等放火事件)、3日(事例❼❶：パチンコ店駐輪場での自転車窃盗)、6日(事例❼❷：覚せい剤自

己使用)、5日 (事例㊆:無免許運転による道路交通法違反)、5日 (事例㊆:窃盗)、5日 (事例㊆:オーバーステイ外国人を不法就労させたという入管法違反事件)、7日 (事例㊆:児童買春にかかる児童ポルノ法違反事件) であり、多岐にわたる。

　要は、積み残した捜査を遂げるためにどの程度の期間が必要であるかにより、個別具体的に決められるということであろう。ただし、延長期間5日を割り込むケースは少ないと思われる。一部認容事例中、5日を割り込んだ事案はわずか3件に止まる。

　イ　短縮後の延長期間が5日を割り込んだケース

　短縮後の延長期間が5日を割り込んだケースは、事例㊆、事例㊆、事例㊆である。このうち、事例㊆と事例㊆は、法定合議事件であり、極めて重い罪名の事件であるが、勾留延長準抗告が認められていることについては、先述した。

　もっとも、事例㊆は、暴力団組員と交際中の19歳の少女が覚せい剤約3kgを所持したという嫌疑についての否認事件であり、事例㊆は事件発生から逮捕・勾留まで2年10カ月を要しているという事案であり、特殊なケースであることは否めない。重大事件ゆえに、延長は認める(が、10日までは認めない)という見方もできようか。

3　余罪との関係――主に事例㊆について

　余罪について言及している事例は、先に挙げた事例㊆の他、事例㊆がある。余罪との関係については、「捜査先行」の論点とも関連するところであり、同章も参照されたい。

　事例㊆は、パチンコ店駐輪場から自転車を窃取して数十分後に逮捕されたという自転車窃盗の自白事件である。捜査機関は、被疑者が自転車を窃取してから逮捕されるまでの数十分間の行動に強い関心を示していたようであり、初回勾留満期前、検察官は、弁護人に対し、「余罪の可能性が否定できないので、余罪で延長はあまりよくないが、延長するかもしれない」と述べたという。

　弁護人の勾留延長準抗告に対し、裁判所は、「一件記録によれば、被疑

者には余罪の存在がうかがわれる」としつつ、「当裁判所における事実の取調べの結果によれば、捜査機関は、余罪につき逮捕を検討していることが認められるから、本件において同余罪捜査の必要性を考慮して勾留延長を認めるのは相当でないというべきである」と述べ、本件の勾留延長に余罪を考慮しない姿勢を示した。これはすなわち、捜査機関において余罪捜査の必要があるなら、余罪は余罪で逮捕・勾留すべきという判断をなしたものと思われる。

　ところで、「逮捕・勾留の一回性の原則」(同一の被疑事実について、逮捕・勾留は一回しか許さないという原則)に関し、「同一の被疑事実」とは、実体法条の罪数によるから、併合罪関係に立つ複数の被疑事実は各別の逮捕・勾留が認められるのが原則でありつつも、併合罪関係に立つ複数の被疑事実について密接な関係があり社会的観察のもとで同一の事象といえるような場合には、捜査機関に同時処理義務が生じる場合があるとされる。

　当該余罪がいかなる嫌疑であったのか、申立書からも決定書からも読み取ることができず不明であるが、捜査機関に同時処理義務が生じる場合にはあたらず、かつ、前記事例❽で紹介した「余罪捜査が勾留延長の正当化理由となる場合」にも当たらないような嫌疑だったということであろうか。

4　「捜査の怠慢」への言及はあるか

　弁護人が勾留延長準抗告を申立てるにあたり、「捜査の怠慢」を挙げることが多いと思われるが、収集事例中、(一部、全部を問わず)認容事例であっても、明示的に「捜査の怠慢」に言及する事例は見られなかった。捜査機関を刺激しないように配慮しているのであろうか。

5　少年事件であることが勾留延長にどのように影響するか

　収集事例中、少年事件は7件である(事例❻❾、❼❸、❼❹、❽❺、❽❽、❾❹、❾❼)。被疑者が少年であることが、勾留延長の判断に影響しているであろうか。

　少年の勾留にあたっては、少年法に以下の規定がある。

少年法43条１項
検察官は、少年の被疑事件においては、裁判官に対して、勾留の請求に代え、第17条１項の措置を請求することができる。但し、第17条１項第１号の措置は、家庭裁判所の裁判官に対して、これを請求しなければならない。

少年法43条３項
検察官は、少年の被疑事件においては、やむを得ない場合でなければ裁判官に対して、勾留を請求することはできない。

少年法48条１項
勾留状は、やむを得ない場合でなければ、少年に対して、これを発することができない。

これら少年法に規定する「やむを得ない事由」の意味について、「少年である被疑者が刑事訴訟法60条所定の要件を完備する場合において、当該裁判所の所在地に少年鑑別所又は代用鑑別所がなく、あっても収容能力の関係から収容できない場合、又は少年の性行、罪質等により勾留によらなければ捜査の遂行上重大な支障を来すと認められる場合等を指称する」との裁判例がある。[2]

収集事例❻❾、❽❽、❾❹、❾❼は、少年法48条に言及しているものの、おおむね「被疑者が罪を犯したと疑うに足りる相当な理由があり、勾留の理由（刑訴法60条１項２号及び３号）及び必要性があると認められ、勾留すべきやむを得ない場合（少年法48条１項）に当たることも認められる」と述べるにとどまり、いずれも特段少年法の要件検討はしていない。

少年事件全７件のうち、全部認容された事案は０、一部認容された事案はわずか１件であり、少年事件だからといって、延長理由が厳しく審査されているということはなさそうである。そもそも、勾留の要件に際

---

[2] 横浜地決昭36・７・12下刑集３巻７〜８号800頁、家裁月報15巻３号186頁。

して、「やむを得ない場合」という要件が課せられているからであろうか。

III　まとめ

　罪名が比較的重い事案であっても、また終局処分が実刑判決であっても、勾留延長準抗告が（一部にせよ）認められており、罪名や予想される処分にとらわれることなく積極的に延長準抗告を申し立てるべきであろう。その際、捜査の進捗状況をできる限り正確に把握し、「あるべき捜査の進捗状況」を踏まえた申立てをなすべきことはいうまでもない。そのためには、最初の10日勾留期間中、足繁く接見に通い、被疑者ノートを書かせるなどして、取調べ状況、捜査状況の把握に努めることが肝要であろう。

IV　補論——勾留延長準抗告で争うべき対象は何か

　ところで、勾留延長準抗告において、主に「やむを得ない事由」の存否について争うことに異論はないが、果たしてそれだけであろうか。

　筆者は、これまで勾留延長準抗告の申立てにあたり、延長理由のみならず勾留理由（すなわち勾留の必要性及び刑訴法60条2号3号の要件）についても項目を設けて主張してきた。今回、事例収集にあたり、多数の申立書を精読したが、同様の体裁をとるものも少なからず見られた（すなわち、同様の争い方をする弁護人は、筆者だけではない）。このような争い方に、何の疑問も持たなかった。

　ところが、2年ほど前、筆者は、名古屋地裁のある裁判長から、要旨「勾留延長に対する準抗告である以上、延長の点に限って論難すべきであり、勾留決定自体を論難するのは失当である」との指摘を受けた。

　準抗告の対象は、基本的には原決定時の判断であろう。しかしながら、原決定時には正当化しえた事由が、その後の事情の変更により、正当化しえなくなることは多々あろう。司法研修所編『刑事抗告審の運用上の諸問題〔増補〕』（法曹会、2001年）160頁に、「準抗告においては被疑者の釈放

が主眼であり、その当否につき早急に解決することが課題とされているのであるから、前示のような新たな事情の取調・参酌を許して結論を下す方がより直截的であり、しかも前記のような制限の下にその取調・参酌を許すことにすれば簡易迅速処理を旨とする準抗告の要請にも反しないと思われる」との記載がある。筆者は、この記載に依拠して勾留延長準抗告を争っているつもりであるが、文章構成力の稚拙さゆえに、そのように読んでもらえなかったと理解している。

【ワンポイントアドバイス】
・罪名や犯罪類型に囚われることなく、積極的に延長準抗告を申し立てるべき。
・捜査の進捗状況を正確に把握し、申立に反映させる必要がある。
・延長準抗告であっても、勾留理由に言及することは間違いではない。

> コラム⑯
> **手書きの勾留延長理由**
>
> 　勾留延長謄本の延長理由欄には、それぞれの延長理由が記載される。ゴム印の定型的な理由が押印されていることが多いが、ときには手書きで記載された理由も散見される。そこで、手持ちの幾つかの延長謄本から、ゴム印と手書きの各理由を拾い上げてみた。
> 　まずは、ゴム印を挙げてみる。
> 　　① 被疑者・参考人取調未了
> 　　② 被害者取調未了
> 　　③ 被疑者・共犯者取調未了
> 　　④ 被疑者の供述の裏付捜査未了
> 　　⑤ 証拠物解析未了
> 　　⑥ 関係人取調未了
> 　　⑦ 参考人取調未了
> 　　⑧ 引当たり捜査未了
> 　　⑨ 照会書類未着

⑩　鑑定未了
　次に、手書きを挙げてみる。
　　A　裏付捜査未了（暴力団幹部の盗品等運搬被疑事件）
　　B　④のゴム印に、「及び参考人」と手書きで付記（傷害被疑事件）
　　C　⑦のゴム印の後に、（複数）と手書きで付記（雇用主の労働者に対する強要被疑事件）
　　D　被疑者使用口座解析未了（特殊詐欺事件）
　　E　携帯電話の発信等に関する捜査未了（違法な別件逮捕の疑念が強い窃盗被疑事件）
　　F　関係者及び被疑者の取調べ未了（同上）
　　G　被疑者の走行経路の防犯カメラ画像の押収精査（暴力団幹部の道路運送車両法違反被疑事件）
　　H　押収した携帯電話の解析捜査未了（複数の事件で散見される）
　　I　犯行再現未了（準強制わいせつ被疑事件）
　　J　燃焼再現実験未了
　　K　パソコンの解析未了
　　L　勤務先捜索未了
　　M　防犯カメラ収集未了、警察官事情聴取未了（違法捜査の争われていた事案）

　弁護側が、勾留延長の具体的な内容を知ることは難しい。勾留理由開示公判でも、多くの裁判官は、「捜査の秘密」を盾にとって、具体的内容を明らかにしようとしない。捜査機関に確認すればよいかもしれないが、被疑者が完全黙秘しているような事案であれば、弁護人も安易に捜査官とコミュニケーションをとるわけにはいかない。そうすると、勾留延長謄本に簡潔に記された延長理由が唯一の手がかりとなるのであるが、手書きの延長理由から思わぬヒントが得られることも多い。たとえばGは、その後も再逮捕が続いた事案である。この延長理由から完全黙秘が最善であることを再認識し、最後までその方針を貫いて、最終的に全件不起訴となった。

　万一起訴され、公判に至った場合でも、手書きの延長理由は証拠開示の有力な手がかりになることもあろう（EやGはその典型である）。勾留延長謄本の取得は、忘れずに行うようにしたい（自戒も込めて）。

　それにしても、列挙した延長理由のうち、被疑者の身体拘束が不可欠なも

のがいかほどあるかについては、常々疑問に思っているところである。押収した証拠品の解析に、被疑者の身体拘束は不要だと思うのである。その意味で、一部の裁判体が指摘している、積み残しの捜査は在宅に切り替えて行えば足りるとする論理（季刊刑事弁護83号〔2015年〕所収の古田論文「未了の捜査があるが在宅捜査で足りるとして勾留延長決定が取り消された事例」）は広く共有されていかなければならないだろう。

二宮広治

コラム⑰
勾留理由開示請求の活用

　勾留理由開示請求（刑訴法82条以下、刑訴規則81条以下）は、被疑者の身体拘束解放そのものを効果とする制度ではないが、準抗告の理由を収集したり、被疑者の意思に反する供述調書が作成された場合に同事実を被疑者の意見陳述の形で調書化したりできるという効果が期待できる。

　もちろん、明らかになった勾留理由に反論する形で勾留延長に対抗したり、調書化された被疑者の事実認識を疎明資料として勾留延長に対抗したり、という、布石である。事例❼⓪の事例などは、担当弁護士によれば、勾留理由開示で一定程度具体的な勾留理由（罪証隠滅が懸念される属性の証拠の限定）を引き出した上、自白強要が厳しいことを被疑者に陳述させ、それらをもとに、延長期間4日への短縮（決定日に即日釈放）を得た事例だとのことである。

　勾留理由開示請求は同一の被疑事実の勾留中に1回しか認められないと解されているため、どのタイミングで請求するかは注意が必要であり、上記のような用い方をするのであれば、勾留5日目くらいに申し立て、勾留8日目くらいに期日指定を受けるのが良いと言うことになろう。

　勾留理由開示請求の実務については、参考書籍（『刑事弁護ビギナーズver.2』〔現代人文社、2014年〕62、63頁）を参考にされたい。

　私が開示請求を行った際の体験談としては、開示期日は原則として請求から5日以内に開く（刑訴規則84条）とされていることから日程調整が難航したこと、開示期日が決定した後、裁判所から求釈明について事前に書面で提出するように求められて大変であったこと、期日では求釈明に対する裁判

官の回答が期待外れであったこと、他方で、被疑者の意見陳述を一問一答形式とし被疑者の意思に反する供述調書がどのように作成されたかについては調書化されたことを挙げておきたい。

不破佳介

コラム⑱
実現されなかった延長理由

「やむを得ない事由があると認めるとき」には、勾留期間を延長することができる。その「やむを得ない事由」について、典型的なものはゴム印が用意されており、これで対応されることが多いが、中には手書きで延長理由が記載されることもある。捜査段階にあっては、延長理由として記載された捜査活動が現実に行われているのかいないのか、弁護人には知る由もない。ところが、公判段階に至り、証拠開示を受ける段になって、実は延長理由として記載された捜査活動が行われていなかったことを知る場合がある。本書コラム「手書きの勾留延長理由」でも御紹介した勾留延長理由に関する実例を、2例挙げておく（この2例は何れも筆者の経験事例であるが、本書執筆に参加した複数の弁護士から、更に同様の事例が報告されている。延長ほしさの口実ではないか、とか、真面目に反論すればするほど積み残し捜査論を誘発し、身体拘束が延びるようでは本末転倒ではないか、といった批判がされていた）。

1件は、「鑑定未了」である。大学生が被疑者（若干、発達障害が疑われる）の準強制わいせつ被疑事件において、勾留延長理由として「鑑定未了」という記載があった。事件の性質上、ここでいう「鑑定」とは微物採取による繊維片鑑定か、DNA鑑定か、あるいは精神鑑定のうちのどれかであろうと思われた。そこで、各鑑定手法を仔細に説明し、そのような捜査活動はあったか？と連日、被疑者本人に確認したが、結局、最後までいずれの鑑定もなされていない模様であった。

もう1件は、「勤務先捜索未了」である。同僚女性に対する強姦事件において、公判段階に至り、勤務先の捜索にかかる証拠の開示を求めたところ、検察庁より、「存在しない」と回答されたという事例である。

勾留延長決定時には、「鑑定をする予定」があり、「勤務先を捜索する予定」があったのであろうが、結局、それらは実現されなかったというケースである。手探りで臨むほかない捜査段階にあって、それらの捜査活動がいかほどに必要なのか、それを実施するために被告人の身体拘束が必要なのか、具体的に知る機会はほとんどないといってよく、準抗告審で争うのは困難と言わざるをえない。日弁連による「捜査段階で裁判所が関与する手続の記録の整備に関する意見書」(平成26年5月8日)が、早期に法制化されることが望まれる所以である。

　なお、実現しなかった延長理由をどのように争っていくかについては、たとえば、起訴直後の保釈請求が却下された場合に、保釈却下に対する準抗告申立ての中で積極的に主張するというあたりが、現実的な対処法ではないかと思われる。

二宮広治

第9章
犯罪類型ごとの傾向分析

小野田弦起

I 罪種での区別[1]

勾留の裁判について[2]

	凶悪犯	粗暴犯	窃盗犯	知能犯	風俗犯	薬物事犯	交通事犯	その他刑法犯	特別法等違反	合計69件
○	0	6	12	1	1	1	2	7	7	37
×	0	5	7	0	0	5	2	5	6	30
△	0	0	1	0	0	0	1	0	0	2
勝率										約54%

※小数点以下四捨五入、以下同じ。

勾留延長の裁判について

	凶悪犯	粗暴犯	窃盗犯	知能犯	風俗犯	薬物事犯	交通事犯	その他刑法犯	特別法等違反	合計30件
○	0	1	0	0	0	1	0	0	1	3
×	2	3	5	2	0	3	0	0	4	19
△	1	1	2	0	0	2	1	0	1	8
勝率										10%

上記のとおり、勾留延長の裁判においては、勾留の裁判に比べ、より勾留が認められやすくなっている。

---

1 主に次の警察白書の定義を使用して区別する。①凶悪犯：殺人・強盗・放火・強姦、②粗暴犯：暴行・傷害・脅迫・恐喝・凶器準備集合、③窃盗犯：窃盗、④知能犯：詐欺・横領（占有離脱物横領を除く）・偽造・涜（とく）職・背任、⑤風俗犯：賭博（とばく）・猥褻（わいせつ）、⑥その他刑法犯：公務執行妨害・住居侵入・逮捕監禁・器物損壊等上記に掲げるもの以外の刑法犯。
2 「○」は勾留が認められなかった事例、「△」は勾留が認められたが、勾留延長期間が短縮された事例または勾留場所が変更された事例、「×」は勾留が認められた事例を指す。

勾留延長の裁判に係る決定書に照らせば、基本的に勾留延長の裁判においては、一旦勾留が認められている以上、勾留の理由および必要性に関する実質的判断に至らず、捜査を継続する必要性の有無を主眼に勾留が認められるか否かが判断されるようである。

　そして上記調査結果から、捜査機関そのものである検察官が捜査を継続する必要があるとして勾留延長を申し立てれば、裁判所は、捜査状況を明確に知りえない（せいぜい被疑者からの又聞きか関係者からの聴取しかできない）弁護人の主張を容れずに、勾留延長を安易に認めてしまう傾向にあることが明らかになった。

II　凶悪犯内での区別

勾留の裁判について——0○1×0△（勝率0％）

	事例❽❽現住建造物等放火
結果	×

勾留延長の裁判について——0○1×1△（勝率0％）

	事例❼⓪現住建造物等放火等	事例❼❸強盗致傷
結果	△（延長期間短縮）	×

　凶悪犯に該当する事件数が少なく、統計的な判断は困難であるが、事例❽❽、❼❸を比較すると少年事件である点で共通しているものの、事例❽❽は被疑者に知的障害・発達障害があり、関係者から事情聴取のうえ動機の解明に至るのに相当期間を要する点が重視され、事例❼❸は共犯者多数の重大事件であることが重視されて、いずれも延長準抗告が棄却されている。

　事例❼⓪も動機の解明に相当期間を要する点では事例❽❽と共通するが、事例❽❽、❼❸とは異なり、事例❼⓪決定時、犯行から2年10カ月あまりが経過しており、その間に相当程度証拠収集が進んでいた点が重視され、延長期間が短縮されている。

III 粗暴犯内での区別

1 罪名での区別

勾留の裁判について──5○6×0△（勝率約45％）

	暴行	傷害	脅迫	恐喝	凶器準備結集
結果	0○1×0△	3○3×0△	2○0×0△	0○1×0△	0○1×0△

勾留延長の裁判について──1○2×1△（勝率25％）

	暴行	傷害
結果	1○0×0△	0○2×1△

　傷害や恐喝という、暴行や脅迫に比べ重い犯罪類型の場合、準抗告認容率は低下する傾向にある。

2 暴行内について

勾留の裁判について

	事例❺暴行
結果	×

勾留延長の裁判について

	事例❽暴行・暴力行為等処罰に関する法律違反
結果	○（やむを得ない事由なし）

　犯行態様でいえば事例❽の方が事例❺よりも重大である。しかし、事例❽は交際相手との口論の末の犯行である点で事例❺と異なっており、交際相手間の痴話喧嘩の延長の事件といえ、いわゆる民事不介入的な捜査機関の配慮が働いたと推察される。

3　傷害内での区別

勾留の裁判について

	事例㉑公務執行妨害・傷害	事例㊵傷害	事例㊸傷害	事例(60)傷害	事例(65)傷害	事例(66)傷害
結果	○（必要性なし）	○（必要性なし）	○（必要性なし）	×	×	×

勾留延長の裁判について

	事例(82)傷害	事例(86)傷害	事例(97)傷害
結果	△	×	×

暴行態様が重大で、傷害結果も全治３週間と軽微ではない事例(60)や事例(66)では準抗告が認められていない。

しかし、結果の重大性でいえば最も重い全治約１カ月を要する傷害を負わせた事例(82)では、延長期間の短縮が認められている。その理由について決定文は「これまでの捜査の進捗状況等を踏まえると」と述べるのみで詳細は明らかにされていない。他の延長期間の短縮が認められた事案と同様、被害申告から勾留までに相当捜査が進んでいた可能性がある。

他方、事例㊵、(65)、(82)はいずれも被害者と被疑者が交際しているか結婚している事案である。事例(65)、(82)では、いずれも被害者と被疑者の交際関係が準抗告の判断において消極的に考慮されているのに対し、事例㊵ではこれが積極的に考慮されている。すなわち、事例(65)は、被疑者が被害者と交際関係にあり、被害者の実家も把握していることなどから、被疑者が被害者等に働きかけて罪証隠滅を図る可能性があると認定している。

また、事例(82)も、夫婦間のDV事案であるから、重要な犯情となる常習性を判断するうえで過去の負傷状況等を捜査する必要があると認定している。これに対し、事例㊵は、決定文であえて「交際関係にある男女間の突発的なけんかの事案」と認定し、罪証隠滅の可能性を否定しており、交際関係にあることが積極的に考慮されている。

これらを区別するとすれば、事例❻、❽では、常習性が疑われる事案であるのに対し、事例❹では常習性は特に疑われない事案であることを挙げることができる。

準抗告が認められた事例❷、❹、❸に共通することは、いずれも突発的な事案であったということである。このほか、事例❷は被害者が公務員であり、事実上罪証隠滅を行うことが困難であったこと、事例❹では被害者と被疑者が交際関係にあったこと、事例❸では事件発生から逮捕までの6カ月間で相当程度捜査が行われていたこと等の特別な事情が考慮されている。

その余の準抗告が認められなかった各事件に共通することは、犯行が悪質であり、結果も軽微でなく、再犯の可能性があることがあげられる。

4 脅迫内での区別

勾留延長の裁判について

	事例❸脅迫	事例❹脅迫
結果	○（必要性なし）	○（必要性なし）

事例❸、❹はいずれも元交際相手に対して脅迫文言を電子メールで送信したという態様のものであり、事例❸で犯行の悪質性が強調されている。

脅迫事案では、「殺す」や「死ね」などの強い文言を使用していても、暴行や傷害のような目に見える実害が生じていないためか、それら他の粗暴犯よりも、勾留の必要性に関して柔軟な検討がされる傾向にある。

また、事例❸、❹の脅迫態様がいずれも電子メールであり、被疑者が隠滅することは難しく、捜査機関が収集することは容易な資料が主たる証拠となっていることも、罪証隠滅のおそれが否定され、準抗告が認められる一要因となっていると思われる。

5 恐喝未遂について

勾留延長の裁判について

	事例㊱恐喝未遂
結果	×

　暴行や脅迫事件に比べ、利欲犯的要素が付加されるより重い犯罪であるためか、準抗告が否定される傾向にある。
　行為態様の観点からいえば大差ないためか、未遂・既遂で準抗告の結果に顕著な影響はないようである。

6 凶器準備結集について

勾留延長の裁判について

	事例㉝凶器準備結集
結果	×

　凶器準備結集の事案では、どうしても複数の関係者が犯行に関与するため、裏付け捜査の必要性等の観点から、勾留延長のやむを得ない事由が認められやすい傾向にある。

IV 窃盗犯内での区別

勾留の裁判について――12○6×1△（勝率約63％）

	事例❻窃盗	事例❼窃盗未遂	事例❿住居侵入・窃盗	事例⓬窃盗
結果	○(2・3号非該当)	△*	×	×
	事例⓭窃盗	事例⓱窃盗	事例⓲窃盗	事例⓳窃盗
結果	○（必要性なし）	○（必要性なし）	○（3号非該当）	○（必要性なし）
	事例⓴窃盗	事例㉕窃盗	事例㉖窃盗未遂	事例㉛窃盗未遂
結果	○（必要性なし）	○（必要性なし）	○（必要性なし）	×

第9章　犯罪類型ごとの傾向分析

	事例㉟窃盗	事例㊱窃盗	事例㊶建造物侵入・住居侵入・窃盗	事例㊷窃盗
結果	○（必要性なし）	○（必要性なし）	○（必要性なし）	○（必要性なし）
	事例㊼窃盗	事例㊽窃盗	事例㊻窃盗	
結果	×	×	×	

* 勾留場所変更

勾留延長の裁判について──0○6×2△（勝率0％）

	事例【⑨】窃盗	事例㋐【71】窃盗	事例㋓窃盗
結果	×	△＊＊	×
	事例㋕住居侵入・窃盗	事例㋖住居侵入・窃盗	事例㋙窃盗
結果	×	×	△＊＊＊
	事例㋝住居侵入・窃盗	事例㋘窃盗	
結果	×	×	

＊＊ 延長期間短縮
＊＊＊ 延長期間短縮

　窃盗未遂の場合、3件中1勝1敗1分と比較的準抗告認容率が高いが、決定文中未遂事件であることを理由にあげているものはない。しかし、事例㉖では「本件は厳罰が見込まれる事案とはいい難いこと」を理由に罪証隠滅のおそれが高いとはいえないと判断しており、この点で未遂事件であることが考慮された可能性がある。

　住居侵入ないし建造物侵入を伴う窃盗の場合、5件中1勝3敗1分と比較的準抗告認容率が低い。決定文中明示するものはないが、住居侵入等を伴う窃盗の場合、犯行態様が悪質で、被害も軽微ではないことが準抗告を認めない方向で考慮されていると思われる。このうち、1勝を得た事例㊶では、建造物侵入を伴う事案ではあるものの、防犯カメラの画像が証拠として収集されており罪証隠滅のおそれが高くないとされていること、被害店舗がすでに営業を廃止していて深刻な被害を受けたとはいえないこと等を考慮して弁護人の準抗告を認めている特殊な事案である。

被害金額が10万円以上の事例❻（約57万1,500円）、事例❾（約15万円）、事例㊹（約25万5,000円）、事例㊽（約80万円）での戦績は、２勝２敗０分となっている。

　被害金額が１万円以上10万円未満の事例❿（約３万1,000円）、事例⓬（約４万1,096円）、事例⓭（約15万円）、事例⓳（約３万5,000円）、事例⓴（約１万円）、事例㉕（約１万3,034円）、事例㊸（約１万円）、事例㊼（約４万8,000円）、事例㊽（約２万5,500円）での戦績は、４勝５敗０分となっている。

　被害金額が１万円未満の事例⓱（584円）、事例⓲（約500円）、事例㉞（1,972円）、事例㉟（794円）、事例㊱（1,503円）、事例㊽（2,057円）、事例㊽（約5,000円）、事例㊽（約6,000円）での戦績は、４勝３敗１分となっている。

　このように、判明している限り、被害金額の多寡によって弁護人による準抗告の認容率が必ずしも影響を受けるわけではない。ただ、被害金額が高額だと、組織的犯行と推認されやすくなるため、準抗告の認容率に影響を及ぼすことは考えられる。

Ⅴ　知能犯内での区別

勾留の裁判について——１○０×０△（勝率100％）

	事例❹詐欺
結果	○

勾留延長の裁判について——０○２×０△（勝率０％）

	事例㊽詐欺	事例㊽偽造有印公文書作成・同行使
結果	×	×

　事例❹は、共犯事件で被疑者が否認しているにもかかわらず、罪証隠滅及び逃亡を疑うに足りる相当な理由がないとして、勾留の必要性ではなく勾留の理由がないことをもって弁護人の準抗告を認めた希有な事案である。

　しかも、罪証隠滅を疑うに足りる相当な理由がないことの理由の１つとして、通常であればあまり考慮されない共犯者の検察官調書が作成されていることをあげている。

実質的な考慮として、事例❹は保険金詐欺の事案であり、被害会社は仮払金の支払いをしているものの、その後の示談交渉で当該詐取金の請求がないため、被害会社に損害が生じていないことが結論に大きな影響を与えたものと思われる。

VI　薬物事犯内での区別

勾留の裁判について──１○５×０△（勝率約17％）

	覚せい剤取締法違反					大麻取締法違反
	事例⓫	事例㉗	事例㉘	事例㊽	事例㊾	事例㉚
結果	×	×	×＊＊＊＊	×	×	○

＊＊＊＊　別件被疑事実における本件被疑事実の同時捜査の可能性を考慮して勾留請求を却下した原裁判に対し、検察官が準抗告し、認められた事案。

　上記のとおり、覚せい剤取締法違反被疑事件で勾留を認めなかった事件は１件もなかった。決定文上、覚せい剤の入手先に関する供述が得られていないことや常習性に言及して罪証隠滅及び逃亡を疑うに足りる相当な理由を認めるものが多い。

　これに対し、唯一薬物事犯で勾留を認めなかった事例㉚では、入手先や常習性につき罪証隠滅の可能性があることに言及しつつも、被疑者がこれらについて具体的な供述をし、入手先が特定されていることから、罪証隠滅のおそれが高いとはいえないとしている。

　このことから、薬物事犯では、薬物の入手先・常習性に関する被疑者の供述内容が特に重視されているかのように見える。

　しかし、そもそも薬物の入手先など被疑者本人の罪体・量刑に特に関わりがないと思われる（裁判所は決定書で重要な情状事実と摘示することもあるが、論理的な根拠を見出しがたい）。また、常習性について自白があったとしても勾留が認められることもある。

　このことに鑑みれば、実際には、薬物事犯の場合、ほぼ間違いなく起訴され、懲役刑（執行猶予含む）を科されること、薬物事犯の被疑者は多くの場合生活状況が不良であることを考慮し、勾留を認めるべきという先入観をもって準抗告の成否が判断されていると考えざるを得ない。

だからといって、薬物事犯で身柄解放に向けた活動をしないというのでは刑事弁護人とは言えないと考える。裁判所が薬物事犯において誤った先入観で誤った判断を繰り返しているのであれば、我々弁護人は、そのような薬物事犯でこそ、身柄解放に向けた活動を反復継続して積極的に実施し、誤った現状を是正していかなければならない。

勾留延長の裁判について──０○３×２△（勝率０％）

	覚せい剤取締法違反				
	事例❻❾	事例❼❷	事例❽❸	事例❾❺	事例❾❻
結果	△	△	×	×	×

　勾留延長の場合、やむを得ない事由の判断において、勾留期間満了時までにどの程度捜査が進捗していたかが裁判所の主要な関心事となる。

　事例❻❾、❼❷では、勾留延長のやむを得ない事由自体は認めつつ、延長請求期間を短縮している。いずれも勾留期間満了時までに相当程度捜査が進捗していたり、相当程度捜査のための時間が確保されていた（事例❼❷のように逮捕以前から被疑者の携帯電話を捜査機関が入手している等）場合である。

　他方、事例❽❸、❾❺事件では、共通して尿の鑑定結果等重要な客観的証拠が揃っていない点をもって勾留延長のやむを得ない事由を認めている。しかし、本来これらの鑑定は捜査の初動として当然想定されるものであり、勾留期間満了時において鑑定等が未了であることは捜査の懈怠の疑いを抱かせるものであるが、いずれも決定文上捜査の懈怠について触れていない。

　その意味で、事例❾❻は、前記各事件の中で唯一従前の捜査に懈怠がないと決定文上明記している点に特徴がある。また、薬物の入手状況というより、本件前後の被疑者の行動状況等に関する補充捜査が必要としている点でも特徴があるが、これは覚せい剤の使用や所持でなく譲渡を被疑事実とするものからくる特徴と思われる。

Ⅶ　交通事犯内での区別

勾留の裁判について——２○２×１△（勝率40％）

	自動車運転過失傷害・道交法違反				道交法違反
	事例❽	事例⓰	事例㉒	事例㉓	事例㊲
結果	×	○	○	×	△6

　勾留の必要性を否定した事例⓰、㉒はもとより、勾留を認めた事例❽でもあえて逃亡のおそれはないと決定文上明記し、事例㊲でも「逃亡の疑いがあるかはともかく」として積極的に逃亡の可能性を認定していないことから、交通事犯では他の罪種より勾留を認めない傾向が強いようである。交通事犯では過失犯という性質上、終局処分がさほど重くないと見込まれることが多いことが影響していると思われる。

勾留延長の裁判について——１○０×１△（勝率50％）

	道交法違反	
	事例㊆	事例㊼
結果	△	○

　一般的に勾留が認められやすい勾留延長において、珍しく勝率が高い。事例㊆、㊼いずれも無免許運転の事案であるが、この種の事案は現行犯逮捕され自白調書も得られており、主要な証拠を短期間に収集しやすい傾向にあるうえ、態様は軽微で最終処分も軽微なものが見込まれるため、勾留延長をなすべきやむを得ない事由が否定される傾向にあると考えられる。

【ワンポイントアドバイス】
・罪名だけで諦めてはならない。
・すべての事件に身柄解放の可能性がある。
・勾留延長に持ち込ませず、早期着手を。

第2部
裁判例集

＊匿名処理の方針として、基本的には、住所は市町村まで、生年月日は生年のみとした。ただし、弁護人からの決定例提供時にマスキングが施されていたものはこれを維持した。
＊執筆者以外の弁護人および検察官は□□□、それ以外は●●●でマスキングを施している。

収録裁判例一覧

事例	罪名	結論	終局処分	事案の特徴等
❶	風営法違反（無届け営業等）	釈放	不起訴	職権により犯罪の嫌疑を判断し、相当の理由がないとして釈放を命じた。
❷	公務執行妨害	釈放	（判明せず）	酔余、3名の警察官に対し体当たり等の職務妨害を行った事案。勾留の必要性なしと判断された。
❸	重過失傷害	釈放	事例❹と併合して執行猶予付き有罪	関連事件で罰金刑に処されていること、取り調べに応じることの誓約等を踏まえ、2号事由及び3号事由を何れも否定した。
❹	詐欺	釈放	事例❸と併合して執行猶予付き有罪	弁護人同席を求めて取り調べに応じなかったことは出頭拒否ではない等とし、2号事由及び3号事由を何れも否定した。
❺	器物損壊	釈放	嫌疑不十分	興信所による器物損壊の共同正犯に問われた依頼者の事案であるが、興信所担当者が既に有罪判決を受けていること、依頼者という関係性、捜査協力の誓約等に照らし、2号、3号を否定した。
❻	窃盗	釈放	少年審判にて不処分	7名の共犯との携帯電話窃盗事案であるが、事件発生から1年8月が経過していること、従属性等から2号事由を否定し、また、被疑者が少年院収容中であることに加え、更生処遇を素直に受けていること、自白状況などから3号事由も否定した。
❼	窃盗未遂	場所変更	別件と併合して保護観察審判	自販機荒らしの現行犯事案である。裁判所は、供述状況や生活状況から、2号、3号事由を認め、また、実質逮捕が先行しているとしても制限時間内に勾留が行われている等として勾留は認めたが、被疑者に知的障害があること等から、勾留場所の変更を命じた。
❽	自動車運転過失致傷、道交法違反（救護義務違反）	勾留	略式（20万円）	自動車運転過失致傷、救護義務違反の事案であり、裁判所は、逮捕に至るまでの被疑者の言動や捜査の進捗状況に照らし、準抗告を棄却した。
❾	窃盗	勾留	事例❼と併合して保護観察審判	共犯者2名とのタイヤ盗事案であり、裁判所は、このような事案の属性から、準抗告を棄却した。なお、蒸し返し勾留の主張も排斥した。

❿	住居侵入、窃盗	勾留	**事例㊄**他と併合して実刑（3年4月）	複数共犯者による窃盗事案であり、裁判所は、曖昧な供述状況等、及び単身の事実から、準抗告を棄却した。なお、蒸し返し勾留の主張も排斥した。
⓫	覚せい剤取締法違反（自己使用）	勾留	実刑（2年4月）	覚せい剤自己使用の事案であり、弁解状況等から2号、3号事由を認めた上、勾留場所変更についても捜査に不便があるとして、これを排斥した。
⓬	窃盗	勾留	略式（20万円）	車上狙いの事案であり、裁判所は、一応は自白していること等を踏まえても勾留を免れないとし、また、同時捜査義務も否定した。
⓭	窃盗	釈放	少年審判にて不処分	複数共犯者によるバイク盗の事案である。裁判所は、2号事由は肯定したが、3号事由を否定し、かつ、保護者の監督状況や、試験を控えた高校生であること等から、勾留の必要性を否定した。
⓮	名誉毀損	釈放	（判明せず）	探偵業に従事する被疑者の名誉毀損行為の事案であるが、被疑者が業務に従事していたことは認められるものの、当該犯罪行為についての共謀をうかがわせる証拠に乏しく嫌疑の相当性が低いことを踏まえると、2号事由は認められるものの勾留の必要性がないと判断した。
⓯	強制わいせつ	釈放	不起訴	地下鉄内における未成年者への痴漢事案であるが、裁判所は、2号事由を認めたものの、安定した生活状況、勤務状況、捜査協力の誓約等に照らし、勾留の必要性を否定した。
⓰	道路交通法違反（酒気帯び）、自動車運転過失傷害	釈放	略式（80万円）	酒気帯び運転で、歩行者をはねた事案。原裁判後の捜査の進展や、被疑者及び被疑者の父の罪証隠滅させない旨の誓約などから、勾留の必要性を否定。
⓱	窃盗	釈放	略式（10万円）	万引き。被害店舗の減刑嘆願や、被疑者の母らの身元引受から、罪証隠滅・逃亡のおそれは高くないなどとし、勾留の必要性を否定。
⓲	窃盗	釈放	不起訴	置き忘れられた財布の窃取。罪証隠滅・逃亡を疑うに足りる相当な事由を否定。犯行状況の防犯カメラによる記録などがあった事案。

⑲	窃盗	釈放	執行猶予付き有罪（1年・3年）	下着盗。常習性がうかがわれるが、厳罰が見込まれる事案でないこと、大手企業に勤めていることなどから、勾留の必要性を否定。
⑳	窃盗	釈放	不起訴	バイク盗。示談成立、被害弁償、減刑嘆願、被疑者の出頭の誓約、被疑者の母・雇用主の身元引受などから勾留の必要性を否定。
㉑	公務執行妨害、傷害	釈放	自動車運転過失は不起訴、道交法違反は略式（15万円）	警察官への暴行。故意を一部否認していたが罪体につき罪証隠滅のおそれは乏しいとされた。勾留の必要性を否定。
㉒	自動車運転過失傷害、道路交通法違反（救護義務、報告義務違反）	釈放	危険運転致傷、道交法違反により起訴、実刑（3年6月）	道交法違反は救護・報告義務違反。一旦逃走したが事故現場に戻り、臨場していた警察官に自首した事案。勾留の必要性を否定。
㉓	自動車運転過失傷害、道路交通法違反（救護義務、報告義務違反）	勾留	（判明せず）	道交法違反は救護・報告義務違反。事故後の出頭や生活・居住状況の安定などから逃亡すると疑うに足りる相当な理由は否定。罪証隠滅を疑うに足りる相当な理由及び勾留の必要性を肯定。
㉔	公務執行妨害	勾留	（判明せず）	警察官に対する暴行事案。勾留の必要性なしを理由とする勾留請求却下に対する検察官準抗告。被疑者経営の会社業務への支障等を考慮しても勾留の必要性ありとした。
㉕	窃盗	釈放	保護観察審判	少年による万引き。現行犯逮捕で被害品が確保されていること、稼働状況、家族との同居、両親の身元引受などから勾留の必要性を否定。
㉖	窃盗未遂	釈放	（判明せず）	ひったくりの未遂。逃亡すると疑うに足りる相当な理由を否定。被疑者の妻の病気、その生活が専ら被疑者の収入によることなどから勾留の必要性も否定。
㉗	覚せい剤取締法違反（自己使用）	勾留	事例㉘と併合して執行猶予付き有罪	覚せい剤自己使用。逮捕の違法を承継した勾留である旨の弁護人の主張がなされたが、任意捜査の限界を越えないとして排斥。

	罪名	処分	結果	備考
㉘	覚せい剤取締法違反（単純所持）	勾留	事例㉗と併合して執行猶予付き有罪	勾留請求却下に対する検察官準抗告。覚せい剤所持。別件（覚せい剤自己使用）が先行するが、本件では後行する身柄拘束が不当となる場合ではないとした。
㉙	迷惑防止条例違反（痴漢）	釈放	公判請求（罰金30万円）	飲食店で服の上から陰部をなでた痴漢。被疑者と被害者に事件前の面識がない、被疑者の出頭の誓約、被疑者の上司の身元引受などから勾留の必要性を否定。
㉚	大麻取締法違反（単純所持）	釈放	懲役6月、執行猶予3年	大麻所持。大学生。罪証隠滅・逃亡のおそれが高いと言えない上、被疑者が学期末試験を受けられなければ留年の可能性もあること等から、勾留の必要性を否定。
㉛	脅迫	釈放	不処分審判	脅迫メールを送付した事案。両親と同居する大学生で、非行歴、補導歴もないことから3号事由を否定、メールを送付した携帯電話を提出済で、勾留の必要性なしと判断した事例。
㉜	児ポ法違反（児童ポルノ所持）	釈放	（判明せず）	児童ポルノ画像写真集を所持したという事案。写真集、その他証拠が押収済、一貫して認め、妻子と同居していることから勾留の必要性なしとした。
㉝	銃刀法違反（所持）	釈放	不起訴	カッターナイフ所持による銃刀法違反。職質の際、カッターを差し出していること等から勾留の必要性なしと判断。
㉞	窃盗	勾留	保護観察	コンビニでの窃盗共犯事案。被疑事実を認めているが、勾留準抗告が棄却された事案。
㉟	窃盗	釈放	（判明せず）	コンビニでの万引き事案。防犯カメラ画像が押収され、2号事由否定された事案。
㊱	窃盗	釈放	（判明せず）	スーパーでの万引き事案。犯行を目撃した職業警備員、防犯カメラの存在等から罪証隠滅のおそれ低く勾留の必要性なしとした。
㊲	道路交通法違反（暴走運転）	場所変更	少年院送致（別件と併合し一般長期）	少年が暴走運転をした事案。被疑事実について認めたが、共犯者多数の事件等であり2号該当性肯定。但し、勾留場所は鑑別所とするのが相当と判断。
㊳	建造物損壊	釈放	（判明せず）	窓を破壊した建造物損壊事案。前科前歴なし、妻子と同居、身体拘束が続くと失職の危険があることなどから勾留の必要性否定。

㊴	威力業務妨害	釈放	（判明せず）	店内でガラスコップ、皿、ドアガラスを損壊するなどした威力業務妨害事案。犯行状況を撮影した防犯カメラ画像や、多数の目撃者の調書作成済により罪証隠滅の実効性低く、勾留の必要性否定。
㊵	傷害	釈放	不起訴	交際相手への傷害事案。被害者の宥恕があり、示談済。勾留の必要性なしと判断。
㊶	建造物侵入、窃盗	釈放	不起訴	クラブのテーブル等を窃取した事案。犯行状況を撮影した防犯カメラ映像あり。被疑者は72歳と高齢で高血圧の持病もあることなども考慮して勾留の必要性なしと判断。
㊷	窃盗	釈放	（判明せず）	警備員が勤務先ビル内でクレジットカードを窃取。クレジット利用票や防犯カメラ映像があり、罪証隠滅のおそれ低く、勾留の必要性なしとした。
㊸	傷害	釈放		札束で顔面を殴打し傷害を負わせた事案。被害者とは面識がなく突発的な犯行であり、罪証隠滅、逃亡ともにおそれは低いと判断。
㊹	公務執行妨害	釈放	略式 （罰金20万円）	警察官に対して暴行した公務執行妨害事案。複数の警察官に目撃され、罪証隠滅のおそれは低いと判断された事例。
㊺	迷惑防止条例違反（ダフ屋行為）	釈放	不起訴	ダフ屋行為事案。前科前歴なし、会社に30年勤続、家族と居住により勾留の必要性否定。
㊻	迷惑防止条例違反（盗撮）	釈放	略式 （罰金額不明）	勾留の必要性を否定。収集済みの証拠、事案の軽微性から罪証隠滅の可能性が高くなく、身分関係から逃亡のおそれの程度も高いとはいえず、拘束長期化による不利益大きい。
㊼	脅迫	釈放	不起訴	勾留の必要性を否定。罪証隠滅及び逃亡の可能性は小さく、弁護人提出の疎明資料から認められる事実によれば勾留継続による不利益大きく過酷に失する。
㊽	迷惑防止条例違反（盗撮）	釈放	不起訴	勾留請求時の時点で自宅の捜索によりパソコンや携帯電話が押収されていることから罪証隠滅の可能性相当低く、身上関係からすれば勾留の必要性がない。
㊾	入管法違反（不法就労助長）	勾留	不起訴	一部否認、関係者多数、被疑者の立場に照らし2号事由を認定。3号事由は「ともかく」勾留の必要性もある。

㊿	青少年保護育成条例、労基法違反（危険有害業務）	勾留	事例㋛と併合して執行猶予付き有罪（2年・4年）	逮捕前に弁護人を介して関連事件について自首する旨の通知をしていたが、職業的犯行であること、被疑者、共犯者及び被害児童らの供述状況等に照らせば2号事由あり。
㋛	児ポ法違反（児童買春）	勾留	事例㊿と併合して執行猶予付き有罪（2年・4年）	自白も未だ十分な供述が得られてない、被害児童のうち1名が被疑者が経営する店舗の従業員であることなどから2号事由があり、職業経歴等の生活環境から3号事由もある。
㋜	労基法違反（危険有害業務）	勾留	別件（児ポ法違反被疑事件）と一括して不起訴。	関係者の供述状況、被疑者と共犯者らとの関係、捜査の進捗状況等に照らすと、2号事由あり。
㋝	盗品等保管	勾留	別件と併合して執行猶予付き有罪	共謀及び故意否認、盗品の入手経緯について具体的に供述していない、関係者多数などから2号事由あり。関連事件による逮捕勾留が先行するが不当な蒸し返しには当たらない。
㋞	暴行	勾留	不起訴	共犯者と共謀して被害者の頬を1回殴打しただけの事案であるが、2号事由及び3号事由のいずれも認定。
㋟	公務執行妨害	勾留	不起訴	犯行状況について曖昧な供述から2号事由あり。原裁判後住居地が判明したため1号事由ないが、3号事由がある。
㋠	恐喝未遂	勾留	不起訴	被害者から「被害届を取り下げてもよい」旨聴取したとの疎明資料添付するも、「交渉の進捗状況を考慮しても」2号事由、3号事由のいずれも認定。
㋡	窃盗	勾留	不起訴	自転車盗。1号事由あり、否認しているから2号事由あり、約2カ月前に同種前科の刑の執行を終えたばかりであり3号事由あり。違法逮捕の主張も排斥。
㋢	覚せい剤取締法違反（自己使用）	勾留	執行猶予付き有罪	入手先や常習性等が未だ明らかになっていないから2号事由及び3号事由あり。
㋣	覚せい剤取締法違反（自己使用）	勾留	執行猶予付き有罪（事例㋥と同一事件）	先行する覚せい剤譲渡被疑事件の勾留中に本件を同時処理すべきであったとはいえず、2号事由及び3号事由のいずれもある。

❻⓿	傷害	勾留	暴行罪で起訴、**事例❺❾**（**事例❾❺**と同一事件）と併合して執行猶予付き有罪	知人女性に対する全治約3週間の傷害。主に黙秘の事実から2号事由を認定。傷害の程度から軽微事案でないから3号事由あり。
❻❶	器物損壊	勾留	不起訴	コンビニにおいて放尿事案。被疑者宅と被害店舗が近い等の理由で罪証隠滅のおそれあり、前科がある等の理由で逃亡のおそれありと判断。
❻❷	暴力行為等処罰に関する法律違反（示凶器脅迫）	勾留	不起訴	夫婦げんかの仲裁に入った長女を脅迫した事案。被疑者の生活状況等から逃亡のおそれなし、しかし、被害者に働きかける等する罪証隠滅のおそれあり、さらに、被疑者に前科前歴なし、被害者が刑事処罰を望んでいないという事情等を考慮しても、勾留の必要性ありと判断。
❻❸	住居侵入	釈放	不起訴	酔余の上で他人宅侵入事案（侵入したことは認めている）。被疑者宅と被害者宅が近隣であり罪証隠滅のおそれはありとするが、その可能性は高くなく、被疑者に前科がないこと等から勾留の必要性はないと判断。
❻❹	窃盗	勾留	不起訴	スーパーマーケットでの万引事案。被疑者が単身無職、同種事案による微罪処分の前歴あり等の事情から3号事由あり、勾留の必要性ありと判断。
❻❺	傷害	勾留	略式（罰金20万円）	交際相手に対し全治10日間の傷害事案。被疑者と被害者との交際状況等から2号事由あり、祖母等と同居するものの無職であり逃亡のおそれ否定せず、勾留の必要性ありと判断。
❻❻	傷害	勾留	略式（罰金20万円）	被害者に対し全治21日間の傷害事案。被疑者と被害者との従前の関係から2号事由あり、犯行後逮捕前までに被疑者が被害者に多数回連絡をとったこと等から勾留の必要性もありと判断。
❻❼	窃盗	勾留	不起訴	バッグのひったくり事案（共犯事件）。共犯者に働きかける等の理由で2号事由及び勾留の必要性ありと判断。

⓻	児ポ法違反（児童買春）	釈放	公判請求（罰金70万円）	児童買春事案。被疑者が被害者の年齢の知情性否認という状況に照らし2号事由あり、しかし、被害少年は少年院に入所中であり罪証隠滅のおそれは高くない、かつ、被害少年に接触しないという誓約ある等の事情から勾留の必要性ないと判断。
❻❽の2	児ポ法違反（児童買春）	釈放	公判請求（罰金70万円）	**事例❻❽**の釈放後、弁護人同席が得られないことを理由に取調べを先送りしていたところ、逮捕勾留された事案。裁判所は、公判出頭の確保に支障を来すと認めるべき事情ではないとして、準抗告を認容した。
❻❾	覚せい剤取締法違反（営利目的所持）	短縮	（判明せず）	営利目的で約3キロの覚せい剤を所持していた事案（共犯事件）。60条各号の要件は充足するが、捜査の進捗状況等から勾留延長期間は2日間が相当と判断。
❼⓪	ガス等漏出、激発物破裂、現住建造物等放火	短縮	嫌疑不十分	マンションの一室に都市ガスを漏出させ、引火させて放火する等した事案。60条各号は充足するが、すでに犯行から約2年10カ月が経過し客観的証拠が相当程度収集されているという状況から勾留延長期間は4日間が相当と判断。
❼❶	窃盗	短縮	略式（罰金20万円）	自転車1台を窃取した事案（余罪ありと疑われる事案）。捜査機関が余罪について逮捕を検討していることを踏まえ、余罪に関する捜査の必要性を勾留延長で判断するのは相当ではなく、勾留延長期間は3日が相当と判断。
❼❷	覚せい剤取締法違反（自己使用）	短縮	別件と併合して実刑（2年10月）	覚せい剤自己使用事案。勾留前に覚せい剤の鑑定が終了していること、逮捕前に被疑者の携帯電話を入手していること等から、勾留延長期間は6日間が相当と判断。
❼❸	建造物侵入、強盗致傷	勾留	試験観察を経て保護観察審判	被疑者（少年）が3名と共謀し金品窃取目的で工場に侵入し、被害者に傷害を負わせた事案（共犯事件）。勾留延長裁判前に一通りの捜査が終了したものの、関係者多数等の事情から10日間の延長の必要あり、被疑者が少年であってもやむを得ない事由があると判断。
❼❹	窃盗	勾留	**事例❹⓪**と併合して保護観察審判	被疑者（少年）が2名と共謀したタイヤ盗事案（共犯事件）。共犯者らとの共謀状況や余罪の捜査等のために10日間の勾留延長は相当と判断。

	罪名	判断	結果	理由
❼⓹	住居侵入、窃盗	短縮	**事例㊷**他と併合して実刑（3年4月）	2名と共謀した侵入盗事案（共犯事件）。共犯者の供述、各役割分担等の解明のために5日間の勾留延長は相当と判断。
❼⓺	建造物侵入、住居侵入・窃盗	勾留	実刑（1年4月）	①建造物侵入事件と、②住居侵入・窃盗事件とが併合罪関係にあり、①②両事件について併行して捜査が進められており、両事件の実態解明が必要だから、10日間の延長が必要とされた。
❼⓻	道路交通法違反（無免許）	短縮	執行猶予付き有罪（2年・4年）	関係機関への照会書類未着と被害者供述の裏付け捜査、被疑者取調べの必要があり、5日間の限度で勾留延長のやむを得ない事由が認められた。
❼⓼	暴力行為等処罰に関する法律違反（妻に対する示凶器脅迫）	釈放	不起訴	被害者（妻）が宥恕し、勾留延長を求めない旨の意思を明らかにしていることから、勾留延長のやむを得ない事由を認めなかった。
❼⓽	窃盗	短縮	執行猶予付き有罪（1年・3年）	窃盗に先行して同一被害者方への住居侵入の被疑事実で現行犯人逮捕・起訴されており、先行被疑事件の捜査段階で本件（窃盗）についても捜査が進んでいたことから、5日間の限度で勾留延長のやむを得ない事由が認められた。
❽⓪	虚偽有印公文書作成・同行使	勾留	執行猶予付き有罪（1年・4年）	偽造文書（精算書）の作成経緯と記載内容について、被疑者があいまいな供述をしているから関係者及び被疑者の取調べをする必要があり、10日間勾留延長するやむを得ない事由が認められた。
❽⓵	道路交通法違反（無免許）	釈放	執行猶予付き有罪（2年6月）	別件無免許運転について追送致予定でありこれと併せて処理する必要があるとの検察官の主張を排斥し、勾留延長のやむを得ない事由を認めなかった。
❽⓶	傷害	短縮	執行猶予付き有罪（2年6月・5年）	妻に対するDV事案。暴行の常習性について明らかにするため、被害者（妻）の過去の負傷状況について医療機関から照会結果の回答を得る必要があり、5日間の限度で勾留延長のやむを得ない事由が認められた。
❽⓷	覚せい剤取締法違反（自己使用）	勾留	**事例㉘**と併合して執行猶予付き有罪	覚せい剤の使用日時・場所、使用状況、入手状況について、被疑者が十分に供述しておらず、各種鑑定が未了であることから、10日間の延長が必要とされた。

❽❹	暴力行為等処罰に関する法律違反（交際相手に対する暴行等）	釈放	不起訴	被害者（交際相手）との間で宥恕文言付きの示談が成立したことから、勾留延長のやむを得ない事由を認めなかった。
❽❺	凶器準備集合	勾留	少年院送致（中等）	暴走族同士の抗争事件。関係者多数につき、10日間の延長が必要とされた。
❽❻	傷害	釈放	不起訴	同居の実母に対する傷害。被害者（実母）は処罰意思がなく早期釈放するよう嘆願書を提出している。準抗告申立をなした即日、検察官により釈放された。
❽❼	商標法違反（偽ブランド品の販売目的所持）	勾留	略式（罰金50万円）	偽ブランド品の入手先、販売状況、保管状況等に関する裏付け捜査、被疑者と共犯者の取調べの必要があり、8日間の延長が必要とされた（原決定は8日間の延長を認めた）。
❽❽	現住建造物等放火	勾留	保護観察審判	犯行動機の解明や燃焼再現実験の必要がある上、被疑者の発達障害に配慮して取調べをするため通常より時間を要することから、10日間勾留延長するやむを得ない事由が認められた。
❽❾	出入国管理及び難民認定法違反（不法就労助長）	釈放	不起訴	多数の者が関与する組織的な事案であり、多数人を取り調べる必要があることから、10日間勾留延長するやむを得ない事由が認められた。
❾⓪	愛知県青少年保護育成条例違反、労働基準法違反（いわゆるJKビジネス）	勾留	事例❾❶と併合して執行猶予付き有罪（2年・4年）	被疑者と共犯者が被害児童の年齢について知情性を否認しており、多数の関係者を取り調べる必要があることから、10日間勾留を延長するやむを得ない事由が認められた。
❾❶	児ポ法違反（児童買春）	短縮	事例❾⓪と併合して執行猶予付き有罪（2年・4年）	被害児童2名に対する児童買春事案。検察官による被害児童らへの取り調べ予定日を踏まえ、延長期間を短縮したもの。
❾❷	労働基準法違反（危険業務就労）	勾留	別件（児ポ法違反被疑事件）と一括して不起訴	被害児童に卑猥な衣装を着せてその姿態を客に動画撮影される業務に就かせた労働基準法違反事件。被害児童から事情聴取の上、被疑者・共犯者の取り調べの必要性を認め、勾留延長を認めたもの。

(93)	住居侵入、窃盗	勾留		共犯者数名と共謀して他人の住居に侵入し、時価80万円相当の腕時計1個を窃取した事案。被疑者黙秘、共犯者の取り調べ一部未了、関係者の使用した携帯電話の解析・精査未了のため、勾留延長が認められたもの。
(94)	詐欺	勾留	保護観察審判	本件少年が共犯者の女性とともにホテルを無銭利用した事案。被疑者・共犯者による引き当たり捜査や取り調べ不十分なため、勾留延長が認められたもの。
(95)	覚せい剤取締法違反（自己使用）	勾留	執行猶予付き有罪（**事例(59)**と同一事件）	覚せい剤使用事案。被疑者黙秘の状況を踏まえ、血液の鑑定結果等に基づく被疑者取り調べを実施する必要性ありとして、勾留延長を認めたもの。なお、先行事件（覚せい剤譲渡）で鑑定等の捜査を遂げていないことをもってやむを得ない事由がないとはいえないとした。
(96)	覚せい剤取締法違反（無償譲渡）	勾留	不起訴	知人女性に対する覚せい剤無償譲渡事案。被疑者供述の裏付け捜査及びそれに基づく被疑者らの取り調べの必要性ありとして勾留延長を認めたもの。
(97)	傷害（家裁送致後、傷害・恐喝未遂）	勾留	保護観察審判	別件で保護観察中の少年が、顔面殴打等により被害児童に対し加療約1週間を要する傷害を負わせた事案。本件少年の供述が重要な点で変遷していること、共犯者と思われる少年と供述に食い違いが見られることを踏まえ、多数の共犯者に対する取り調べを行った上で再度本件少年及び共犯者と思われる少年の取り調べ等が必要であるとして、勾留延長を認めたもの。
(98)	窃盗	勾留	不起訴	共犯者と共謀の上、現金及び鞄をひったくり窃取した事案。被疑者は共犯者との共謀を否認しつつも詳細については黙秘していることなどから、共犯者供述の裏付け捜査等が必要であるとして、勾留延長を認めたもの。

事例❶　名古屋地決平21・6・24

住居（自称）名古屋市●●●
風俗店従業員

昭和34年●●●生

　上記の者に対する風俗営業等の規制及び業務の適正化等に関する法律違反被疑事件について、平成21年6月17日、名古屋簡易裁判所裁判官がした勾留の裁判に対し、同月24日、弁護人□□□から準抗告の申立てがあったので、当裁判所は、次のとおり決定する。

主文

　原裁判を取り消す。
　本件勾留請求を却下する。

理由

1　申立ての趣旨及び理由
　本件準抗告申立ての趣旨及び理由は、弁護人作成の準抗告申立書記載のとおりであるからこれを引用する。
2　当裁判所の判断
　本件勾留に係る被疑事実の要旨は、名古屋市内に所在する店舗型性風俗特殊営業店の店長である被疑者が、同店経営者と共謀の上、同店の営業に関し、あらかじめ愛知県公安委員会に所定の届出書を提出しないで、条例で定めた営業禁止地域内である上記店舗の個室内において、同店女性従業員らをして、遊客らの陰茎を手淫等させ、異性の客の性的好奇心に応じて、その客に接触する役務を提供し、もって無届並びに法令に規定された禁止地域内において店舗型性風俗特殊営業を営んだというものである。
　所論は、被疑者に本件の嫌疑がないことや、その他勾留の理由を欠くことを主張している。犯罪の嫌疑がないことを理由として勾留に対する準抗告を申し立てることは許されない（刑事訴訟法429条2項、420条3項）が、この点について職権で判断する。

被疑者は、本件風俗店に勤めていたことは認めているものの、同店が無届で営業禁止地域内で営業していることは知らなかった旨供述している。そして、一件記録によれば、被疑者が本件風俗店の従業員であることは認められるものの、店長であった事実は認められず、本件関係者の中で、被疑者に上記無届の点等を告げた者の存在も全く認められない。しかも、本件風俗店は、元々、前記所定の届出がなされて、約13年間にわたって営業が続けられており、その届出人が本件の3か月余り前に死亡し、以後無届の状態になっていた（営業の状態は変わっていない）というやや特殊な事情が存するところ、被疑者が同店に雇われたのは、本件時（逮捕時）の約9日前にすぎず、本件時までに、被疑者が上記死亡等の事情を知り得たことをうかがわせる事情も一切存しないことなどを考慮すると、被疑者の前記供述は、相当程度に信用性が高いというべきである。
　そうすると、被疑者が、故意をもって本件被疑事実を犯したと疑うに足りる相当な理由があるとは到底いい難い。
　したがって、本件は、勾留の要件を欠くものであるから、被疑者を勾留した原裁判は、その余の点を考慮するまでもなく、取消しを免れない。
　よって、刑事訴訟法432条、426条2項により、主文のとおり決定する。
　なお、原裁判の勾留に係る接見等禁止決定の効力も、本決定により当然に失効する。

平成21年6月24日　名古屋地方裁判所刑事第4部
裁判長裁判官　芦澤政治／裁判官　寺澤真由美／裁判官　三田健太郎

事例❷　名古屋地決平21・6・15

住居　名古屋市●●●

職業　無職

●●●

昭和●●年●●●生

　上記の者に対する公務執行妨害被疑事件について、平成21年6月14日名古屋簡易裁判所裁判官がした勾留の裁判に対し、同月15日弁護人□□□から適法な準抗告の申立てがあったので、当裁判所は、次のとおり決定する。

主文

　原裁判を取り消す。
　本件勾留請求を却下する。

理由

1　本件準抗告申立ての趣旨及び理由は、弁護人作成の準抗告申立書記載のとおりであるからこれを引用する。論旨は、要するに、罪証隠滅のおそれも逃亡のおそれもないのにこれらがあるとした原裁判は不当であるから、原裁判を取り消して検察官の勾留請求を却下すべきである、というものである。

2　本件被疑事実の要旨は、被疑者が、深夜、警察官3名が泥酔者を保護し、同人を車両に乗せて発進させようとした際、車両の前に立ちはだかったり、助手席側フロント部分に体当たりするなどして、警察官の職務の執行を妨害したというものである。

　一件記録によれば、被疑者には罪を犯したと疑うに足りる相当な理由が認められる。被疑者は、車両に体当たりしたことを否認しているが、事態の一部始終を現認した警察官3名の供述調書が作成され、警察官立会による犯行再現状況も証拠化されており、もはや被疑者による罪証隠滅のおそれは認められない。また、被疑者の生活状況等にかんがみれば、被疑者が逃亡するおそれはなくはないが、そもそも、本件犯行態様は、車両に体当たりするといった程度のものであり、しかも酔余の上の犯行であること、被疑者には罰金前科が3件あるが、最新のものでも約15年前のものであることに照らせば、勾留の必要性は乏しい

といわざるを得ない。
　したがって、被疑者を勾留した原裁判は相当でなく、本件準抗告は理由があるから、刑事訴訟法432条、426条2項により、主文のとおり決定する。

平成21年6月15日　名古屋地方裁判所刑事第3部
裁判長裁判官　堀内満／裁判官　内山孝一／裁判官　深見翼

事例❸　名古屋地決平20・4・2

住居　●●●
職業　アルバイト
被疑者　●●●
昭和42年●●●生

　上記の者に対する重過失傷害被疑事件について、平成20年3月28日名古屋地方裁判所裁判官がした勾留の裁判に対し、同年4月2日弁護人金岡繁裕から準抗告の申立てがあったので、当裁判所は、次のとおり決定する。

主文

　原裁判を取り消す。
　本件勾留請求を却下する。

理由

1　申立ての趣旨及び理由
　本件準抗告申立ての趣旨及び理由は、弁護人作成の平成20年4月2日付け準抗告申立書及び同日付け弁護人意見書に各記載のとおりであるから、これらを引用する。
2　当裁判所の判断
　本件勾留の基礎となる被疑事実の要旨は、被疑者は、これまでにも、飼育管理する●●●6頭を散歩させるにあたり係留せず、その際、●●●が他人の犬を襲うなどしていたことから、同様に放し飼いにすれば、第三者の犬を襲い単独では制御不能になることが容易に予測できたにもかかわらず、平成19年5月●●日、リードその他の方法で係留し、●●●の行動を抑制する注意義務があるのにこれを怠り、漫然と放置した重大な過失により、●●●6頭のうち数頭が散歩中の被害者が連れていた犬に襲いかかった上、これを助けようとした被害者の左環指を咬むなどし、同人に加療約1週間を要する両肘膝打撲傷及び左環指咬創の傷害を負わせたなどというものである。
　一件記録によれば、被疑者が上記の被疑事実を犯したと疑うに足りる相当な理由が認められる。

そして、本件被疑者については、平成19年7月●●日に本件●●●6頭の飼育に関し、狂犬病予防法違反、動物の愛護及び管理に関する法律違反で逮捕、勾留され、同被疑事実に関しては必要な捜査が遂げられた上で、同年8月●●日狂犬病予防法違反で罰金刑に処せられたこと、本件被疑事実に関しても、現時点までに相当程度捜査が進み、証拠が収集されていることなどが認められ、これらからすると、被疑者の供述態度等を勘案しても、被疑者が罪証を隠滅すると疑うに足りる相当な理由があるとまでは認められない。

　また、被疑者は、一人暮らしであって、その居住関係も必ずしも安定しているとは言い難いが、当裁判所の事実取調べによれば、被疑者が、弁護人を介し、捜査の必要があれば、弁護人と相談の上きちんと応じることを約束する旨などを記載した陳述書を提出していることが認められ、これらからすると、被疑者が本件での処罰を恐れて逃走を図る現実的な可能性は低いといわざるを得ず、逃亡すると疑うに足りる相当な理由があるとも認められない。

3　よって、本件準抗告は理由があるから、刑事訴訟法432条、426条2項により、主文のとおり決定する。

平成20年4月2日　名古屋地方裁判所刑事第6部
裁判長裁判官　近藤宏子／裁判官　野口卓志／裁判官　酒井孝之

事例❹　名古屋地決平20・10・27

被疑事件名　詐欺

被疑者　氏名　●●●

　　　　生年月日　昭和●●年●●●生

　　　　住居　愛知県●●●

　　　　職業　運転手

原裁判　平成20年10月24日名古屋地方裁判所裁判官がした勾留の裁判

申立人　弁護人　金岡繁裕

主文

　原裁判を取り消す。

　本件勾留請求を却下する。

理由

1　本件準抗告申立ての趣旨及び理由は、要するに、本件勾留の裁判は、刑事訴訟法60条1項各号の要件を欠き、しかも必要性も認められないから、原裁判を取り消し、検察官の勾留請求を却下する旨の決定を求めるというものである。

2　本件被疑事実の要旨は、被疑者が、交通事故に遭ったことを奇貨として、共犯者2名と共謀の上、保険会社の担当者に対し、被疑者の飼育する犬の世話等のために2名の共犯者を雇って賃金を支払った事実はないにもかかわらず、その旨の虚偽の雇用契約書、給料支払明細書等を提出するなどして、休業損害金の支払いを請求し、上記担当者らに真正な休業損害金の請求であると誤信させ、30万7800円をだまし取ったというものである。

3　一件記録によれば、被疑者が本件被疑事実を犯したと疑うに足りる相当な理由が認められる。

　(1)　罪証隠滅のおそれについて

　　本件は、被疑者と共犯者2名による雇用契約書等の作成経緯や共謀状況、共犯者2名の稼働の有無等について、共犯者2名の供述が重要な証拠となる事案であるところ、被疑者が、共犯者2名には実際に犬の世話をしてもらった等と供述していることや、被疑者と共犯者2名との人間関係等からすると、

罪証隠滅のおそれがないとはいえない。

　しかし、共犯者2名が、虚偽の雇用契約書等を作成した状況や稼働の事実がないこと等について、一応の供述をし、その旨の検察官調書が作成されていることなどからすると、被疑者が共犯者2名に働きかけたとしても、その実効性は低いものと考えられる。

　さらに、被疑者から、共犯者2名に連絡しないとの誓約書が、弁護人から、その旨を指導監督するとの上申書が、当裁判所に提出されていることからすると、被疑者が罪証隠滅すると疑うに足りる相当な理由までは認められない。

(2)　逃亡のおそれについて

　本件の被害金額が30万円余りと少額ではなく、被疑者が単身であることなどからすると、一般的に言って、逃亡のおそれは否定できない。

　しかし、当裁判所の事実調べによれば、被害会社は、本件詐取金を仮払金の形で被疑者に支払ったが、その後の被害会社と被疑者の示談交渉においては、本件詐取金は請求されておらず、実質的には、被害会社に損害が生じていないと見ることもできる。

　さらに、被疑者は、別件の捜査に関してではあるが、弁護人を同席することを条件として、出頭に応じる意向を示しており、本件についても、被疑者が出頭に応じる旨の陳述書や、弁護人もその方針である旨の上申書が当裁判所に提出されているなどの事情からすると、被疑者が任意出頭に応じず、逃亡すると疑うに足りる相当な理由までは認められない（なお、検察官は、別件の捜査に関し、被疑者が弁護人の立会いを求め、弁護人の都合により予定していた取調べができなかったことからして、実質的に出頭拒否の状態であったと主張しているが、任意捜査である以上、弁護人同席を求めることは不当でないにもかかわらず、警察官が、弁護人と日程を調整するなどの努力をした形跡は伺えないことからすると、このような被疑者の態度を実質的な出頭拒否と評価することはできない。）。

(3)　結語

　以上からすれば、本件について、刑事訴訟法60条1項各号に該当する事由は認められず、勾留の理由がない（なお、被疑者は定まった住居を有しており、同項1号に該当する事由も認められない。）。

4　よって、本件準抗告は理由があるから、刑事訴訟法432条、426条2項により、主文のとおり決定する。

平成20年10月27日　名古屋地方裁判所刑事第2部
裁判長裁判官　伊藤納／裁判官　大村泰平／裁判官　棚村治邦

事例❺　名古屋地豊橋支決平21・3・2

住居　●●●
職業　●●●研究員
被疑者　●●●
昭和48年●●●生

　上記の者に対する器物損壊被疑事件について、平成21年2月28日豊橋簡易裁判所裁判官がした勾留の裁判に対し、同年3月2日、弁護人金岡繁裕から準抗告の申立てがあったので、当裁判所は次のとおり決定する。

主文

　原裁判を取り消す。
　本件勾留請求を却下する。

理由

1　本件準抗告申立ての趣旨及び理由は、弁護人作成の「勾留決定に対する準抗告申立書」と題する書面記載のとおりであるから、これを引用する。
2　当裁判所の判断　別紙記載のとおり

平成21年3月2日　名古屋地方裁判所豊橋支部
裁判長裁判官　筏津順子／裁判官　村上未来子／裁判官　清水光

別紙　本件被疑事実の要旨は、被疑者が、共犯者2名と共謀の上、不倫関係にあった女性とその婚約者の入籍を遅らせようと考え、嫌がらせの目的で、同婚約者及びその周辺住民所有の自動車8台に油性赤色ペンで「●●●コロス！」などと大書きし、もって、それぞれ他人の器物を損壊したというものである。
　一件記録によれば、被疑者が罪を犯したことを疑うに足りる相当な理由がある。
　そして、現時点における証拠の収集状況、共犯者らの供述状況、被疑者と共犯者らとの関係、被疑者が事件関係者らと弁護人を介さずに連絡を取らない旨誓約していること等に照らすと、被疑者が共犯者らに働きかけ罪証を隠滅

実効性は乏しく、被疑者が罪証を隠滅すると疑うに足りる相当な理由があるとまでは認められない。

　また、被疑者の身上関係、被疑者の妻及び実父が被疑者の身柄引受及びその監督を誓約していることからすると、被疑者が逃亡する現実的な可能性は低く、逃亡すると疑うに足りる相当な理由があるとも認められない。

　よって、本件準抗告の申立ては理由があるから、刑事訴訟法432条、426条2項により、主文のとおり決定する。

事例❻ 名古屋地決平19・9・26

住居　名古屋市●●●（●●●少年院在院中）
職業　無職
被疑者　●●●
平成●●年●●●生

　上記の者に対する窃盗被疑事件について、平成19年9月19日、名古屋地方裁判所裁判官がした勾留の裁判に対し、同月25日、弁護人□□□から準抗告の申立てがあったので、当裁判所は、次のとおり決定する。

主文

原裁判を取り消す。
本件勾留請求を却下する。

理由

1　申立ての趣旨及び理由
　本件準抗告の申立ての趣旨及び理由は、弁護人作成の準抗告申立書記載のとおりであるから、これを引用する。
2　当裁判所の判断
　本件被疑事実の要旨は、被疑者が、共犯者7名と共謀の上、携帯電話販売店において、同店の経営者が所有する携帯電話10台（仕入れ価格57万1500円）を窃取したというものである。
　記録によれば、被疑者は、本件被疑事実について認める供述をしており、その供述内容は他の共犯者の供述とも符合している。このような被疑者及び共犯者の供述状況に加えて、本件犯行から既に約1年8か月が経過していること、被疑者は本件において従属的な立場であったことなどを併せ勘案すると、共犯者の1人の所在が不明である状況を踏まえても、被疑者には罪証を隠滅すると疑うに足りる相当な理由があるとはいえない。
　被疑者は、現在、別件により●●●少年院に在院中であるが、その処遇が見直される可能性があることを考慮すると、被疑者が●●●少年院に在院中であるという一事をもって直ちに被疑者に逃亡のおそれがないということはできな

い。しかし、被疑者は現在まで少年院において更生のための処遇を受けてきており、本件についても前記のとおり素直に認める供述をしていること、本件において被疑者が果たした役割は従属的なものにとどまること、被疑者の母親が今後は責任をもって被疑者を指導するとの意思を示していることなどを考慮すると、被疑者には逃亡すると疑うに足りる相当な理由があるとはいえない。

　よって、本件準抗告の申立ては理由があるから、刑事訴訟法432条、426条2項により、主文のとおり決定する。

平成19年9月26日　名古屋地方裁判所刑事第5部
裁判長裁判官　伊藤新一郎／裁判官　波多江真史／裁判官　溝田泰之

事例❼　名古屋地岡崎支決平25・2・22

被疑者　●●●

　上記の者に対する窃盗未遂被疑事件について、平成25年2月19日岡崎簡易裁判所裁判官がした勾留の裁判に対し、同月22日弁護人神保壽之から準抗告の申立てがあったので、当裁判所は次のとおり決定する。

主文

原裁判中被疑者の勾留場所を愛知県A警察署留置施設とした部分を取り消す。
被疑者の勾留場所を●●●鑑別所と指定する。
その余の申立てを棄却する。

理由

　本件準抗告の申立ての趣旨及び理由は、弁護人神保壽之作成の準抗告申立書に記載のとおりであるから、これを引用するが、その要旨は、本件勾留は、違法な実質逮捕が先行しており、勾留自体が不適法である上、勾留の理由及び必要性を欠き、少年を勾留するやむを得ない場合にも当たらないから、原裁判を取り消し、本件勾留請求を却下しなければならないというものである。

2　当裁判所の判断

(1)　本件は、被疑者が、共犯者と共謀の上、自動販売機から現金を窃取しようとしたが、たまたま通行人が通りかかったため、その目的を遂げなかったという窃盗未遂の事案である。

(2)　逮捕手続の違法性に関する主張について

　ア　一件記録によれば、以下の事実が認められる。

　　平成25年2月18日午前1時15分頃、警ら中の警察官が、コンビニエンスストアの駐車場内にいた被疑者ら3名に対し、職務質問を行ったところ、被疑者が自転車を盗んだ旨告げたため、同日午前2時5分頃、警察官が、被疑者らに対し、B警察署への任意同行を求め、被疑者らはこれに応じた。

　　警察官は、同日午前2時20分頃から同日午前5時頃までの間、自転車窃盗について、被疑者の取調べを行い、同日午前5時頃から同日午前6時15分頃までの間、自転車窃盗についての引き当たり捜査を行った。

同日午前6時頃、共犯者が本件被疑事実を行った旨供述したことから、警察官は、同日午前6時15分頃から同日午前8時20分頃までの間、被疑者の取調べ、同日午前8時20分頃から同日午前8時55分頃までの間、本件被疑事実についての引き当たり捜査、さらに、同日午前8時55分頃から同日午後4時32分頃までの間、トイレや昼食による休憩をはさむなどしながら、被疑者の取調べをそれぞれ行った。

　警察官は、同日午後3時32分、同警察署において、本件被疑事実により被疑者を通常逮捕した。

イ　以上の事実につき検討を加えると、警察官が被疑者を同警察署に任意同行した点については格別違法、不当な点は見受けられず、その後、同日午後零時頃まで、自転車の窃盗及び本件被疑事実について取調べを行った点についても、自転車窃盗の取調べ中に本件被疑事実が発覚したという経緯等に照らすと、やむを得ないものであったといえる。しかしながら、その後、同日午後3時32分に至るまで、被疑者を逮捕することなく取調べを行った点については、17歳である被疑者に対し、同日午前2時20分頃という深夜から相当長時間にわたる取調べが続いていたこと、同日午後零時頃までには、被疑者を緊急逮捕する要件が整っていたと考えられることに照らすと、問題があるというべきである。

ウ　もっとも、同日午後零時頃には実質的な逮捕があったと考えられるとしても、その時点から48時間以内である同月19日午前8時50分には検察官に送致する手続がとられていることからすると、前記で指摘した問題点は、本件勾留請求を違法ならしめるほどに重大なものとはいえない。

(3)　その余の主張について

　被疑者は被疑事実を認めているものの、本件事案の内容、被疑者と共犯者との関係、捜査の進捗状況等に照らすと、被疑者が、重要な情状事実等につき、共犯者からの働きかけを受け、又は共犯者に働きかけるなどして罪証を隠滅するおそれがあることは否定できないし、被疑者の生活状況等に照らすと、被疑者が逃亡するおそれも認められる。

　そして、前記罪証隠滅及び逃亡のおそれの程度等に照らすと、被疑者が17歳の少年であることなどを考慮しても、勾留の必要性があり、かつ、被疑者

を勾留するやむを得ない場合に当たるといえる。

　もっとも、現時点での証拠の収集状況、被疑者が知的障害Ｃの認定を受け、療育手帳の交付を受けていることなどを考慮すると、少年である被疑者の勾留場所としては、●●●鑑別所を勾留場所とするのが相当であると認められる［捜査署であるＢ警察と変更前留置場所であるＡ警察との距離は約14.1km、Ｂ警察と変更後留置場所である●●●鑑別所との距離は約37kmである――編者注］。

3　結論

　よって、本件準抗告の申立ては一部理由があるので、刑事訴訟法432条、426条1項及び2項により、主文のとおり決定する。

平成25年2月22日　名古屋地方裁判所岡崎支部刑事部
裁判長裁判官　後藤隆／裁判官　山﨑隆介／裁判官　村瀬恵

事例❽　名古屋地岡崎支決平25・3・8

被疑者　●●●

　上記の者に対する自動車運転過失傷害、道路交通法違反被疑事件について、平成25年3月7日岡崎簡易裁判所裁判官がした勾留の裁判に対し、同月8日弁護人神保壽之から準抗告の申立てがあったので、当裁判所は次のとおり決定する。

　　　　　　　　　　　　　主　文
　本件準抗告を棄却する。
　　　　　　　　　　　　　理　由
1　本件準抗告の申立ての趣旨及び理由は、弁護人神保壽之作成の準抗告申立書に記載のとおりであるから、これを引用するが、その要旨は、本件については、刑事訴訟法60条1項2号及び3号の各号該当性も勾留の必要性もないから、原裁判を取り消し、本件勾留請求を却下しなければならないというものである。
2　当裁判所の判断
　本件は、被疑者が、(1)自動車を運転中に、進路前方の安全を確認しないまま漫然と進行した過失により、前方で赤信号に従い停止中の被害者運転車両に自車を衝突させ、被害者に加療約10日間を要する傷害を負わせ（以下「本件事故」という。）、(2)直ちに車両の運転を停止して、被害者を救護する等の必要な措置を講じず、かつ、本件事故が発生した日時及び場所等法律の定める事項を直ちに最寄りの警察署の警察官に報告しなかったという事案である。
　そこで、記録を検討するに、被疑者は、逮捕されて以降は、被疑事実をいずれも認めているものの、本件事故後から逮捕に至るまでの間の被疑者及び関係者の言動や、捜査の進捗状況等に照らすと、被疑者が重要な情状に関する事実等について、罪証を隠滅すると疑うに足りる相当な理由及び被疑者が逃亡すると疑うに足りる相当な理由がいずれも認められる。
　そして、前記事情に照らすと、弁護人が指摘する点を考慮しても、勾留の必要性が認められる。
3　結論

よって、原裁判は相当であり、本件準抗告には理由がないから、刑事訴訟法432条、426条1項により、主文のとおり決定する。

平成25年3月8日　名古屋地方裁判所岡崎支部刑事部
裁判長裁判官　後藤隆／裁判官　山﨑隆介／裁判官　村瀬恵

事例❾　名古屋地岡崎支決平25・5・17

被疑者　●●●

　上記の者に対する窃盗被疑事件について、平成25年5月16日岡崎簡易裁判所裁判官がした勾留の裁判に対し、同月17日弁護人神保壽之から準抗告の申立てがあったので、当裁判所は次のとおり決定する。

主文

　本件準抗告を棄却する。

理由

第1　本件準抗告の申立ての趣旨及び理由は、弁護人神保壽之作成の平成25年5月17日付け準抗告申立書に記載のとおりであるから、これを引用する。

第2　当裁判所の判断

　これに対する当裁判所の判断は別紙記載のとおりである。

第3　結論

　よって、原裁判は相当であり、本件準抗告には理由がないから、刑事訴訟法432条、426条1項により、主文のとおり決定する。

平成25年5月17日　名古屋地方裁判所岡崎支部刑事部
裁判長裁判官　國井恒志／裁判官　戸苅左近／裁判官　蓮江美佳

別紙　本件は、被疑者が共犯者2名と共謀の上、平成25年●●月●●日午後9時頃から同月●●日午後1時頃までの間に愛知県豊田市内の駐車場において、駐車中の普通乗用自動車からタイヤ4本（時価15万円位）を窃取したという事案である。

　共犯者が複数という本件事案の性質、捜査の進捗状況、被疑者や共犯者らの供述状況等を考慮すると、被疑者が共犯者らを含む関係者に対して働きかけるなどして罪体や重要な情状事実につき罪証を隠滅すると疑うに足りる相当な理由が認められる。また、被疑者の身上等を考慮すると、被疑者が逃亡すると疑うに足りる相当な理由も認められ、勾留の必要性も認められる。

なお、弁護人は、本件に先行した別件の勾留期間延長の裁判の際、余罪である本件を理由として勾留期間が延長され、当該勾留期間が満期になると、本件での逮捕・勾留が行われているから、本件での逮捕・勾留は、逮捕・勾留の蒸し返しである旨主張する。しかし、本件と別件とは日時場所や被害者が異なり、同時捜査が可能とはいえない上、弁護人が指摘する平成25年5月8日付け勾留期間延長の裁判に対する準抗告の決定においても、処分決定上必要な余罪取調べを理由として勾留期間を延長する「やむを得ない事由」があったと判断しているわけではないから、弁護人の主張は適切な前提を欠いているものと認められる。

事例❿　名古屋地決平25・8・30

住居　愛知県豊橋市●●●
職業　会社員
昭和48年●●●生

　上記の者に対する住居侵入、窃盗被疑事件について、平成25年8月28日名古屋地方裁判所裁判官のした勾留の裁判に対し、同月30日、弁護人神保壽之から適法な準抗告の申立てがあったので、当裁判所は、次のとおり決定する。

主文
　本件準抗告を棄却する。

理由
第1　申立ての趣旨及び理由
　本件申立ての趣旨及び理由は、弁護人作成の準抗告申立書記載のとおりであるから、これを引用する。論旨は要するに、被疑者を勾留した原裁判は不当であるからこれを取り消し、検察官の勾留請求を却下すべきであるというものである。
第2　当裁判所の判断
1　本件被疑事実の要旨は、被疑者が、共犯者らと共謀の上、金品を盗む目的で民家に侵入し、液晶テレビ1台及びリモコン1個（時価合計約3万1000円ママン相当）を盗んだというものである。
2　一件記録によれば、被疑者が罪を犯したと疑うに足りる相当な理由が認められる。
　被疑者は、本件被疑事実について分からないなどと曖昧な供述をしていること及び本件事案の罪質・内容等に照らすと、被疑者を釈放すれば、直接又は第三者を介して共犯者等に働きかけるなどして、罪証を隠滅すると疑うに足りる相当な理由が認められる。また、被疑者が単身であること、前科が複数存在することなどに照らすと、逃亡すると疑うに足りる相当な理由も認められる。
　弁護人は、被疑者は別件窃盗被疑事実により平成25年7月25日に逮捕され、同年8月9日に窃盗幇助で起訴されているところ、別件の起訴前後の勾留期間

中に本件の取調べが行なわれており、本件勾留は不当な蒸し返しであること及び別件で勾留中の被疑者を本件でも勾留する必要はないことから、勾留の必要性がない旨主張する。しかしながら、別件での捜査過程で、それと並行して本件の取調べが進められていたからといって、現段階における、本件に関する取調べの必要性がなくなるわけではないから、勾留の必要性は認められる。また、二重勾留の点は、別件での勾留について保釈される可能性が否定し得ない以上、そのことをもって本件における勾留の必要性がなくなるわけではない。

3　そうすると、原裁判は正当であり、本件準抗告は理由がないから、刑事訴訟法432条、426条1項により、主文のとおり決定する。

平成25年8月30日　名古屋地方裁判所刑事第3部
裁判長裁判官　堀内満／裁判官　山田亜湖／裁判官　三木裕之

事例⓫　名古屋地岡崎支決平25・11・3

被疑者　●●●

　上記の者に対する覚せい剤取締法違反被疑事件について、平成25年11月1日岡崎簡易裁判所裁判官がした勾留の裁判に対し、同月3日弁護人神保壽之から準抗告の申立てがあったので、当裁判所は次のとおり決定する。

主文

本件準抗告を棄却する。

理由

1　本件準抗告の申立ての趣旨及び理由は、弁護人神保壽之作成の準抗告申立書のとおりであるから、これを引用する。
2　当裁判所の判断
　これに対する当裁判所の判断は別紙記載のとおりである。
3　結論
　よって、原裁判は相当であり、本件準抗告には理由がないから、刑事訴訟法432条、426条1項により、主文のとおり決定する。

平成25年11月3日　名古屋地方裁判所岡崎支部刑事部
裁判長裁判官　後藤隆／裁判官　島村雅之／裁判官　岩田澄江

別紙　本件は、被疑者が、平成25年●●月●●日頃から同月●●日までの間に、愛知県内又はその周辺部において覚せい剤を使用したという事案である。
　捜査の進捗状況や被疑者の弁解内容等を考慮すると、被疑者において、罪体及び重要な情状事実につき、関係者に対して働きかけるなどして罪証を隠滅すると疑うに足りる相当な理由が認められる。また、被疑者の身上関係等も考慮すれば、被疑者が逃亡すると疑うに足りる相当な理由も認められる。さらに、弁護人が指摘する事情を考慮しても、勾留の必要性は否定されない。
　なお、弁護人は、本件勾留に前置された逮捕には令状主義を没却する重大な違法があり、実質逮捕が先行した逮捕という重大な違法を承継する勾留は許さ

れない旨主張するが、一件記録によれば、被疑者に対する逮捕、勾留手続に令状主義を没却する重大な違法は認められない。
　また、被疑者に対しては、今後、証拠品を呈示するなどして取調べを行ったり、引き当たり捜査を実施したりする必要があると認められるところ、本件において被疑者の勾留場所を●●●拘置支所とすると、捜査の遂行上、重大な支障が生じるものと認められる［●●●警察署と●●●拘置支所との距離は約300mである——編者注］。そうすると、警察署で勾留をされると被疑者が警察官から心理的圧迫を受けやすいなどと弁護人が主張していることを考慮しても、原裁判が被疑者の勾留場所を●●●警察署留置施設としたことは相当である。

事例⓬　名古屋地岡崎支決平26・3・17

被疑者　●●●

　上記の者に対する窃盗被疑事件について、平成26年3月14日岡崎簡易裁判所裁判官がした勾置の裁判に対し、同月17日弁護人神保壽之から準抗告の申立てがあったので、当裁判所は次のとおり決定する。

主文

　本件準抗告を棄却する。

理由

第1　本件準抗告の申立ての趣旨及び理由は、弁護人神保壽之作成の準抗告申立書に記載のとおりであるから、これを引用する。

第2　当裁判所の判断

　これに対する当裁判所の判断は別紙記載のとおりである。

第3　結論

　よって、原裁判は相当であり、本件準抗告には理由がないから、刑事訴訟法432条、426条1項により、主文のとおり決定する。

平成26年3月17日　名古屋地方裁判所岡崎支部刑事部
裁判長裁判官　國井恒志／裁判官　戸苅左近／裁判官　秋庭美佳

別紙　本件は、被疑者が、平成●●年2月17日、愛知県豊田市内の駐車場において無施錠で駐車中の普通貨物自動車内から現金3万7096円位及び財布1個他8点（時価合計3100円相当）を窃取したという事案であり、捜査の進捗状況等からすれば、被疑者が被疑事実を一応認めていることを考慮しても、重要な証拠を隠匿したり、関係者に対して働きかけるなどして、罪体や重要な情状事実につき罪証を隠滅すると疑うに足りる相当な理由が認められる。また、被疑者の身上経歴、生活状況等を考慮すると、被疑者が逃亡すると疑うに足りる相当な理由も認められる。

　なお、弁護人は、本件に先行した別件の逮捕・勾留の期間において、本件に

おいても同時捜査が容易に可能であったにもかかわらず、別件勾留満期後に本件で逮捕・勾留されているから、勾留の必要性が認められない旨主張する。しかし、本件と別件とは犯行の日時場所や被害者が異なり、同時捜査が容易であったとはいえないから、弁護人の上記主張やその余の事情を考慮しても、勾留の必要性は否定されない。

事例⓭　名古屋地決平26・2・25

住居　名古屋市●●●
職業　高校生
平成8年●●●生

　上記の者に対する窃盗被疑事件について、平成26年2月22日名古屋簡易裁判所裁判官のした勾留の裁判に対し、同月25日、弁護人□□□から適法な準抗告の申立てがあったので、当裁判所は、次のとおり決定する。

主文

　原裁判を取り消す。
　本件勾留請求を却下する。

理由

第1　申立ての趣旨及び理由

　本件申立ての趣旨及び理由は、弁護人作成の準抗告申立書記載のとおりであるから、これを引用する。論旨は要するに、勾留の理由及び必要性がないのに被疑者を勾留した原裁判は違法であるからこれを取り消し、検察官の勾留請求を却下すべきであるというものである。

第2　当裁判所の判断

　1　本件被疑事実の要旨は、少年である被疑者が、共犯者2名と共謀し、原動機付自転車1台を盗んだというものである。
　2　一件記録によれば、被疑者が罪を犯したと疑うに足りる相当な理由が認められる。

　　被疑者は、被疑事実をおおむね認めているものの、犯行に至る経緯につき共犯者との間で食い違いがあること、共謀状況や犯行状況については未だ被疑者及び共犯者から具体的供述が得られていないこと、被疑者と共犯者は友人関係にあることなどに鑑みると、被疑者を釈放すれば、証拠品を処分したり、共犯者と口裏を合わせるなどして、罪証を隠滅すると疑うに足りる相当な理由は一応認められる。

　　しかしながら、被疑者は、犯行発覚後まもなく警察官の要請に従って被害

品投棄場所に戻り素直に逮捕に応じていること、現在高校２年生で両親らと同居していること、前歴がないこと、両親が被疑者の監督を誓約していることなどを考慮すると、逃亡し又は逃亡すると疑うに足りる相当な理由は認められない。また、被疑者は、本年３月４日からの学内定期試験を控えた身であること、欠席が長期化すれば退学のおそれがあること、原裁判後に、逃亡や罪証隠滅をせず、出頭要請にも応ずる旨の誓約書を被疑者が提出し、両親からもこれを担保する誓約書が提出されたこと、共犯者が身柄拘束されていることなどを考慮すると、現段階においては、被疑者を勾留するまでの必要性は認められない。

　３　よって、本件準抗告は理由があるから、刑訴法432条、426条２項により、主文のとおり決定する。

平成26年２月25日　名古屋地方裁判所刑事第３部
裁判長裁判官　堀内満／裁判官　齋藤千恵／裁判官　黒木裕貴

事例⓮　名古屋地決平21・7・16

住居　愛知県豊川市●●●

職業　飲食店従業員

被疑者　●●●

昭和●●年●●●生

　上記の者に対する名誉毀損被疑事件について、平成21年7月15日、名古屋簡易裁判所裁判官がした勾留の裁判に対し、同月16日、弁護人□□□から適法な準抗告の申立てがあったので、当裁判所は、次のとおり決定する。

主文

　原裁判を取り消す。

　本件勾留請求を却下する。

理由

1　申立ての趣旨及び理由

　本件準抗告の申立ての趣旨及び理由は、弁護人作成の準抗告申立書記載のとおりであるから、これを引用する。

2　当裁判所の判断

　本件被疑事実の要旨は、探偵業を営む会社（以下「探偵会社」という。）のアルバイト従業員であった被疑者が、他の従業員2名及び依頼者1名と共謀の上、平成●●年●●月●●日、依頼者の元交際相手である被害者の勤務先工場の敷地内等において、被害者の名誉を毀損する内容の事実を記載した文書約30枚を駐車中の乗用車のワイパーに挟むなどして頒布して被害者の名誉を毀損したというものである。

　被疑者は、逮捕当初から本件被疑事実への関与を否認するところ、一件記録によれば、本件は、探偵会社の業務として、依頼者の依頼に基づき、被害者とその交際相手とを別れさせることを目的とする工作活動の一環であることが認められ、被疑者が、本件被疑事実の前後において、一連の工作活動に関与していたことなどに照らすと、罪を犯したと疑うに足りる相当な理由は一応は認められる。

また、本件は、共謀関係等について、主に関係者の供述により立証がなされる証拠構造の事案であるところ、一件記録により認めることのできる関係者の供述内容、本件犯行に至る経緯等に照らせば、被疑者が、関係者と通謀するなどして、被疑事実及び重要な情状事実に関し、罪証を隠滅すると疑うに足りる相当な理由があると認められる。
　しかしながら、本件被疑事実の発案、実行に関する関係者の供述等の関係証拠によれば、被疑者が、本件被疑事実の実行それ自体に関与したことをうかがわせるような証拠は認められない上、本件被疑事実の共謀に関与したことをうかがわせる事情もほとんど見当たらず、現時点における被疑者に対する犯罪の嫌疑は、相当程度低いものにとどまるといわざるを得ない。
　また、被疑者は、被害者とその交際相手とを別れさせる一連の工作活動において、相当重要な役割を果たしているものの、主に被害者の交際相手に対するものであって、しかも探偵会社社員の指示に従って行動する従属的な立場にとどまっている。それに加え、被疑者が両親と同居しており、その両親が身元引受人となり、捜査への協力等を誓約していること、被疑者に前科がないこと、被疑者が探偵会社を辞めて相当期間が経っていることなどの諸事情を総合すれば、本件において、被疑者を勾留するまでの必要性は認められないというべきである。
　よって、本件準抗告の申立ては理由があるから、刑事訴訟法432条、426条2項により、主文のとおり決定する。

平成21年7月16日　名古屋地方裁判所刑事第6部
裁判長裁判官　佐々木一夫／裁判官　板津正道／裁判官　辻由起

事例⓯　名古屋地決平25・2・20

住居　名古屋市
職業　会社員
被疑者　●●●
昭和●●年●●●生［決定当時40歳——編者注］

　上記の者に対する強制わいせつ被疑事件について、平成25年2月15日、名古屋地方裁判所裁判官がした勾留の裁判に対し、同月19日、弁護人□□□及び同□□□から適法な準抗告の申立てがあったので、当裁判所は、次のとおり決定する。

主文

　原裁判を取り消す。
　本件勾留請求を却下する。

理由

1　申立ての趣旨及び理由

　本件準抗告の申立ての趣旨及び理由は、上記弁護人連名作成の準抗告申立書記載のとおりであるから、これを引用する（なお、本件勾留は、刑訴法60条1項2号を理由とするものであり、弁護人が同項3号も指摘している点は誤りである。）。

2　当裁判所の判断

　本件被疑事実の要旨は、被疑者が、走行中の地下鉄車両内において、未成年の女性のスカート裾部から右手を差し込み、ニットパンツの上からその陰部に指を這わせ、その指先を動かすなどして弄び、もって強いてわいせつな行為をしたというものである。

　一件記録によれば、弁護人の主張を踏まえても、被疑者が罪を犯したことを疑うに足りる相当な理由が認められる。

　また、地下鉄車両内で起きた未成年者に対する強制わいせつという本件事案の性質、内容に加え、被疑者の供述状況などに照らすと、被疑者が罪体又は重要な情状事実について、罪証を隠滅するおそれがないとはいえない。

しかしながら、被疑者には前科前歴がなく妻子と共に暮らしており、16年余り現在の会社に勤務しているという被疑者の生活状況や、原裁判後、被疑者から本件被害者や事件関係者に接触せず、犯行が行われた地下鉄も利用しないこと及び捜査機関等からの呼出しがあれば必ず出頭すること等を誓約する書面が提出され、被疑者の妻からも同趣旨の約束をする旨の身元引受書が提出されていることを考慮すると、現段階において、被疑者を勾留するまでの必要性は認められない。
　よって、本件準抗告は理由があるから、刑事訴訟法432条、426条2項により、主文のとおり決定する。

平成25年2月20日　名古屋地方裁判所刑事第5部
裁判長裁判官　入江猛／裁判官　室橋秀紀／裁判官　川口藍

事例⓰　名古屋地決平25・11・1

住居　愛知県春日井市●●●

職業　会社員

被疑者　●●●

昭和62年●●●生

　上記の者に対する道路交通法違反、自動車運転過失傷害被疑事件について、平成25年10月28日、名古屋地方裁判所裁判官がした勾留の裁判に対し、同年11月1日、弁護人□□□、同古田宜行から適法な準抗告の申立てがあったので、当裁判所は、次のとおり決定する。

主文

　原裁判を取り消す。
　本件勾留請求を却下する。

理由

1　申立ての趣旨及び理由

本件準抗告の申立ての趣旨及び理由は、上記弁護人ら作成の準抗告申立書記載のとおりであるから、これを引用する。

2　当裁判所の判断

(1)　本件被疑事実の要旨は、被疑者が、①酒気を帯び、呼気1リットルにつき0.15mg以上のアルコールを身体に保有する状態で、自動車を運転し、②前記自動車を運転して道路を進行するに当たり、前方左右を注視し、道路の安全を確認しながら進行すべき自動車運転上の注意義務があるのにこれを怠り、前方注視を怠ったまま進行したため、進路前方を横断中であった歩行者に気付かず、同人を跳ね飛ばして路上に転倒させ、よって、同人の頭部に傷害を負わせたというものである。

(2)　一件記録によれば、被疑者が罪を犯したことを疑うに足りる相当な理由があると認められる。

　そして、本件事故の態様や直前の飲酒状況に係る被疑者と被害者の供述状況、事故後の被疑者の行動等に照らすと、被疑者が罪体又は重要な情状事実

に関し、罪証を隠滅すると疑うに足りる相当な理由があると認められる。
　しかしながら、原裁判後、捜査が進展し、被疑者からも飲酒運転及び本件事故について一定の供述が得られている上、弁護人作成の供述録取書において被疑者は被害者に接触しないなど罪証を隠滅しないこと及び捜査に協力すること等を誓約していること、被疑者の父親からも罪証隠滅させない旨の誓約書が提出されていることなどの諸事情を併せ考慮すると、現段階においては、罪証隠滅のおそれは高いとはいえず、被疑者を勾留するまでの必要性は認められない。
(3)　よって、本件準抗告は理由があるから、刑事訴訟法432条、426条2項により、主文のとおり決定する。

平成25年11月1日　名古屋地方裁判所刑事第5部
裁判長裁判官　入江猛／裁判官　山田亜湖／裁判官　川口藍

事例⓱　名古屋地決平25・12・29

住居　岐阜市●●●
職業　トラック運転手
昭和49年●●●生

　上記の者に対する窃盗被疑事件について、平成25年12月28日、名古屋地方裁判所裁判官がした勾留の裁判に対し、同月29日、弁護人古田宜行から適法な準抗告の申立てがあったので、当裁判所は、次のとおり決定する。

主文

原裁判を取り消す。
　本件勾留請求を却下する。

理由

1　本件準抗告の趣旨は、被疑者には罪証隠滅のおそれも逃亡のおそれもなく、勾留の必要性もないのに、被疑者を勾留した原裁判は不服であるから、これを取り消した上、検察官の勾留請求を却下する旨の裁判を求めるというものである。

2　本件勾留の基礎となる被疑事実の要旨は、被疑者は、●●●日午後4時53分頃、愛知県瀬戸市内のスーパーマーケットにおいて、食料品3点（販売価格合計584円）を窃取したというものである。

3　一件記録によれば、被疑者が、本件被疑事実の罪を犯したと疑うに足りる相当な理由が認められるところ、被疑者からは、いまだ犯行にいたる経緯等について詳細な供述が得られていないこと、被疑者が犯行直後に逃走を図り、その際に被害店舗の従業員を負傷させていること、被疑者には同種前歴があることなどに鑑みれば、被疑者には、罪証隠滅のおそれ及び逃亡のおそれが一応認められる。

　しかしながら、被疑者が、本件で現行犯人逮捕された直後から、一貫して本件被疑事実を認めていること、被害店舗の店長及び上記被害店舗の従業員が、本件に関し弁償金を受け取った上、被疑者の寛大な処分を求めていることなどに照らせば、罪証隠滅のおそれはそれほど高くはない。また、被疑者は定職を

有しており、母親らと同居していること、その母親及び被疑者が勤務する会社の上司が被疑者の監督を誓っていることなどに照らせば、逃亡のおそれも高いとはいえない。
　これらの事情に加えて、被疑者には前科がないところ、本件について予想される処分の内容等も踏まえると、被疑者を勾留する必要性は認められない。
4　よって、本件準抗告は理由があるから、刑訴法432条、426条2項により、主文のとおり決定する。

平成25年12月29日　名古屋地方裁判所刑事第2部
裁判長裁判官　松田俊哉／裁判官　田中良武／裁判官　三木裕之

事例⓲　名古屋地決平26・2・26

住居　愛知県●●●
職業　会社員
昭和47年●●●生

　上記の者に対する窃盗被疑事件について、平成26年2月21日名古屋地方裁判所裁判官のした勾留の裁判に対し、同月25日、弁護人□□□から適法な準抗告の申立てがあったので、当裁判所は、次のとおり決定する。

主文

原裁判を取り消す。
　本件勾留請求を却下する。

理由

第1　申立ての趣旨及び理由
　本件申立ての趣旨及び理由は、弁護人作成の準抗告申立書記載のとおりであるから、これを引用する。論旨は要するに、勾留の理由及び必要性がないのに被疑者を勾留した原裁判は不当であるからこれを取り消し、検察官の勾留請求を却下すべきであるというものである。
第2　当裁判所の判断
　1　本件被疑事実の要旨は、被疑者が、ガソリンスタンド内に被害者が置き忘れた財布1個を盗んだというものである。
　2　一件記録によれば、被疑者が罪を犯したと疑うに足りる相当な理由が認められる。
　　被疑者が述べる財布内の現金の額については被害者の供述と異なっているほか、財布内にあった物の一部は発見されていない。しかしながら、被疑者は現金等在中の財布を盗んだこと自体は認めている。また、犯行状況が防犯カメラに記録されており、ガソリンスタンドを利用した際に被疑者が使用したクレジットカードや被害品の財布は被疑者方から押収されていること、未発見の品の投棄場所を被疑者が明示していること等に鑑みれば、罪証を隠滅すると疑うに足りる相当な理由があるとは認められない。さらに、被疑者は、

前科もなく、定職に就いていて、妻子と同居していること、原裁判後、勤務先の店長及び妻から出頭要請に協力する旨の上申書が提出されていること等を考慮すると、逃亡し又は逃亡すると疑うに足りる相当な理由も認められない。

3 そうすると、その余の点について判断するまでもなく本件準抗告は理由があることになるから、刑訴法432条、426条2項により、主文のとおり決定する。

平成26年2月26日　名古屋地方裁判所刑事第3部
裁判長裁判官　堀内満／裁判官　齋藤千恵／裁判官　黒木裕貴

事例⓳　名古屋地決平24・10・16

住居　名古屋市●●●
職業　会社員
昭和59年●●●日生

　上記の者に対する窃盗被疑事件について、平成24年10月14日、名古屋簡易裁判所裁判官がした勾留の裁判に対し、同月16日、弁護人□□□から準抗告の申立てがあったので、当裁判所は、次のとおり決定する。

主文

　原裁判を取り消す。
　本件勾留請求を却下する。

理由

1　申立ての趣旨及び理由
　本件申立ての趣旨及び理由は、弁護人作成の準抗告申立書記載のとおりであるからこれを引用する。
2　当裁判所の判断
　本件被疑事実の要旨は、被疑者が、ベランダに干してあった被害者所有のパンティー1枚を窃取したというものである。
　一件記録によれば、被疑者が本件被疑事実を犯したことを疑うに足りる相当な理由があると認められる。
　そして、被疑者は本件以外にも同種犯行に及んだ旨自認しており、常習性がうかがわれること、一件記録上、被疑者方の捜索等が行われたとは認められないことなどからすれば、本件犯行に至る経緯や常習性などの重要な情状事実について、罪証を隠滅すると疑うに足りる相当な理由があると一応認められる。
　しかしながら、被疑者は、本件被疑事実を犯したことのほか、過去の犯行についても逮捕時から一貫して認めていること、被疑者には前科前歴がなく、本件は厳罰が見込まれる事案とはいい難いことなどに照らせば、罪証隠滅のおそれはそれほど高いとはいえない。加えて、被疑者が大手企業に就職していることなどからすれば、逃亡すると疑うに足りる相当な理由も認められない。

以上の事情のほか、被疑者が勾留されれば、職場を解雇される蓋然性が高いことなども考慮すれば、本件において被疑者を勾留するまでの必要性は認められない。
　よって、本件準抗告の申立ては理由があるから、刑事訴訟法432条、426条2項により、主文のとおり決定する。

平成24年10月16日　名古屋地方裁判所刑事第4部
裁判長裁判官　後藤眞知子／裁判官　細野高広／裁判官　坂本清士郎

事例⑳　名古屋地決平25・2・22

住居　名古屋市●●●
職業　とび職
被疑者　●●●
1992年●●●日生

　上記の者に対する窃盗被疑事件について、平成25年2月17日、名古屋簡易裁判所裁判官がした勾留の裁判に対し、同月21日、弁護人□□□から適法な準抗告の申立てがあったので、当裁判所は、次のとおり決定する。

主文

　原裁判を取り消す。
　本件勾留請求を却下する。

理由

1　申立ての趣旨及び理由
　本件準抗告の申立ての趣旨及び理由は、上記弁護人作成の準抗告申立書記載のとおりであるから、これを引用する。
2　当裁判所の判断
　本件被疑事実の要旨は、被疑者が、原動機付自転車1台（時価1万円相当）を窃取したというものである。
　一件記録によれば、被疑者が罪を犯したことを疑うに足りる相当な理由が認められる。
　また、本件事案の性質、内容、逮捕時における本件原動機付自転車の状況、被疑者と被害者の関係などに照らすと、被疑者が罪体又は犯行に至る経緯等の重要な情状事実について、罪証を隠滅するおそれがあると認められる。そして、被疑者の生活状況などに照らすと、逃亡のおそれも認められる。
　しかしながら、原裁判後、弁護人を通じて被害者との間で示談が成立し金5万円を支払ったこと、被害者は処罰を望まないとしていること、被疑者から捜査機関等からの呼出しがあれば必ず出頭すること等を誓約する書面が提出され、被疑者の母親及び雇用主からも同趣旨の約束をする旨の身元引受書及び上

申書が提出されていることなどの諸事情を併せ考慮すると、現段階においては、前記各おそれは高いとはいえず、被疑者を勾留するまでの必要性は認められない。

　よって、本件準抗告は理由があるから、刑事訴訟法432条、426条2項により、主文のとおり決定する。

平成25年2月22日　名古屋地方裁判所刑事第5部
裁判長裁判官　入江猛／裁判官　室橋秀紀／裁判官　川口藍

事例㉑　名古屋地決平26・1・28

住居　●●●

職業　配達業

被疑者　●●●

昭和42年●●●生

　上記の者に対する公務執行妨害、傷害被疑事件について、平成26年1月24日、名古屋地方裁判所裁判官がした勾留の裁判に対し、同月28日、弁護人金岡繁裕から準抗告の、申立てがあったので、当裁判所は、次のとおり決定する。

主文

　原裁判を取り消す。

　本件勾留請求を却下する。

理由

1　申立ての趣旨及び理由

　本件申立ての趣旨及び理由は、弁護人作成の準抗告申立書記載のとおりであるからこれを引用する。

2　当裁判所の判断

　本件被疑事実の要旨は、被疑者が、交通上のトラブルとの110番通報を受けて現場に臨場した警察官に対し、その胸ぐらを掴んで頭突きをするなどの暴行を加え、もって同警察官の職務の執行を妨害するとともに、上記暴行により、1週間の通院加療を要する頭部挫傷の傷害を負わせたというものである。

　一件記録によれば、被疑者が本件被疑事実を犯したことを疑うに足りる相当な理由があると認められる。

　そこで、勾留の理由について検討すると、まず、本件事案の性質、内容にかんがみると、被疑者が本件被疑事実の一部につき故意を否認している点を考慮しても、罪体について罪証を隠滅するおそれは乏しいというべきである。もっとも、情状を左右し得ないではない交通トラブルから本件犯行に至る経緯に関し、関係者の供述に食い違いがあることなどに照らし、罪証を隠滅すると疑うに足りる相当な理由がないとはいえない。また、現在執行猶予中であることな

どからすれば、逃亡すると疑うに足りる相当な理由も否定できない。
　しかしながら、上記交通トラブルも犯行に至る直接的経緯とはいい難いことなどに照らせば、罪証隠滅のおそれは高いとまではいえない。さらに、被疑者が職に就いており、元妻や実子と定期的に交流していることなど、原裁判後に明らかとなった事情も考慮すれば、逃亡のおそれも高いとはいえない。
　以上の事情に加えて、被疑者の雇用主が被疑者の職場復帰を強く希望していることなども考慮すれば、本件において被疑者を勾留する必要性は、少なくとも現時点において認められない。
　よって、本件準抗告の申立ては理由があるから、刑事訴訟法432条、426条2項により、主文のとおり決定する。

平成26年1月28日　名古屋地方裁判所刑事第4部
裁判長裁判官　前田巌／裁判官　細野高広／裁判官　坂本清士郎

事例㉒　名古屋地決平25・5・2

住居　●●●

職業　会社員

被疑者　●●●

平成元年●●●生

　上記の者に対する自動車運転過失傷害、道路交通法違反被疑事件について、平成25年4月30日、半田簡易裁判所裁判官がした勾留の裁判に対し、同年5月2日、弁護人□□□から適法な準抗告の申立てがあったので、当裁判所は、次のとおり決定する。

主文

原裁判を取り消す。

本件勾留請求を却下する。

理由

1　申立ての趣旨及び理由

　本件準抗告の申立ての趣旨及び理由は、上記弁護人作成の準抗告申立書記載のとおりであるから、これを引用する。

2　当裁判所の判断

(1)　本件勾留の基礎となる被疑事実の要旨は、被疑者が、①普通乗用自動車を運転し道路を進行するに際し、進路前方左右の安全を確認しつつ進行すべき自動車運転上の注意義務を怠り、漫然と進行した過失により、進路前方を進行中の被害者運転の原動機付自転車後部に自車左前部を衝突させて原動機付自転車もろとも同人を路上に転倒させ、よって同人に骨盤骨折等の傷害を負わせ、②前記交通事故を起こしたのに、直ちに事両の運転を停止して、被害者を救護する等必要な措置を講ぜず、かつ、その事故発生の日時及び場所等の法律の定める事項を、直ちに最寄りの警察署の警察官に報告しなかったというものである。

(2)　一件記録によれば、被疑者が罪を犯したことを疑うに足りる相当な理由があると認められる。

被疑者及び被疑者車両の同乗者など事件関係者から本件事故に関して詳細な供述が得られていないことなどに照らすと、被疑者を釈放すれば、直接又は第三者を介して同乗者などに働きかけるなどして罪証を隠滅すると疑うに足りる相当な理由があると一応認められる。

しかしながら、被疑者は本件事故後一旦逃走したもののその後事故現場に戻り、臨場していた警察官に自首し、本件各犯行を認めていること、被疑者は被害者、被疑者車両の同乗者その他事件関係者と接触しない旨の誓約書を提出し被疑者の両親も同趣旨の身元引受書を提出していることなどに照らすと、上記罪証隠滅のおそれはそれほど大きくはない。また、被疑者は会社員で両親と同居していること、上記誓約書において被疑者は捜査機関への出頭を約束し、両親も上記身元引受書において同趣旨の誓約をしていることなどに照らすと、被疑者が本件事故後に逃走していることなどを考慮しても、被疑者が逃亡するおそれが大きいともいえない。これら事情に鑑みると、現段階においては、本件で被疑者を勾留するまでの必要性は認められないというべきである。

(3) よって、本件準抗告は理由があるから、刑事訴訟法432条、426条2項により、主文のとおり決定する。

平成25年5月2日　名古屋地方裁判所刑事第5部
裁判長裁判官　入江猛／裁判官　山田亜湖／裁判官　三木裕之

事例㉓　名古屋地決平24・12・4

住居　●●●

職業　寮母補助

被疑者　●●●

昭和25年●●●生

　上記の者に対する自動車運転過失傷害、道路交通法違反被疑事件について、平成24年12月3日名古屋地方裁判所裁判官のした勾留の裁判に対し、同月4日、弁護人金岡繁裕から適法な準抗告の申立てがあったので、当裁判所は、次のとおり決定する。

主文

　本件準抗告を棄却する。

理由

第1　準抗告申立ての趣旨及び理由

　本件準抗告申立ての趣旨及び理由は、弁護人作成の準抗告申立書記載のとおりであるから、これを引用する。論旨は要するに、被疑者を勾留した裁判は不当であるからこれを取り消し、検察官の勾留請求を却下すべきであるというものである。

第2　当裁判所の判断

　1　本件被疑事実の要旨は、被疑者が、①普通乗用自動車を運転するに際し、前方左右の安全を確認しつつ進行すべき自動車運転上の注意義務を怠り漫然と進行した過失により、進路前方を歩行中の被害者に自車を衝突させ、同人を転倒させて骨折等の傷害を負わせ、②前記交通事故を起こしたのに、直ちに車両の運転を停止して同人を救護する等必要な措置を講じず、かつその事故発生の日時及び場所等法律の定める事項を、直ちに最寄の警察署の警察官に報告しなかったというものである。

　2　一件記録によれば、被疑者が罪を犯したと疑うに足りる相当な理由が認められる。

　事故から約5時間後に被疑者が夫らに付き添われて警察に出頭しているこ

と、被疑者の生活状況及び居住状況は安定していることなどに照らすと、被疑者が逃亡すると疑うに足りる相当な理由は認めることはできない。
　しかしながら、本件は事故前後の状況に関して被害者の供述などが重要な証拠になる事案と認められるところ、被疑者は対人事故を起こした事実は認めるものの、その認識についてあいまいな供述をしていること、被疑者と被害者が近隣住民で顔見知りであること、被害者の取調べが未了であることなどに照らすと、被疑者を釈放すれば、直接又は第三者を介して被害者らに働きかけるなどして、罪体及び重要な情状事実に関する罪証を隠滅すると疑うに足りる相当な理由が認められる。以上によると、弁護人がるる述べる事情を踏まえても勾留の必要性も認められる。
3　そうすると、原裁判はその結論においては正当であり、本件準抗告は理由がないことに帰するから、刑事訴訟法432条、426条1項により、主文のとおり決定する。

平成24年12月4日　名古屋地方裁判所刑事第3部
裁判長裁判官　堀内満／裁判官　齋藤千恵／裁判官　三木裕之

事例㉔　名古屋地決平26・5・29

被疑事件名　公務執行妨害
被疑者　氏名●●●
　　　　年齢　昭和47年●●●生
　　　　住居　●●●
　　　　職業　会社役員
原裁判　平成26年5月29日名古屋簡易裁判所裁判官がした勾留請求下の裁判
申立人　検察官　□□□
主文　原裁判を取り消す。
申立ての趣旨及び理由　準抗告及び裁判の執行停止申立書記載のとおりであるから、これを引用する。
当裁判所の判断　別紙記載のとおり
適用した法令　刑事訴訟法432条、426条2項

平成26年5月29日　名古屋地方裁判所刑事第1部
裁判長裁判官　渡邉健司／裁判官　神田温子／裁判官　古賀千尋

別紙　1　本件被疑事実の要旨は、被疑者が、名古屋市内の歩道上において、タクシー運転手の胸倉をつかむ等した暴行容疑事件で巡査部長らから任意同行を求められるや、同巡査部長のネクタイを鷲づかみにして引っ張る暴行を加え、もって、同巡査部長の職務の執行を妨害したというものである。
2　一件記録によれば、被疑者が本件被疑事実の罪を犯したことを疑うに足りる相当な理由があると認められる。
　また、一件記録によれば、被疑者は、本件犯行に際して、警察官らが被疑者の交際相手の胸に触れたなどと騒ぎ立てたことが認められ、犯行動機や犯行に至る経緯に関する捜査が重要となるところ、前記交際相手及び犯行現場に居合わせた被疑者の友人が供述を拒否しており、それらについて未だ明らかになっていないことが認められる。これに加えて、被疑者と前記交際相手及び友人と

の関係等を考慮すれば、被疑者を釈放した場合には、罪体及び重要な情状事実に関し、被疑者が直接又は第三者を介して前記交際相手らと通謀したり、同人らに働きかけたりして、その罪証を隠滅すると疑うに足りる相当な理由（刑事訴訟法60条1項2号）があると認められる。また、単身で居住していることや弁護人が被疑者の身柄引受を誓約していること等を踏まえても、被疑者が逃亡すると疑うに足りる相当な理由（同項3号）があると認められる。

　そうすると、被疑者の身柄拘束によって被疑者の経営する会社の業務に支障が生じること等、弁護人が主張する事情を考慮しても、以上の勾留の理由のほか、本件経緯や本件態様、捜査状況等に照らし、勾留の必要性が認められる。

3　よって、本件準抗告の申立てには理由があるから、主文のとおり原裁判を取り消し、別途勾留状を発付する。

事例㉕　名古屋地決平26・5・3

住居　愛知県蒲郡市●●●

職業　土木作業員

平成7年●●●生

　上記の者に対する窃盗被疑事件について、平成26年5月1日豊橋簡易裁判所裁判官のした勾留の裁判に対し、同月3日、弁護人□□□から適法な準抗告の申立てがあったので、当裁判所は、次のとおり決定する。

主文

　原裁判を取り消す。

　本件勾留請求を却下する。

理由

第1　申立ての趣旨及び理由

　本件申立ての趣旨及び理由は、弁護人作成の準抗告申立書記載のとおりであるから、これを引用する。論旨は要するに、勾留の理由及び必要性がないのに被疑者を勾留した原裁判は不当であるからこれを取り消し、検察官の勾留請求を却下すべきであるというものである。

第2　当裁判所の判断

1　本件被疑事実の要旨は、少年である被疑者が、愛知県蒲郡市所在のホームセンターにおいて、テープLED2点他6点（販売価格合計1万3034円）を盗んだというものである。

2　一件記録によれば、被疑者が罪を犯したと疑うに足りる相当な理由が認められる。

　被疑者は被疑事実を認めているが、犯行状況や犯行に至る経緯、動機などについての具体的な供述が得られていないこと、窃盗の前歴2件を有し、保護観察処分を受けた経歴があることなどに鑑みれば、罪証隠滅及び逃亡のおそれはいずれも否定することはできない。

　しかしながら、現行犯逮捕され、被害品が全て確保されていること、土木作業員として稼働しており、住居地において家族と同居していることからすると、

罪証隠滅及び逃亡のおそれはいずれも大きいとはいえない上、原裁判後に、被疑者に罪証隠滅や逃亡をさせない旨誓約する身元引受書を両親が提出していること、勾留によって欠勤が長期化すれば仕事を失うおそれがあることなどの事情に照らせば、勾留の必要性は認め難い。
3　そうすると、本件準抗告は理由があるから、刑訴法432条、426条2項により、主文のとおり決定する。

平成26年5月3日　名古屋地方裁判所刑事第3部
裁判長裁判官　堀内満／裁判官　齋藤千恵／裁判官　黒木裕貴

事例㉖　名古屋地決平24・6・29

住居　●●●
昭和●●年●●●生

　上記の者に対する窃盗未遂被疑事件について、平成24年6月28日、名古屋簡易裁判所裁判官がした勾留の裁判に対し、同月29日、弁護人□□□から準抗告の申立てがあったので、当裁判所は、次のとおり決定する。

主文

　原裁判を取り消す。
　本件勾留請求を却下する。

理由

1　申立ての趣旨及び理由
　本件申立ての趣旨及び理由は、弁護人作成の準抗告申立書記載のとおりであるからこれを引用する。
2　当裁判所の判断
　本件被疑事実の要旨は、被疑者が、路上を自転車で通行中の被害者に後方から近づき、同自転車の前かごから現金等在中のバッグ1個をひったくり窃取しようとしたが、同人の声を聞きつけた付近住民に取り押さえられたため、その目的を遂げなかったというものである。
　一件記録によれば、被疑者が本件被疑事実を犯したことを疑うに足りる相当な理由があると認められる。
　そして、被疑者が、犯意を形成した過程について曖昧な供述をしていることなどからすれば、本件犯行に至る経緯や動機などの重要な情状事実について、罪証を隠滅すると疑うに足りる相当な理由があると一応認められる。
　しかしながら、被疑者は現行犯逮捕されており、本件被疑事実を犯したことは一貫して認めていること、被疑者には前科前歴がなく、本件は厳罰が見込まれる事案とはいい難いことなどに照らせば、罪証隠滅のおそれはそれほど高いとはいえない。加えて、被疑者は住居地で妻とともに生活していることなどからすれば、逃亡すると疑うに足りる相当な理由も認められない。

以上の事情のほか、被疑者の妻が持病を抱えており、同人らの生活はもっぱら被疑者の収入にかかっているとうかがわれることなども考慮すれば、本件において被疑者を勾留するまでの必要性は認められない。
　よって、本件準抗告の申立ては理由があるから、刑事訴訟法432条、426条2項により、主文のとおり決定する。

平成24年6月29日　名古屋地方裁判所刑事第4部
裁判長裁判官　後藤眞知子／裁判官　細野高広／裁判官　坂本清士郎

事例㉗　名古屋地決平26・5・7

住居　愛知県●●●
職業　●●●
平成●●年●●●生

　上記の者に対する覚せい剤取締法違反被疑事件について、平成26年5月3日、名古屋簡易裁判所裁判官がした勾留の裁判に対し、同月7日、弁護人金岡繁裕から適法な準抗告の申立てがあったので、当裁判所は、次のとおり決定する。

主文

　本件準抗告を棄却する。

理由

第1　申立ての趣旨及び理由
　本件申立ての趣旨及び理由は、弁護人作成の準抗告申立書記載のとおりであるからこれを引用する。
第2　当裁判所の判断
　1　本件被疑事実の要旨は、被疑者が覚せい剤を自己使用したというものである。
　2　一件記録によれば、被疑者が本件被疑事実を犯したことを疑うに足りる相当な理由が認められる。また、本件被疑事実について当初否認し、具体的な入手状況等についていまだ詳細な供述をしていないことに照らすと、被疑者が、関係者に働きかけるなどして、罪体及び重要な情状事実について罪証を隠滅すると疑うに足りる相当な理由があると認められる。
　そして、以上の事情に加え、本件事案の内容及び被疑者の生活状況に照らすと、弁護人の主張する諸事情を考慮しても、被疑者が逃亡すると疑うに足りる相当な理由が認められ、勾留の必要性も認められる。
　3　ところで、弁護人は、本件において、警察官が被疑者に対し、警察署に同行させ、同署内に留め置いたことは、被疑者の自由意思による行動の自由を制限したものであって、同行為は、実質的には逮捕状によらない違法な逮捕であり、かかる違法な身体拘束下でされた緊急逮捕手続、採尿及び尿の鑑

定も全て違法であって、本件勾留もその違法性を承継する旨主張する。

　そこで、検討すると、一件記録によれば、以下の事実が認められる。すなわち、警察官は、平成●●年●●月１日午後●時●●分頃、●●●（以下「Ｈ」という。）に対して所持品検査をしたところ、同人が注射器を所持しており、被疑者はＨの運転車両に同乗していたこと、被疑者の腕に注射こん様の傷跡が数個あったことから、同人に対しても覚せい剤使用の嫌疑を抱いて警察署への任意同行を求めた。しかるに、被疑者は直ちに応じようとせず、携帯電話を用いて弁護士に電話を架けようとしたり、ファックスを使うなどと言ってコンビニエンスストアに移動するなどした後、同日午後●●時●●分、警察署への任意同行に応じた。被疑者は、同日午後●●時●●分頃同署に到着し、警察官は、同署において、同月２日午前●●分頃から●●分●●頃までの間、被疑者の両腕の注射こん様の傷跡を写真撮影した。その後、警察官は、採尿のための説得を続けるなどして被疑者を警察署に留め置いたところ、同日午前●●には、医師に対し、強制採尿の依頼の事前承諾を得るなどし、同日午前●●には、名古屋簡易裁判所に対して、強制採尿のための捜索差押許可状を請求した。警察官は、被疑者に対し、同日午前●●頃まで尿を提出するよう説得を続け、同日午前●●、上記請求により発付を得た捜索差押許可状令状を被疑者に示した。すると、被疑者は自ら尿を出すと申し出て排尿し、その尿を提出したので、これを鑑定したところ、覚せい剤成分が検出された。そこで、警察官は、同日午前●●覚せい剤使用の被疑事実により、被疑者を緊急逮捕した。

　警察官が被疑者を任意同行した経緯は上記のとおりであり、一件記録によっても、任意同行時に警察官が被疑者の身体を拘束した事実はうかがわれない上、警察官が、被疑者に対し、電話を架けることや、コンビニエンスストアに移動することを許していることなどに照らしても、被疑者の自由意思が制圧されていたということはできない。そして、上記のとおり、Ｈが注射器を所持していたことや、被疑者の腕に注射こん様の傷跡があったことからすれば、任意同行時点において、被疑者に対する覚せい剤使用の嫌疑は相当に高いものとなっていたといえる。また、警察官は、遅くとも任意同行の約１時間後の午前●●時●●分には医師に事前承諾をとるなどして強制採尿の

準備を開始している。これらの事情に鑑みると、警察官が被疑者を留め置いて、任意採尿の説得を試みることには合理性がある。さらに、被疑者が任意同行後、両腕の写真撮影に応じていることなどを踏まえると、強制的な留め置きがあったこともうかがわれない。以上によれば、本件逮捕前の留め置きが任意捜査の限界を超えたものであるなどということはできない。

　したがって、弁護人の上記主張はいずれも採用できない。よって、本件準抗告は理由がないから、刑事訴訟法432条、426条1項により、主文のとおり決定する。

平成26年5月7日　名古屋地方裁判所刑事第6部
裁判長裁判官　鵜飼祐充／裁判官　伊藤大介／裁判官　武藤明子

事例❷⑧ 名古屋地決平26・5・25

住居　愛知県●●●
職業　●●●
平成●●年●●●生

　上記の者に対する覚せい剤取締法違反被疑事件について、平成26年5月24日名古屋簡易裁判所裁判官がした勾留請求却下の裁判に対し、同日検察官から適法な準抗告の申立てがあったので、当裁判所は、次のとおり決定する。

主文

　原裁判を取り消す。

理由

1　本件準抗告の趣意は、要するに、被疑者を勾留しなかった原裁判は不服であるから、これを取り消した上、勾留状の発付を求めるというものである。

2　本件勾留請求に係る被疑事実の要旨は、被疑者が、みだりに、平成●●年●●月●●日午後●●時●●分ころ、●●●警察署において、覚せい剤0.079gを所持したというものであり（以下「本件被疑事実」という。）、一件記録によれば被疑者が本件被疑事実の罪を犯したと疑うに足りる相当な理由があると認められるが、原裁判は、刑訴法60条1項各号に該当せず、かつ、勾留の必要性がないとして本件勾留請求を却下した。

3　ところで、被疑者は、本件被疑事実により平成26年5月23日に通常逮捕されたものであるが、一件記録によれば、被疑者はこれに先立つ同月2日に覚せい剤自己使用の被疑事実（以下「別件被疑事実」という。）により緊急逮捕され、引き続き勾留された上、同月22日に同事実で起訴され、同月23日に保釈が許可されたことが認められる。

　原裁判は、被疑者には、別件被疑事実による逮捕・勾留が先行しており、その期間中に本件被疑事実についても捜査を行うことが可能であったことなどを重視して本件勾留請求を却下したものと思われる。

　しかしながら、被疑者は、別件被疑事実により身柄拘束を受けている間、同事実自体について曖昧な供述をし、覚せい剤の入手状況等についても十分な供

述をしていなかった。そのため、同身柄拘束の期間中には、別件被疑事実を裏付ける種々の補充捜査等が行われていたのであり、同身柄拘束を利用して、本件被疑事実の捜査も十分に行われたという状況には全くない。

　いわゆる事件単位の原則の下においても、例外的に、ある被疑事実による身柄拘束を利用して別の被疑事実についても捜査が遂げられているとして、前者の被疑事実による身柄拘束後、後者の被疑事実により改めて身柄を拘束することが不当となる場合があることは否定できないが、本件はそのような例外的な場合ではない。

　そして、一件記録によれば、本件被疑事実についても、勾留の理由及び必要性があることは優に認められる。

4　以上によれば、本件準抗告は理由があるから、刑訴法432条、426条2項により、主文のとおり決定し、別途、勾留状を発付することとする。

平成26年5月25日　名古屋地方裁判所刑事第2部
裁判長裁判官　松田俊哉／裁判官　山田順子／裁判官　古賀千尋

事例㉙　名古屋地岡崎支決平26・9・13

被疑者　●●●

　上記の者に対する公衆に著しく迷惑をかける暴力的不良行為等の防止に関する条例違反被疑事件について、平成26年9月9日岡崎簡易裁判所裁判官がした勾留の裁判に対し、同月12日弁護人二宮広治から準抗告の申立てがあったので、当裁判所は次のとおり決定する。

主文

　原裁判を取り消す。
　本件勾留請求を却下する。

理由

第1　本件準抗告の申立ての趣旨及び理由は、弁護人二宮広治作成の準抗告申立書に記載のとおりであるから、これを引用する。

第2　当裁判所の判断
　これに対する当裁判所の判断は別紙記載のとおりである。

第3　結論
　よって、本件準抗告の申立ては理由があると認められるので、刑事訴訟法432条、426条2項により、主文のとおり決定する。

平成26年9月13日　名古屋地方裁判所岡崎支部刑事部
裁判長裁判官　後藤隆／裁判官　丹下友華／裁判官　瀬沼美貴

別紙　本件被疑事実の要旨は、被疑者が平成26年9月7日午後10時13分ころ、飲食店において、被害者に対し、衣服の上から陰部をなで、もって、公共の場所において、故なく、人を著しくしゅう恥させ、かつ、人に不安を覚えさせるような方法で、人の身体に、衣服の上から触れる行為をしたというものである。
　一件記録によれば、被疑者が罪を犯したことを疑うに足りる相当な理由が認められ、また、被疑者が罪証を隠滅すると疑うに足りる相当な理由及び逃亡すると疑うに足りる相当な理由もないとはいえない。

しかしながら、本件の罪質、事案の内容、現時点での捜査の進捗状況、被疑者と被害者が本件以前には面識がないこと、被疑者が被害者をはじめ事件関係者に接触せず、出頭要請には応じる旨の上申書を提出していること、被疑者の勤務先の上司が、被疑者を逃亡、罪証隠滅しないよう監督し、取調べ等には責任をもって出頭させる旨の上申書を提出していること等の事情に照らすと、罪証隠滅のおそれ及び逃亡のおそれがそれほど大きいとはいえない。
　そうすると、本件については、勾留しなければ所要の捜査が遂げられないとまではいえず、勾留の必要性は認め難い。

以上

事例㉚　名古屋地決平27・1・23

住居　名古屋市●●●
職業　●●●
平成●●年●●●生〔決定当時22歳——編者注〕

　上記の者に対する大麻取締法違反被疑事件について、平成27年1月20日名古屋地方裁判所裁判官がした勾留の裁判に対し、同月23日弁護人古田宜行から適法な準抗告の申立てがあったので、当裁判所は、次のとおり決定する。

主文

　原決定を取り消す。
　検察官の勾留請求を却下する。

理由

第1　準抗告申立ての趣旨及び理由
　本件準抗告申立ての趣旨及び理由は、弁護人作成の準抗告申立書記載のとおりであるから、これを引用する。
第2　当裁判所の判断
　1　本件被疑事実の要旨は、被疑者が、みだりに、被疑者方居室において、大麻を所持したというものである。
　2　一件記録によれば、被疑者が罪を犯したことを疑うに足りる相当な理由が認められる。
　　そして、本件被疑事実に係る大麻の入手先についての原裁判時の捜査の進捗状況等に照らせば、被疑者が大麻の入手経緯や常習性等の重要な情状事実に関し、罪証を隠滅する可能性がないわけではない。また、本件が軽微な事案とはいえないことなどからすると、逃亡のおそれも否定できない。
　　しかしながら、被疑者は、現行犯逮捕された当初から一貫して本件被疑事実を認め、その吸引方法や入手先についても特定して供述しており、原裁判の翌日である平成27年1月21日に作成された供述調書においてもその供述が後退するなどの事情は見受けられないこと、吸引具等の物的証拠は前記逮捕当日に捜査機関によって押収済みであること及び被疑者と大麻の入手先であ

る知人との従前の関係等にも照らすと、被疑者が、前記重要な情状事実について罪証を隠滅するおそれは高いとはいえない。

　また、被疑者が、現在大学３年生であり両親及び弟と同居していること、前科がないことなどを考慮すると、逃亡のおそれも高いとはいえない。

　以上の事情に加え、当審における事実調べの結果によれば、被疑者は、同月26日からの学期末試験を控えており、これを受けられなければ留年の可能性もあるというのであり、勾留による不利益の大きさをも考慮すると、結局、被疑者を勾留するまでの必要性は認められない。

３　よって、本件準抗告は理由があるから、刑事訴訟法432条、426条２項により、主文のとおり決定する。

平成27年１月23日　名古屋地方裁判所刑事第６部
裁判長裁判官　鵜飼祐充／裁判官　伊藤大介／裁判官　武藤明子

事例㉛　名古屋地決平26・8・28

被疑者　●●●

　上記の者に対する脅迫被疑事件について、平成26年8月25日、名古屋地方裁判所裁判官がした勾留の裁判に対し、同月28日、弁護人□□□から準抗告の申立てがあったので、当裁判所は、次のとおり決定する。

主文

原裁判を取り消す。

本件勾留請求を却下する。

理由

1　本件準抗告の趣意は、被疑者には、罪証隠滅のおそれも逃亡のおそれもなく、また、勾留の必要もないのに、被疑者を勾留した原裁判は不当であるから、これを取り消した上、本件勾留請求を却下する旨の裁判を求めるというものである。

2　本件被疑事実の要旨は、被疑者が、平成●●年●●月●●日、元交際相手である被害者に対し、3回にわたり、被害者や被害者の周囲の者を殺す旨の内容のメールを送信して、被害者を脅迫したというものである。

3　一件記録によれば、被疑者が本件被疑事実を犯したことを疑うに足りる相当な理由があると認められる。

　そして、本件は、その内容、性質、とりわけ、その脅迫文言の内容、被疑者と被害者の関係等に照らすと、悪質性の高い事案である。しかし、まず、逃亡のおそれについては、被疑者の身上関係、特に、被疑者が、両親と同居する未成年者であり、これまで非行歴、補導歴も全くなく、ゴルフに打ち込み、学費免除を得ている大学1年生であることに鑑みると、逃亡すると疑うに足りる相当の理由があるとは認められない。

　次に、罪証隠滅のおそれについて検討すると、被疑者は、任意同行に抵抗することなく応じて当初から被疑事実を全面的に認め、動機等に関しても自己の心情を素直に語っている。また、本件被疑事実に係るメールやその余の被害者宛てのメールの記録が残存する携帯電話を任意提出した上でパスワードも提示

しており、重要な客観証拠については捜査機関において押収済みである。さらに、被疑者は、被害者には今後一切直接連絡しないことなども誓約している。これらの事情に鑑みると、被疑事実自体について罪証を隠滅するおそれは認め難い。しかし、このような事情を踏まえても、上記のような本件事案の性質に加え、本件の前後にも相当期間にわたり被害者に復縁を迫ったり脅したりするメールを送っていたことのほか、被疑者と被害者の従前の関係、さらに、経緯等について被疑者の詳細な供述が得られていないなど、捜査の進捗状況に鑑みると、交際時の状況を含めた本件犯行に至る経緯等の重要な情状事実について、被害者に働き掛けるなどして、罪証を隠滅すると疑うに足りる相当の理由がないとはいえない。

そこで、更に進んで勾留の必要について検討すると、まず、上記のような本件の捜査に対する被疑者の態度等からすれば、罪証隠滅のおそれは相当低いというべきである。加えて、身体拘束が長期化した場合に被疑者の就学等に与える影響が大きいこと、上記被疑者の誓約に加え、父母も被疑者の指導監督を誓約していることなど弁護人が主張する諸事情を考慮すれば、勾留の必要があるとは認められない。

以上によれば、本件準抗告は理由があるから、刑訴法432条、426条2項により、主文のとおり決定する。

平成26年8月28日　名古屋地方裁判所刑事第4部
裁判長裁判官　景山太郎／裁判官　細野高広／裁判官　石井美帆

事例㉜　名古屋地決平27・2・3

住居　●●●
職業　書籍等輸出業
昭和53年●●●生

　上記の者に対する児童買春、児童ポルノに係る行為等の規制及び処罰並びに児童の保護等に関する法律違反被疑事件について、平成27年1月29日名古屋地方裁判所裁判官がした勾留の裁判に対し、同年2月3日弁護人□□□から適法な準抗告の申立てがあったので、当裁判所は、次のとおり決定する。

主文

　原裁判を取り消す。
　本件勾留請求を却下する。

理由

1　本件準抗告の趣意は、被疑者には罪証隠滅のおそれも逃亡のおそれもなく、勾留の必要性もないのに、被疑者を勾留した原裁判は不服であるから、これを取り消した上、検察官の勾留請求を却下する旨の裁判を求めるものである。
2　本件勾留の基礎となる被疑事実の要旨は、被疑者が、不特定又は多数の者に販売して提供する目的で、平成26年11月●●日、被疑者方において、児童ポルノの画像を掲載した写真集14冊を所持したというものである。
3　一件記録によれば、被疑者が本件被疑事実の罪を犯したことを疑うに足りる相当な理由があると認められ、本件当日、被疑者方が警察による捜索を受けた後も、被疑者が手元の児童ポルノを処分するために児童ポルノの販売を継続したことなどの事情に照らせば、被疑者を釈放した場合、本件の重要な情状事実について、被疑者が罪証を隠滅する可能性がないとはいえず、逃亡のおそれも全くないとまではいえない。
　しかしながら、本件被疑事実に係る写真集のほか、販売目的で同写真集を所持したことを立証するための証拠が既に捜査機関に押収されており、被疑者は逮捕されて以降、一貫して本件を認めているところ、被疑者には前科がなく、本件につき予想される処分との関係からしても、罪証隠滅のおそれはそれほど

高くはない。
　また、被疑者が持家で妻子と同居しており、その妻が、原裁判後ではあるが、被疑者身元引受けを誓約していることなども勘案すれば、被疑者の逃亡のおそれも高いとはいえない。
　以上に加えて、弁護人が指摘する諸事情を踏まえると、結局、本件勾留の必要性は認められない。
　4　よって、本件準抗告は理由があるから、刑訴法432条、426条2項により、主文のとおり決定する。

平成27年2月3日　名古屋地方裁判所刑事第2部
裁判長裁判官　松田俊哉／裁判官　山田順子／裁判官　川内裕登

事例㉝　名古屋地決平26・6・3

住居　●●●
職業　会社員
被疑者　●●●
昭和62年●●●生

　上記の者に対する銃砲刀剣類所持等取締法違反被疑事件について、平成26年6月2日半田簡易裁判所裁判官がした勾留の裁判に対し、同月3日弁護人□□□から適法な準抗告の申立てがあったので、当裁判所は、次のとおり決定する。

主文

　原裁判を取り消す。
　本件勾留請求を却下する。

理由

1　本件準抗告の趣意は、要するに、被疑者には、罪証隠滅のおそれも逃亡のおそれもなく、勾留の必要性もないのに、被疑者を勾留した原裁判は不服であるから、これを取り消した上、検察官の勾留請求を却下する旨の裁判を求めるというものである。

2　本件勾留の基礎となる被疑事実の要旨は、被疑者が、業務その他正当な理由がないのに、平成26年5月●●日［後記の通り現行犯逮捕事案である——編者注］午後9時ころ、愛知県●●市内の駐車場内において、刃体の長さ約6.9cmカッターナイフ1本（以下「本件カッターナイフ」という。）を携帯したというものである。

　一件記録によれば、被疑者が本件被疑事実の罪を犯したことを疑うに足りる相当な理由があると認められる。

　そして、被疑者は、本件で現行犯人逮捕されたものであるが、犯行動機について、元交際相手に謝罪して許してもらえなければ自傷行為に及ぼうとして本件カッターナイフを携帯していた旨述べているところ、被疑者を釈放した場合、元交際相手に働き掛けるなどして、犯行の動機に関する罪証を隠滅する可能性がないとはいえないし、本件事案の性質等に照らせば、被疑者が逃亡する可能

性も全くないわけではない。
　しかしながら、本件は、被疑者が警察官から職務質問を受け、その求めに応じて本件カッターナイフを差し出したことから発覚したものであるところ、被疑者が、同職務質問に素直に応じ、逮捕後も一貫して事実を認めていること、被疑者には前科前歴がなく、上記犯行動機のいかんが、本件の処分を大きく左右するとまでは考え難いことなどの事情に照らすと、罪証隠滅のおそれはそれほど大きくない。
　以上に加えて、被疑者の実母が身元の引受けを約束していること、被疑者が定職に就いていることなども考慮すれば、被疑者の逃亡のおそれも高いとはいえない。
　他方、被疑者の身柄拘束が続けば、勤務先の会社から解雇される可能性が高いが、その不利益の大きさを考えると、結局、本件につき、勾留の必要性は認められないというべきである。
4　以上によれば、本件準抗告は理由があるから、刑訴法432条、426条2項により、主文のとおり決定する。

平成26年6月3日　名古屋地方裁判所刑事第2部
裁判長裁判官　松田俊哉／裁判官　山田順子／裁判官　中井太朗

事例㉞　名古屋地決平26・12・22

住居　●●●
職業　建設作業員
平成7年●●●生

　上記の者に対する窃盗被疑事件について、平成26年12月19日名古屋地方裁判所裁判官のした勾留の裁判に対し、同月22日、弁護人□□□から適法な準抗告の申立てがあったので、当裁判所は、次のとおり決定する。

主文

　本件準抗告を棄却する。

理由

第1　申立ての趣旨及び理由
　本件申立ての趣旨及び理由は、弁護人作成の準抗告申立書記載のとおりであるから、これを引用する。論旨は要するに、勾留の理由及び必要性がないのに被疑者を勾留した原裁判は不当であるからこれを取り消し、検察官の勾留請求を却下すべきであるというものである。
第2　当裁判所の判断
　1　本件被疑事実の要旨は、少年である被疑者が、共犯者4名と共謀の上、コンビニエンスストアにおいて、同店店長所有の清酒等8点（販売価格合計1972円）を盗んだというものである。
　2　一件記録によれば、被疑者が罪を犯したと疑うに足りる相当な理由が認められる。
　　被疑者は被疑事実を認めているものの、共謀状況や犯行に至る経緯についての捜査が未了であること、被疑者と共犯者らは交友関係にあり、事件発覚後、前歴のある被疑者の関与を仲間内で隠そうとしたことなどに鑑みれば、被疑者を釈放すれば、直接又は第三者を介して共犯者らに働きかけるなどして、罪体又は重要な情状事実について罪証を隠滅すると疑うに足りる相当な理由が認められる。また、被疑者は、住居地において家族と同居しているものの、交友関係や複数の非行歴等に照らせば、逃亡のおそれも認められる。

以上によれば、被疑者が捜査に協力する意思を有していることなど弁護人の主張する点を踏まえても、勾留の必要性が認められ、犯行現場への引き当たり捜査が必要となることなどに照らせば、被疑者を勾留することが「やむを得ない場合」（少年法48条1項）にも該当する。
　3　よって、原裁判は正当であり、本件準抗告は理由がないから、刑訴法432条、426条1項により、主文のとおり決定する。

平成26年12月22日　名古屋地方裁判所刑事第3部
裁判長裁判官　堀内満／裁判官　齋藤千恵／裁判官　黒木裕貴

事例㉟　名古屋地決平27・2・16

被疑者●●●

　上記の者に対する窃盗被疑事件について、平成27年2月10日半田簡易裁判所裁判官がした勾留の裁判に対し、同月16日、弁護人□□□から準抗告の申立てがあったので、当裁判所は、次のとおり決定する。

主文

　原裁判を取り消す。
　本件勾留請求を却下する。

理由

1　本件準抗告の趣意は、被疑者には、罪証隠滅のおそれも逃亡のおそれもなく、また、勾留の必要もないのに、被疑者を勾留した原裁判は不当であるから、これを取り消した上、本件勾留請求を却下する旨の裁判を求めるというものである。

2　本件被疑事実の要旨は、被疑者がコンビニエンスストアで、飲食物4点（販売価格合計794円）を窃取したというものである。

3　一件記録によれば、被疑者が本件被疑事実を犯したことを疑うに足りる相当な理由があると認められる。

　そこで、勾留の理由について見ると、罪証隠滅のおそれについては、被疑者が被疑事実を認めている上、犯行状況が撮影された防犯カメラ画像等の証拠の収集状況に照らすと、被疑事実に関する罪証隠滅のおそれは認められない。もっとも、万引きの常習性等の重要な情状事実に関しては、被疑者は、逮捕当初から日常的に万引きを繰り返してきたことなどを自認しているものの、具体的な供述はしておらず、多数の万引きを行ってきた動機、経緯等を含めた本件の背景事情につき、被疑者が第三者に働き掛けるなどして罪証を隠滅すると疑うに足りる相当な理由がないとはいえない。なお、本件事案の性質、上記被疑者の供述状況のほか、被疑者が、万引きを反復していたとしても、微罪処分となった1件を含め万引きの前歴2件を有するのみで、前科がないこと、近時の就労は安定しており、同じ会社に勤務する長男と同居していることに照らすと、逃

亡のおそれは認められない。

　勾留の必要について見ると、上記の諸事情、取り分け、被疑者の供述状況、被疑者に前科がないことから予想さえる処分の内容等に鑑みれば、罪証隠滅のおそれは相当低い上、取調べのための被疑者の出頭に関しては、被疑者の誓約書や長男の身元引受書を提出させるなどすれば、勾留の必要性があるとは認められない。

　以上によれば、本件準抗告は理由があるから、刑訴法432条、426条2項により、主文のとおり決定する。

平成27年2月16日　名古屋地方裁判所刑事第4部
裁判長裁判官　景山太郎／裁判官　細野高広／裁判官　石井美帆

事例㊱　名古屋地決平27・2・16

住居　●●●
職業　ゴルフ場従業員
昭和28年●●●生

　上記の者に対する窃盗被疑事件について、平成27年2月14日名古屋地方裁判所裁判官がした勾留の裁判に対し、同月16日弁護人□□□から適法な準抗告の申立てがあったので、当裁判所は、次のとおり決定する。

主文

　原決定を取り消す。
　検察官の勾留請求を却下する。

理由

第1　準抗告申立ての趣旨及び理由
　本件準抗告申立ての趣旨及び理由は、弁護人作成の準抗告申立書記載のとおりであるから、これを引用する。
第2　当裁判所の判断
　1　本件被疑事実の要旨は、被疑者が、スーパーマーケットにおいてチョコレート1袋他商品2点を万引きしたというものである。
　2　一件記録によれば、被疑者が罪を犯したことを疑うに足りる相当な理由が認められる。
　　そして、被疑者は代金の支払を忘れてしまったなどと弁解して窃盗の故意を否認しており、被疑者を釈放すれば、店舗関係者等に働きかけるなどして、故意等の罪体に関する罪証を隠滅する可能性がないわけではない。また、前記のとおり、被疑者が否認していることなどからすると、逃亡のおそれも否定できない。
　　しかし、被疑者が現行犯人として逮捕されていること、犯行の一部始終を目撃した者が職業警備員であること、防犯カメラの画像記録が存在していること、被疑者の弁解を裏付ける証拠を具体的に作出することは困難であること等に照らすと、被疑者が前記罪体について罪証を隠滅するおそれ及びその

実効性は低いといえる。また、被疑者が自身の持ち家で妻と同居していること、被疑者が定年後も同じ職場でパートタイマーとして継続勤務していること、被疑者に前科がないこと、被疑者の年齢等を考慮すると、逃亡のおそれも高いとはいえない。

　以上の事情に加え、被疑者の妻が、原裁判後、身元保証書を提出していることをも考慮すると、被疑者を勾留するまでの必要性も認められない（なお、被疑者は昨年10月に胃がんの手術で胃を摘出しており、被疑者の健康状態が芳しくないことがうかがわれる。もっとも、弁護人は、被疑者が高血圧等の持病を有し、服薬が欠かせないことを指摘するも、この点に関しては疎明もなく、一件記録からもうかがうことはできない。）。

3　したがって、勾留を認めた原裁判は裁量の範囲を逸脱したものといわざるを得ず、本件準抗告は理由があるから、刑事訴訟法432条、426条2項により、主文のとおり決定する。

平成27年2月16日　名古屋地方裁判所刑事第6部
裁判長裁判官　鵜飼祐充／裁判官　伊藤大介／裁判官　森田千尋

事例㊲　名古屋地決平27・2・12

住居　愛知県●●●
職業　中学生
被疑者　●●●
平成11年●●●生

　上記の者に対する道路交通法違反被疑事件について、平成27年2月10日名古屋地方裁判所裁判官がした勾留の裁判に対し、同月12日弁護人□□□から適法な準抗告の申立てがあったので、当裁判所は、次のとおり決定する。

主文

　原裁判中、勾留場所を愛知県A警察署留置施設とした部分を取り消す。
　被疑者に対する勾留場所を●●●鑑別所とする。
　その余の準抗告を棄却する。

理由

第1　申立ての趣旨及び理由

　本件準抗告申立ての趣旨及び理由は、弁護人作成の準抗告申立書に記載のとおりであるが、主位的に、原裁判を取り消し、検察官の勾留請求を却下するとの裁判を求め、予備的に、原裁判のうち、勾留場所を愛知県A警察署留置施設とした部分を取り消し、勾留場所を●●●鑑別所とするとの裁判を求めるものである。

第2　当裁判所の判断

　1　本件被疑事実の要旨は、被疑者が、暴走族構成員らと共謀の上、名古屋市内の公道において、自己の運転する原動機付自転車をはじめ、自動二輪車等二輪車約15台を連ね又は並進させ、時速約20キロメートルの速度で道路一杯に広がり一団となって走行し、もって共同して著しく道路における交通の危険を生じさせると共に、著しく他人に迷惑を及ぼすこととなる行為をしたというもの及びその際運転免許を受けないで前記原動機付自転車を運転したというものである。

　2　一件記録によれば、被疑者が前記各罪を犯したと疑うに足りる相当な理

由が認められる。

　そして、被疑者は本件被疑事実について認めているものの、犯行態様や共謀の内容等について詳細な供述はなされておらず、本件が暴走族構成員による共犯者多数の事件であることや、先行する別件の観護措置が取り消されていることをも踏まえると、被疑者を釈放すれば、逃亡の疑いがあるかはともかく、同人が共犯者らと通謀し、罪体及び重要な情状事実について罪証を隠滅すると疑うに足りる相当な理由がある。

　そして、前記のとおりの本件事案の性質に照らすと、多数の共犯者に対する取調べ及びその結果を踏まえた被疑者取調べを行う必要があるなど、捜査に要する期間が10日を超えることも見込まれることから、少年法48条1項所定の「やむを得ない事由」が認められる。

　また、以上の事情によれば、勾留の必要性も認められる。

　したがって、被疑者を勾留した原裁判の判断に違法不当な点はなく、主位的申立てには理由がない。

3　次に、予備的申立てである勾留場所の指定について検討するに、被疑者はまだ15歳の中学生であり、非行傾向も大きく進んではいない上、本件事案も重大事案とまではいえないこと、本件の捜査を行っている愛知県B警察署は●●●鑑別所からさほど遠距離でもなく［捜査署であるB警察と変更前留置場所であるA警察との距離は約12.6km、B警察と変更後留置場所である●●●鑑別所との距離は約4.9kmである──編者注］、被疑者の勾留場所を●●●鑑別所としたとしても、引き当たり捜査を含む捜査の遂行に大きな支障を生じるとは認められないことなどを考慮すると、被疑者の勾留場所は、留置施設ではなく、●●●鑑別所とするのが相当である。

4　よって、本件準抗告のうち、主位的申立てには理由がないが、予備的申立てには理由があると認められるので、刑事訴訟法432条、426条1項、2項により、主文のとおり決定する。

平成27年2月12日　名古屋地方裁判所刑事第6部
裁判長裁判官　鵜飼祐充／裁判官　伊藤大介／裁判官　森田千尋

事例㊳　名古屋地決平26・8・28

被疑者　●●●

　上記の者に対する建造物損壊被疑事件について、平成26年8月27日、半田簡易裁判所裁判官がした勾留の裁判に対し、同月28日、弁護人□□□から準抗告の申立てがあったので、当裁判所は、次のとおり決定する。

主文

　原裁判を取り消す。
　本件勾留請求を却下する。

理由

1　本件準抗告の趣意は、被疑者には、罪証隠滅のおそれも逃亡のおそれもなく、また、勾留の必要もないのに、被疑者を勾留した原裁判は不当であるから、これを取り消した上、本件勾留請求を却下する旨の裁判を求めるというものである。
2　本件被疑事実の要旨は、被疑者が、郵便局のはめ殺し窓1枚（被害額5万円相当）を足蹴りして損壊したというものである。
3　一件記録によれば、被疑者が本件被疑事実を犯したことを疑うに足りる相当な理由があると認められる。
　まず、逃亡のおそれについてみるに、本件は、一時的な怒りに任せて郵便局のガラスに八つ当たりしてこれを割ったものであり、質は悪いとはいえ、被害額等に照らせば、さほど重い事案といえず、被疑者に前科前歴がないこと、妻子と同居し、主として被疑者の収入で家計を支えていることなどからすれば、逃亡すると疑うに足りる相当な理由は認められない。
　次に、罪証隠滅のおそれについては、被害結果が明らかで、犯行態様も単純な本件事案の性質に加え、被疑者の供述状況からすれば、被疑事実について罪証を隠滅すると疑うに足りる相当な理由は認められない。他方、動機、経緯等の重要な情状事実については、現時点での捜査の進歩状況等からすると、被疑者が関係者に働き掛けるなどして、罪証を隠滅すると疑うに足りる相当な理由がないとはいえない。

しかし、上記のような事案の性質からすると、罪証隠滅のおそれはかなり低いといえ、これに弁護人が主張する被害弁償の見込みが高いことや、身体拘束が続けば被疑者が失職する危険があること、さらに妻が上申書を提出して被疑者を捜査機関等の指示に従わせる旨約束していることなどに照らすと、本件について勾留の必要があるとは認められない。

　以上によれば、本件準抗告は理由があるから、刑訴法432条、426条2項により、主文のとおり決定する。

平成26年8月28日　名古屋地方裁判所刑事第4部
裁判長裁判官　景山太郎／裁判官　細野高広／裁判官　石井美帆

事例㊴　名古屋地決平27・1・24

住居　●●●
職業　飲食店経営
昭和57年●●●生

　上記の者に対する器物損壊、威力業務妨害被疑事件について、平成27年1月23日半田簡易裁判所裁判官がした勾留の裁判に対し、同日弁護人□□□から適法な準抗告の申立てがあったので、当裁判所は、次のとおり決定する。

主文

原裁判を取り消す。
本件勾留請求を却下する。

理由

第1　準抗告申立ての趣旨及び理由
　本件準抗告申立ての趣旨及び理由は、弁護人作成の準抗告申立書及び準抗告申立補充書各記載のとおりであるから、これを引用する。
第2　当裁判所の判断
　1　本件被疑事実の要旨は、被疑者が、飲食店において、仲間同士の言い争いから憤慨し、同店経営者の管理にかかるガラス製コップ10個、陶磁器製皿10枚（時価総額2万3200円相当）を投げつけるなどし、さらに座敷襖4枚、出入口ドアガラス1枚（修理見積額合計約4万9658円）を損壊し、店内を騒然とさせて営業不能の状態に陥らせ、もって、威力を用いて前記飲食店の業務を妨害したというものである。
　2　一件記録によれば、被疑者が罪を犯したことを疑うに足りる相当な理由が認められる。
　そして、被疑者と目撃者らとの関係や暴力団関係者と交遊のある被疑者の身上関係等に照らせば、被疑者が目撃者らや被害者に働きかけ、又は被害者に告訴の取下げを迫るなどして、罪体又は重要な情状事実に関し罪証を隠滅すると疑うに足りる相当な理由（刑事訴訟法60条1項2号）があると一応認められる。

しかしながら、一件記録によれば、被疑者は、本件犯行に際して別件傷害事件を起こして現行犯逮捕されているところ、その捜査過程で、本件犯行状況が撮影された防犯カメラ映像が解析済みであること、本件犯行の多数の目撃者について供述調書が作成済みであること、被疑者は、別件傷害事件の逮捕当初から同事件のみならず本件犯行も一貫して認めていること、別件傷害事件について約1か月前に釈放された後、現在に至るまでの間に本件犯行について罪証隠滅行為に及んだとはうかがえないことが認められ、これらの事情によれば、被疑者が罪証隠滅行為に及ぶ可能性・実効性は低いといえる。このような点に、被疑者の交際相手が本件被害弁償金として30万円を弁護人に預けるとともに被疑者の出頭確保等を誓約する旨の上申書を提出していること、勾留によって被疑者が飲食店経営において受ける不利益などをも併せ考慮すると、本件において、被疑者を勾留するまでの必要性があるとはいえない。
　3　よって、本件準抗告の申立ては理由があるから、刑事訴訟法432条、426条2項により、主文のとおり決定する。

平成27年1月24日　名古屋地方裁判所刑事第6部
裁判長裁判官　鵜飼祐充／裁判官　伊藤大介／裁判官　古賀千尋

事例㊵　名古屋地決平27・4・1

住居　名古屋市●●●
職業　●●●
被疑者　●●●
●●●年●●●生

　上記の者に対する傷害被疑事件について、平成27年3月30日名古屋地方裁判所裁判官がした勾留の裁判に対し、同年4月1日弁護人古田宜行から適法な準抗告の申立てがあったので、当裁判所は、次のとおり決定する。

主文

原裁判を取り消す。
本件勾留請求を却下する。

理由

第1　準抗告申立ての趣旨及び理由
　本件準抗告申立ての趣旨及び理由は、弁護人作成の準抗告申立書のとおりであるから、これを引用する。
第2　当裁判所の判断
　1　本件被疑事実の要旨は、被疑者が、交際相手の顔面を財布で殴打するなどの暴行を加え、口腔内挫傷等の傷害を負わせたというものである。
　2　一件記録によれば、被疑者が罪を犯したことを疑うに足りる相当な理由が認められる。
　　そして、被疑者及び被害者の供述状況、両者の関係、殊に、犯行状況等について両者の供述に食い違いがあることなどからすれば、被疑者が被害者に働きかけるなどして、犯行状況等について罪証を隠滅すると疑うに足りる相当な理由があると認められる、また、被疑者は単身生活をする外国国籍の者であり。被疑者を釈放すれば、一時的に所在不明になったり、母国へ帰国したりして逃亡し又は逃亡すると疑うに足りる相当な理由がないともいえない。
　　しかしながら、本件は交際関係にある男女間の突発的なけんかの事案であり、被疑者も暴行に及んだこと自体は認めているところ、弁護人が当裁判所

に提出した疎明資料によれば、被害者は、被疑者を宥恕し、今後も交際の継続を希望しており、原裁判後に被疑者との間で本件に関する損害賠償についての合意を成立させたことが認められるから、これらの事情に鑑みれば、被疑者が罪証隠滅行為に及ぶ可能性・実効性は低いといえる。その上、被疑者が難民申請をした上で特定活動の在留資格で滞在していることなどにも照らせば、逃亡のおそれも小さいといえる。

　以上の事情に加え、被疑者が警察署や検察庁からの呼び出しには必ず応じることなどを約束した誓約書を提出していることなども併せ考えれば、本件については在宅での捜査で十分にその目的を達し得るといえるから、被疑者を勾留する必要性はないと認められる。

3　したがって、本件準抗告は理由があるから、刑事訴訟法432条、426条2項により。主文のとおり決定する。

平成27年4月1日　名古屋地方裁判所刑事第1部
裁判長裁判官　山田耕司／裁判官　神田温子／裁判官　小暮純一

事例㊶　名古屋地決平27・4・3

住居　●●●
職業　会社役員
昭和18年●●●生

　上記の者に対する建造物侵入、窃盗被疑事件について、平成27年3月31日名古屋簡易裁判所裁判官がした勾留の裁判に対し、同年4月3日弁護人□□□、同□□□、同□□□から適法な準抗告の申立てがあったので、当裁判所は、次のとおり決定する。

主文

原裁判を取り消す。
本件勾留請求を却下する。

理由

第1　準抗告申立ての趣旨及び理由
　本件準抗告申立ての趣旨及び理由は、弁護人作成の準抗告申立書のとおりであるから、これを引用する。
第2　当裁判所の判断
　1　本件被疑事実の要旨は、被疑者が、同人が役員を務める会社の従業員らをして、名古屋市内のクラブに侵入させ、同所にあったテーブル等の備品を持ち出させて盗んだ、というものである。
　2　一件記録によれば、被疑者が罪を犯したことを疑うに足りる相当な理由が認められる。
　　そして、被疑者が犯意等を否認する供述をするところ、被害者や関係者らの供述状況等からすれば、被疑者が被害者や関係者に働きかけるなどして、被害品の所有ないし占有関係や犯行に至る経緯等の罪体又は重要な情状事実について罪証を隠滅すると疑うに足りる相当な理由があると認められる。
　　しかしながら、被害店内からの被害品運び出し状況については、おおむね防犯カメラ映像によって裏付けられており、そもそも弁護人らによって、隠して運び出され現在保管されている被害品につき所有者への返還ないし捜査

機関への提出が申し出られているといった状況に照らせば、罪体の客観面に係る罪証隠滅のおそれはさして高いものではない。また、被疑者に対し予想される刑事処分や、後述する被疑者の身上関係及び生活状況に鑑みれば、逃亡のおそれがあるとしても、相当に低いということができる。加えて、本件犯行の経緯が民事紛争の延長線上のものであり、被害店が既に営業を廃止していて本件犯行によって深刻な被害を受けたとまではいえないこと、被疑者は72歳と高齢であり高血圧の持病もあること、これまで前科もなく、会社役員としておおむね真面目に稼働してきたものであること、妻及び未成年の子2人と同居しているとの生活状況であること、妻と成人の息子が身柄の引受けと監督を誓約していること等も併せ考えれば、本件については在宅での捜査で十分にその目的を達し得るものと考えられる一方、勾留することは被疑者に苛酷に失する側面があるから、被疑者を勾留する必要性はないと認められる。

3　したがって、本件準抗告は理由があるから、刑事訴訟法432条、426条2項により、主文のとおり決定する。

平成27年4月3日　名古屋地方裁判所刑事第1部
裁判長裁判官　山田耕司／裁判官　渡邉健司／裁判官　小暮純一

事例㊷ 名古屋地決平27・4・5

住居　●●●
職業　無職
被疑者　●●●
昭和38年●●●生

　上記の者に対する窃盗被疑事件について、平成27年4月1日名古屋地方裁判所裁判官がした勾留の裁判に対し、同月4日弁護人□□□から適法な準抗告の申立てがあったので、当裁判所は、次のとおり決定する。

主文

原裁判を取り消す。
本件勾留請求を却下する。

理由

第1　準抗告申立ての趣旨及び理由
　本件準抗告申立ての趣旨及び理由は、弁護人作成の準抗告申立書のとおりであるから、これを引用する。
第2　当裁判所の判断
　1　本件被疑事実の要旨は、被疑者が、警備員として勤務していたビル所在の事務所内で、クレジットカード1枚を窃取したというものである。
　2　一件記録によれば、被疑者が罪を犯したことを疑うに足りる相当な理由が認められる。
　そして、被疑者及び関係者の供述状況、被害カードの使用状況等からすれば、罪体又は犯行動機等の重要な情状事実について罪証を隠滅すると疑うに足りる相当な理由があると認められる。
　しかしながら、被疑者は独身無職ではあるものの、これまで前科前歴もなく真面目に稼働してきたこと、元勤務先（警備会社）によれば類似案件が起きたことは従前になかったとされており、常習的な犯行であるとまではうかがわれないこと、本件逮捕前に被疑者が警察署に出頭し、本件クレジットカード盗及び余罪であるところのクレジットカード利用をも含めた自供書を提出

した上、示談金の準備を進めていたこと、同居する両親の健康状態及びその介護を続けてきたこと等からすれば、被疑者が逃亡し又は逃亡すると疑うに足りる相当な理由はないと認められる。

　また、被疑者は、本件クレジットカードの窃盗だけでなく、被害カードを使用した余罪を含めて事実関係を素直に認め、犯行状況等を具体的に説明している上、本件被害カードの利用について、その利用状況を裏付けるクレジット利用票等だけでなく、防犯カメラ映像が証拠として確保されるなど、客観的証拠の収集も進められている。しかも、当審における事実取調べの結果によれば、被害者に対して謝罪の意を表しており、被害者に一切接触をしないと誓約していること、準備していた示談金を弁護人が預かるに至り、弁護人が今後被害者と交渉し示談を進める旨を主張していること、捜査機関の呼出しに応じる等捜査に協力する旨誓約していること等の事情が認められるに至っている。これらの事情によれば、罪証隠滅のおそれは小さいものといえるのであり、さらに、予想される刑事処分の程度や、父にアルツハイマーの症状があり、母も声帯を摘出していて声を出せないなどといった健康状態にあって、被疑者が老齢の両親を介護する必要性が高いこと等をも併せ考えれば、本件窃盗はもとより本件被害カードを利用した余罪を含めて在宅での捜査で十分にその目的を達し得るものと考えられる一方、勾留することは被疑者にとって苛酷に失する状況に至ったものというべきであって、被疑者を勾留する必要はないと認められる。

3　したがって、本件準抗告は理由があるから、刑事訴訟法432条、426条2項により、主文のとおり決定する。

平成27年4月5日　名古屋地方裁判所刑事第1部
裁判長裁判官　山田耕司／裁判官　渡邉健司／裁判官　小暮純一

事例㊸　名古屋地決平27・5・30

住居　●●●
職業　経営コンサルタント業
昭和●●年●●●生

　上記の者に対する傷害被疑事件について、平成27年5月29日、名古屋地方裁判所裁判官がした勾留の裁判に対し、同日、弁護人二宮広治から適法な準抗告の申立てがあったので、当裁判所は、次のとおり決定する。

主文

　原裁判を取り消す。
　本件勾留請求を却下する。

理由

1　申立ての趣旨及び理由
　本件準抗告の申立ての趣旨及び理由は、弁護人作成の準抗告申立書記載のとおりであるから、これを引用する。
2　当裁判所の判断
　(1)　本件勾留の基礎となる被疑事実の要旨は、被疑者が、平成26年11月●●日名古屋市内の駐車場において、被害者に対し、所携の1万円紙幣の札束で同人の右顔面部を2回程度殴打し、よって同人に1週間程度の安静を要する右角膜損傷の傷害を負わせたというものである。
　(2)　一件記録によれば、被疑者が罪を犯したことを疑うに足りる相当な理由があると認められる。
　　被疑者は本件犯行を認めているものの、事件関係者の供述内容等に照らせば、本件に至る経緯等の重要な情状事実に関し、被疑者が罪証を隠滅すると疑うに足りる相当な理由があると一応認められる。また、被疑者の前科等に照らせば被疑者が逃亡するおそれもないとはいえない。
　　しかし、本件は、互いに面識のなかった被疑者の内妻と被害者との間の駐車場でのトラブルに端を発する突発的な犯行であって、その経緯等に複雑な背景事情があるわけではない。また、犯行自体は現場に臨場していた警察官

の面前で行われたものであって、逮捕までの約6か月の間に罪体や犯行の経緯等に関する証拠はおおむね収集されている。さらに、この間に被疑者が逃亡をはかるような動きをみせたとも認められない。

　これらのことからすると、本件について罪証隠滅のおそれ及び逃亡のおそれの程度は低く、本件事案の内容・性質を踏まえると、被疑者を勾留するまでの必要性があるとは認められない。

⑶　よって、本件準抗告は理由があるから、刑事訴訟法432条、426条2項により、主文のとおり決定する。

平成27年5月30日　名古屋地方裁判所刑事第5部
裁判長裁判官　奥山豪／裁判官　髙橋里奈／裁判官　金納達昭

事例㊹　名古屋地決平27・6・1

住居　●●●
被疑者　●●●
昭和●●年●●●生

　上記の者に対する公務執行妨害被疑事件について、平成27年5月31日名古屋簡易裁判所裁判官がした勾留請求却下の裁判に対し、同日検察官から適法な準抗告の申立てがあったので、当裁判所は、次のとおり決定する。

主文

本件準抗告を棄却する。

理由

第1　準抗告申立ての趣旨及び理由
　本件準抗告申立ての趣旨及び理由は、検察官作成の準抗告及び裁判の執行停止申立書のとおりであるから、これを引用する。
第2　当裁判所の判断
　1　本件被疑事実の要旨は、被疑者が、けんか口論の仲裁及び事情聴取に当たっていた警察官に対し、右足で同人のみぞおちを1回蹴る暴行を加えて同人の職務の執行を妨害したというものである。
　2　一件記録によれば、被疑者が罪を犯したことを疑うに足りる相当な理由が認められる。
　そして、被疑者は蹴った覚えはない旨述べて本件犯行を否認しているところ関係者や被疑者の供述状況等からすれば、関係者と通謀する、あるいは関係者に働きかけたりするなどして、暴行の有無のみならず、職務の適法性にかかわる暴行に至る経緯等の事実について罪証を隠滅すると疑うに足りる相当な理由があると認められる。また、上記事情に加えて被疑者の生活状況にも照らせば、被疑者が逃亡し又は逃亡すると疑うに足りる相当な理由もあると認められる。
　しかしながら、本件犯行自体が複数の警察官に目撃されており、被疑者が前記のような罪証隠滅に及んだとしてもその実効性は小さく、また、被疑者

が妻と同居して貨物運送業を営んでいることからすれば、妻と仕事を捨ててまで逃亡するおそれは小さいといえる。その上、被疑者には少年時代の前歴1件がある以外には前科前歴がないことや、本件事案は警察官に対する公務執行妨害事案の中で軽微な部類に属するものであることからすれば、事業に従事できないなどの被疑者が身柄を拘束されることで受ける不利益は、その予想される処分に比して過大であるといえる。以上のほか、被疑者が罪証隠滅をしないことや捜査機関による取調べの要請に対して出頭することを誓約していることも併せ考慮すれば、本件は在宅捜査で十分に目的を達することができると認められるから、勾留の必要性がないとした原裁判に誤りがあるとはいえない。

3　したがって、本件準抗告は理由がないから、刑事訴訟法432条、426条1項により、主文のとおり決定する。

平成27年6月1日　名古屋地方裁判所刑事第1部
裁判長裁判官　山田耕司／裁判官　神田温子／裁判官　小暮純一

事例㊺　名古屋地決平27・5・6

被疑者　●●●

　上記の者に対する公衆に著しく迷惑をかける暴力的不良行為等の防止に関する条例違反被疑事件について、平成27年5月4日名古屋簡易裁判所裁判官がした勾留の裁判に対し、同月6日、弁護人□□□から準抗告の申立てがあったので当裁判所は、次のとおり決定する。

主文

　原裁判を取り消す。
　本件勾留請求を却下する。

理由

1　本件準抗告の趣意は、被疑者には、罪証隠滅及び逃亡のおそれがなく、また、勾留の必要もないのに、被疑者を勾留した原裁判は不当であるから、これを取り消した上、本件勾留請求を却下する旨の裁判を求めるというものである。
2　本件は、被疑者が、競技場のチケット売場前において、通行中の不特定の客2名に対し、転売目的で入手したプロサッカーの入場券2枚を売ったといういわゆるダフ屋行為の事案である。
3　一件記録によれば、被疑者が被疑事実を犯したことを疑うに足りる相当な理由が認められる。
　被疑者は、被疑事実を認めているものの、入場券の入手状況や常習性の有無等が明らかになっていないことからすると、被疑者が第三者に働き掛けるなどして罪証を隠滅することを疑うに足りる相当な理由がないとはいえない。
　しかし、本件事案が重大なものではないことに加え、被疑者に前科がないこと、被疑者が愛知県内の会社に30年以上勤続していること、自宅に家族と居住していることなどの事情に照らすと、被疑者が逃亡することを疑うに足りる相当な理由は認め難い。そして、これらの諸事情に鑑みれば、罪証隠滅のおそれが高度なものとはいえず、在宅で捜査しても、その目的を十分に遂げることができると考えられる。長期間の欠勤を余儀なくされるといった勾留によって被疑者に生じる不利益をも参酌すると、勾留の必要があるとは認められない。

以上によれば、本件準抗告は理由があるから、刑訴法432条、426条2項により主文のとおり決定する。

平成27年5月6日　名古屋地方裁判所刑事第4部
裁判長裁判官　景山太郎／裁判官　小野寺健太／裁判官　黒木裕貴

事例㊻　名古屋地岡崎支決平27・4・3

被疑者　●●●

　上記の者に対する公衆に著しく迷惑をかける暴力的不良行為等の防止に関する条例違反被疑事件について、平成27年3月30日岡崎簡易裁判所裁判官がした勾留の裁判に対し、同年4月2日、弁護人から準抗告の申立てがあったので、当裁判所は次のとおり決定する。

主　文

原裁判を取り消す。
本件勾留請求を却下する。

理　由

1　本件準抗告の趣旨及び理由は、要するに、被疑者には罪証を隠滅すると疑うに足りる相当な理由及び逃亡すると疑うに足りる相当な理由がなく、また勾留の必要性もないから、被疑者の勾留を認めた原裁判を取り消し、検察官の勾留請求を却下するよう求めるというものである。

2　本件被疑事実の要旨は、被疑者が、ディスカウントストア内において、女性客の背後から、小型カメラをそのスカートの下方に差し向けたというものである。

3　一件記録によれば、被疑者が罪を犯したことを疑うに足りる相当な理由があると認められる。

　そして、本件の罪質及び内容等からすると、被疑者が常習性等の重要な情状事実について罪証を隠滅すると疑うに足りる相当な理由があるといえ、刑事訴訟法60条1項2号に該当すると認められる。また、被疑者の生活状況等からすると、被疑者が逃亡すると疑うに足りる相当な理由があることも否定できず、刑事訴訟法60条1項3号にも該当すると認められる。

　しかしながら、本件は、既に収集された証拠関係からすると、罪体に関する罪証隠滅のおそれが低く、また、本件自体は比較的軽い事案であって、被疑者が犯行の発覚当初から一貫して事実を認めていることなどからしても、重要な情状事実に関する罪証隠滅のおそれの程度もさほど高いものとはいえない。さ

らに、被疑者は、長年会社員として勤務している者であって、17年以上前の罰金前科1犯を有するのみであることからすると、逃亡のおそれの程度も高いとはいえない。他方で、被疑者の身柄拘束を継続した場合、被疑者が就業関係で相当に大きな不利益を被ることが予想される。これらの事情を考慮すると、本件において被疑者を勾留する必要性は認められない。

4　以上によれば、本件準抗告には理由があるから、刑事訴訟法432条、426条2項により、主文のとおり決定する。

平成27年4月3日　名古屋地方裁判所岡崎支部刑事部
裁判長裁判官　近道暁郎／裁判官　入江恭子／裁判官　冨岡健史

事例㊼　名古屋地決平27・7・13

住居　名古屋市●●●
職業　●●●
被疑者　●●●
●●年●●●生

　上記の者に対する脅迫被疑事件について、平成27年7月10日名古屋地方裁判所裁判官がした勾留の裁判に対し、同月13日弁護人古田宜行から適法な準抗告の申立てがあったので、当裁判所は、次のとおり決定する。

主文

原裁判を取り消す。
本件勾留請求を却下する。

理由

第1　準抗告申立ての趣旨及び理由
　本件準抗告申立ての趣旨及び理由は、弁護人作成の準抗告申立書のとおりであるから、これを引用する。
第2　当裁判所の判断
　1　本件被疑事実の要旨は、被疑者が、元交際相手である被害者に対して、「お前退会するまでやったるわはよ死ね。お前はよ世の中の為に死ねよ。」などと記載した電子メールを送信して了知させ、脅迫したというものである。
　2　一件記録によれば、被疑者が罪を犯したことを疑うに足りる相当な理由が認められる。
　　そして、被疑者及び被害者の供述状況、両者の従前の関係等からすれば、被疑者が被害者に対して働きかけるなどして、犯行に至る経緯や動機等の重要な情状事実について罪証を隠滅すると疑うに足りる相当な理由があると認められる。また、被疑者の生活状況や前科前歴等からすれば、被疑者が逃亡し又は逃亡すると疑うに足りる相当な理由がないとまではいえない。
　　しかしながら、被疑者は前記内容の電子メールを送信したことを認めており、罪体に関する客観的証拠の収集が進んでいることに照らせば、罪証隠滅

のおそれは小さく、また、被疑者の前科前歴はその大半が10年以上前のものと古く、近年は真面目に稼働してきたとうかがわれることからすれば、逃亡のおそれも小さい。さらに、弁護人が当裁判所に提出した疎明資料によれば、被害者が、弁護人に対し、本件脅迫事件に関し、被疑者が自分と関わりをもたないようにしてくれればよく、被疑者の刑事処分を望まない旨述べていること、被疑者も、被害者と一切連絡を取らない、罪証隠滅を疑われる行為をしない、同居の母親の監督に従う旨誓約していること、同居する母親や勤務先の上司が監督を約束していることがそれぞれ認められる。以上のほか、同疎明資料から認められる被疑者の身柄拘束が勤務先の業務に与える影響も併せ考慮すれば、本件は在宅での捜査で十分にその目的を達し得るものと考えられる一方、勾留することは被疑者にとって過酷に失するというべきであるから、被疑者を勾留する必要性はないと認められる。

3　したがって、本件準抗告は理由があるから、刑事訴訟法432条、426条2項により、主文のとおり決定する。

平成27年7月13日　名古屋地方裁判所刑事第1部
裁判長裁判官　山田耕司／裁判官　神田温子／裁判官　小暮純一

事例㊽　名古屋地決平27・5・6

被疑者　●●●

　上記の者に対する公衆に著しく迷惑をかける暴力的不良行為等の防止に関する条例違反被疑事件について、平成27年5月4日名古屋簡易裁判所裁判官がした勾留の裁判に対し、同月6日、弁護人□□□から準抗告の申立てがあったので、当裁判所は、次のとおり決定する。

主文

原裁判を取り消す。
本件勾留請求を却下する。

理由

1　本件準抗告の趣意は、被疑者には、罪証隠滅及び逃亡のおそれがなく、また、勾留の必要もないのに、被疑者を勾留した原裁判は不当であるから、これを取り消した上、本件勾留請求を却下する旨の裁判を求めるというものである。
2　本件被疑事実の要旨は、被疑者が、小売店の男女共用トイレ内において、個室内にいる女性に対し、同個室下部から、動画撮影状態にしたスマートフォンで同女の姿態を撮影したというものである。
3　一件記録によれば、被疑者が本件被疑事実を犯したことを疑うに足りる相当な理由があると認められる。

　被疑者は、被疑事実を認めているものの、犯行に至る経緯や常習性の有無といった重要な情状事実が明らかになっているとはいえず、被疑者が罪証を隠滅すると疑うに足りる相当な理由がないとまではいえない。そうすると、逃亡のおそれについてはさておき、勾留の理由は認められる。

　しかし、その供述状況に加え、被害女性を撮影した被疑者のスマートフォンが押収されていること、勾留請求の時点で自宅の捜索によりパソコンや携帯電話が押収されていたこと、被疑者に前科前歴がないことから予想される処分の内容等からすると、罪証隠滅のおそれは相当低いというべきである。そして、被疑者の就労状況等身上関係も併せ考慮すれば、逮捕以上に身柄を拘束して捜査を行うことが適当とはいえず、勾留の必要があるとは認められない。

以上によれば、本件準抗告は理由があるから、刑訴法432条、426条2項により、主文のとおり決定する。

平成27年5月6日　名古屋地方裁判所刑事第4部
裁判長裁判官　景山太郎／裁判官　小野寺健太／裁判官　黒木裕貴

事例㊾　名古屋地決平27・8・4

住居　愛知県豊田市●●●
職業　会社役員
1955年●●●生

　上記の者に対する出入国管理及び難民認定法違反被疑事件について、平成27年7月30日名古屋簡易裁判所裁判官がした勾留の裁判に対し、同年8月4日、弁護人金岡繁裕から適法な準抗告の申立てがあったので、当裁判所は、次のとおり決定する。

主文

　本件準抗告を棄却する。

理由

第1　申立ての趣旨及び理由
　本件準抗告申立ての趣旨及び理由は、弁護人作成の準抗告申立書及び準抗告申立書理由補充書記載のとおりであるから、これを引用する。
第2　当裁判所の判断
　1　本件被疑事実の要旨は、被疑者は、業務請負、人材派遣業等を営む会社（以下「本件会社」という。）の代表取締役としてその業務全般を統括管理し、その系列会社（以下「系列会社」という。）についても実質的に統括管理する者であるが、本件会社及び系列会社の業務に関し、共犯者ら3名と共謀の上、外国人2名に不法就労活動をさせたというものである。
　2　一件記録によれば、被疑者が罪を犯したことを疑うに足りる相当な理由が認められる。
　　そこで勾留の理由を検討するに、まず、被疑者は、系列会社についての業務は統括管理しておらず、派遣した外国人らに在留資格がなかったことも知らなかったと供述し、本件被疑事実につき一部否認しているところ、本件犯行は、多数の者が関与する組織的事案であることに加えて、被疑者が共犯者らを含む事件関係者と互いに面識があることや本件会社及び系列会社における被疑者の立場等に照らすと、被疑者が、その罪責を免れ又は軽減させるた

め、本件会社及び系列会社の相互関係や業務統括形態並びに本件外国人らの雇用派遣経緯等に関し、共犯者ら及び事件関係者らに働きかけるなどして、罪体及び重要な情状事実に関する罪証を隠滅すると疑うに足りる相当な理由が認められる。さらに、以上の諸事情に照らせば、逃亡のおそれはともかく、弁護人の指摘する点を踏まえても、被疑者には勾留の必要性が認められる。
 3　したがって、原裁判は正当であり、本件準抗告は理由がないから、刑事訴訟法432条、426条1項により、主文のとおり決定する。

平成27年8月4日　名古屋地方裁判所刑事第6部
裁判長裁判官　鵜飼祐充／裁判官　平野望／裁判官　森田千尋

事例㊿　名古屋地決平27・8・14

住居　愛知県一宮市●●●
職業　会社役員
被疑者　●●●
昭和38年●●●生

　上記の者に対する愛知県青少年保護育成条例違反、労働基準法違反被疑事件について、平成27年8月13日、名古屋地方裁判所裁判官がした勾留の裁判に対し、同月14日、弁護人金岡繁裕から適法な準抗告の申立てがあったので当裁判所は次のとおり決定する。

主文

本件準抗告を棄却する。

理由

1　申立ての趣旨及び理由
　本件準抗告の申立ての趣旨及び理由は、弁護人作成の準抗告申立書記載のとおりであるから、これを引用する。
2　当裁判所の判断
　(1)　本件勾留の基礎となる被疑事実の要旨は、被疑者が、①被疑者の営業する店舗の店長である共犯者と共謀して、被害児童A（当時17歳）が18歳に満たないことを知りながら、前記店舗において、被害児童Aに、客の求めに応じて着用した制服のスカートをたくし上げ、下着等を露わにした姿を閲覧等させるなどし、福祉に有害な場所における業務に就かせるとともに、被害児童Aの着用済みの下着を買い取り、②被害児童B（当時17歳）が18歳に満たないことを知りながら、被害児童Bに対し、被疑者の経営する店舗において、水着等を着用して客にその姿態を撮影させる営業に従事するよう勧誘したというものである。
　(2)　一件記録によれば、被疑者が罪を犯したことを疑うに足りる相当な理由があると認められる。
　そして、職業的犯行である本件各事案の性質、内容に加え、被疑者らが被

害児童らを採用した経緯が明らかとなっていないこと、被疑者、共犯者及び被害児童らの供述状況等に照らせば、被疑者が逮捕前に弁護人を介して捜査機関に対し被害児童Ｂに関する別事件について自首する旨の通知をしていたとはいえ、被疑者を釈放すれば、共犯者を含む関係者と口裏合わせをするなどして、罪体及び重要な情状事実につき罪証を隠滅すると疑うに足りる相当な理由があると認められる。

　上記によれば、被疑者の母親が身元保証書を提出していることなど弁護人の指摘する諸事情を踏まえても、勾留の必要性が認められる。

　そうすると、被疑者を勾留した原裁判は正当であり、本件準抗告は理由がない。

(3)　よって、刑事訴訟法432条、426条1項により、主文のとおり決定する。

平成27年8月14日　名古屋地方裁判所刑事第5部
裁判長裁判官　奥山豪／裁判官　髙橋里奈／裁判官　金納達昭

事例㊿　名古屋地決平27・9・4

被疑者●●●

　上記の者に対する児童買春、児童ポルノに係る行為等の規制及び処罰並びに児童の保護等に関する法律違反被疑事件について、平成27年9月2日名古屋地方裁判所裁判官がした勾留の裁判に対し、同月4日弁護人金岡繁裕から適法な準抗告の申立てがあったので、当裁判所は、次のとおり決定する。

主文

本件準抗告を棄却する。

理由

1　申立ての趣旨及び理由

　本件準抗告申立ての趣旨及び理由は弁護人作成の準抗告申立書に記載のとおりであるから、これを引用する。

2　当裁判所の判断

　本件被疑事実の要旨は、被疑者が、満18歳に満たないことを知りながら、児童2名に対して現金を対償として供与する約束をして性交し、もってそれぞれ児童買春をしたというものであって、一件記録によれば、被疑者が本件罪を犯したと疑うに足りる相当な理由が認められる。

　そして、被疑者は本件被疑事実を認めてはいるものの、犯行に至る経緯や常習性等に関する供述は得られていない。このような被疑者の供述状況に加え、本件の性質、児童と被疑者との関係、特に、児童のうち1名が被疑者が経営する店舗における従業員であることなどを併せ考えると、被疑者の身柄を釈放した場合、上記児童や店舗従業員ら関係者に働きかけるなどして、犯行に至る経緯や常習性等の重要な情状事実に関する罪証を隠滅すると疑うに足りる相当な理由がある。

　また、上記の事情に加えて、被疑者の職業経歴等の生活環境に照らせば、予想される終局処分等の弁護人が指摘する事情を踏まえても、逃亡すると疑うに足りる相当な理由及び勾留の必要性は認められる。

3　結論

よって、被疑者を勾留した原裁判は正当であり、本件準抗告は理由がないから刑事訴訟法432条、426条1項後段により、主文のとおり決定する。

平成27年9月4日　名古屋地方裁判所刑事第2部
裁判長裁判官　丹羽敏彦／裁判官　安福幸江／裁判官　川内裕登

事例㊾ 名古屋地決平27・2・24

住居　岐阜市●●●
職業　会社員
被疑者　●●●
昭和57年●●●生

　上記の者に対する労働基準法違反被疑事件について、平成27年2月18日、名古屋地方裁判所裁判官がした勾留の裁判に対し、同月24日、弁護人金岡繁裕から適法な準抗告の申立てがあったので、当裁判所は、次のとおり決定する。

主文

　本件準抗告を棄却する。

理由

1　申立ての趣旨及び理由
　本件準抗告の申立ての趣旨及び理由は、弁護人作成の準抗告申立書記載のとおりであるから、これを引用する。
2　当裁判所の判断
　(1)　本件勾留の基礎となる被疑事実の要旨は、女子児童をモデルとしてその容姿を男性客に撮影させる接客業を営む店舗において、モデルの募集等の業務に従事していた被疑者が、同店舗の経営者である共犯者と共謀の上、アルバイト従業員として雇い入れた児童（当時17歳）が18歳に満たないことを知りながら、同店舗の個室内において、男性客の求めに応じて、胸部、臀部及び陰部を最小限に覆うだけの衣装を着用した姿態をとらせ、これを動画撮影される業務に従事させ、もって、満18歳に満たない者を福祉に有害な場所における業務に就かせたというものである。
　(2)　一件記録によれば、弁護人の主張にかかわらず、被疑者が罪を犯したことを疑うに足りる相当な理由があると認められる。
　　そして、共犯者との共謀による有害業務への就業制限違反という本件事案の性質及び内容、被疑者、共犯者及びその他事件関係者らの供述状況及び供述内容、被疑者と共犯者らとの関係、現時点における捜査の進歩状況等に照

らすと、被疑者が弁護人を介さずに共犯者と連絡を取らない旨の誓約書を提出していることを考慮しても、共犯者その他の事件関係者らに働きかけるなどして、罪体又は重要な情状事実に関し、罪証を隠滅すると疑うに足りる相当な理由があると認められる。そして、上記事情に照らすと、弁護人が指摘する点を踏まえても、勾留の必要性も認められる。

　そうすると、被疑者の逃亡のおそれの点について判断するまでもなく、被疑者を勾留した原裁判は相当であり、本件準抗告は理由がない。

(3)　よって、刑事訴訟法432条、426条1項により、主文のとおり決定する。

平成27年2月24日　名古屋地方裁判所刑事第5部
裁判長裁判官　入江猛／裁判官　山田亜湖／裁判官　前田優太

事例㊷　名古屋地決平27・4・16

住居　名古屋市●●●
職業　中古車販売業
昭和50年●●●生

　上記の者に対する盗品等保管被疑事件について、平成27年4月10日名古屋地方裁判所裁判官がした勾留の裁判に対し、同月16日、弁護人二宮広治から適法な準抗告の申立てがあったので、当裁判所は、次のとおり決定する。

主文

　本件準抗告を棄却する。

理由

第1　申立ての趣旨及び理由
　本件準抗告申立ての趣旨及び理由は、弁護人作成の準抗告申立書記載のとおりであるから、これを引用する。
第2　当裁判所の判断
　1　本件被疑事実の要旨は、被疑者が、共犯者と共謀して、倉庫内において、他者ら3名が窃取した自動車に積載されていたエンジン1基を盗品と知りながら預かり、もって保管したというものである。
　2　一件記録によれば、被疑者が罪を犯したことを疑うに足りる相当な理由があると認められる。
　　そして、本件事案の内容及び性質からして、盗品の知情性や共謀内容を判断するに当たって、盗品の入手経緯等に関する関係者及び共犯者らの供述が重要な証拠となるところ、被疑者が、盗品の知情性及び共謀について否認し、入手経緯についても具体的な供述を行っていないことや、関係者が多数にわたることがうかがわれることなどに鑑みると、被疑者を釈放すれば、関係者及び共犯者らと口裏を合わせるなどして、本件被疑事実の罪体及び重要な情状事実に関する罪証を隠滅すると疑うに足りる相当な理由が認められる。また、本件事案の内容、前記被疑者の供述態度、被疑者の前科内容、被疑者の生活状況などに照らせば、逃亡のおそれも認められる。

そして、以上の事情に加えて、被疑者は、本件に先行する別件被疑事実につき、平成27年３月21日より逮捕勾留されていたものの、一件記録及び別件被疑事件記録からすると、別件被疑事実による逮捕勾留期間中に本件被疑事実についての必要な捜査が遂げられたとは認められず、本件勾留の必要性も認められる。なお、弁護人は本件被疑事実による逮捕勾留が、不当な蒸し返しであり、違法な再逮捕、再勾留に当たるなどとも主張するが、別件被疑事実と本件被疑事実は、被害者や保管時期など基礎となる事実が異なっていることからしても、かかる主張は採用することができない。その他、弁護人が縷々主張する点を考慮しても、本件勾留手続に違法な点は見当たらず、弁護人の主張は理由がない。

３　したがって、原裁判は正当であり、本件準抗告は理由がないから、刑事訴訟法432条、426条１項により、主文のとおり決定する。

平成27年４月16日　名古屋地方裁判所刑事第６部
裁判長裁判官　鵜飼祐充／裁判官　平野望／裁判官　森田千尋

事例(54)　岐阜地決平27・6・23

被疑者●●●

上記の者に対する暴行被疑事件につき、平成27年６月20日岐阜地方裁判所裁判官がした勾留の裁判に対し、同月23日、弁護人二宮広治から準抗告があったので、当裁判所は、次のとおり決定する。

主文

本件準抗告を棄却する。

理由

第１　本件準抗告の趣旨及び理由

本件準抗告の趣旨及び理由は、弁護人作成の準抗告申立書記載のとおりであるから、これを引用する。

第２　当裁判所の判断

１　本件被疑事実の要旨は、被疑者が、共犯者と共謀の上、被害者の左頬を１回殴打するなどの暴行を加えたというものである。

２　一件記録によれば、被疑者が罪を犯したことを疑うに足りる相当な理由が認められる。また、本件事案の内容、被疑者、共犯者及び関係者の供述状況、内容並びに捜査の進捗状況等に照らせば、被疑者が共犯者と通謀するなどして、共謀及び暴行の有無等の罪体並びに重要な情状事実について罪証を隠滅すると疑うに足りる相当な理由が認められる。以上に加え、被疑者の身上等を併せ考慮すると、被疑者が逃亡すると疑うに足りる相当な理由及び勾留の必要性も認められる。

３　したがって、原裁判は相当であり、本件準抗告は理由がないから、刑事訴訟法432条、426条１項により、主文のとおり決定する。

平成27年６月23日　岐阜地方裁判所

裁判長裁判官　山下博司／裁判官　四宮知彦／裁判官　石黒史岳

事例(55)　名古屋地決平27・6・11

住居　名古屋市●●●

職業　とび職●●●

被疑者　●●●

平成７年●●●生

上記の者に対する公務執行妨害被疑事件について、平成27年６月３日名古屋地方裁判所裁判官がした勾留の裁判に対し、同月11日弁護人二宮広治から適法な準抗告の申立てがあったので、当裁判所は、次のとおり決定する。

主文

本件準抗告を棄却する。

理由

１　申立ての趣旨及び理由

本件準抗告申立ての趣旨及び理由は弁護人作成の準抗告申立書に記載のとおりであるから、これを引用する。

２　当裁判所の判断

本件被疑事実の要旨は、自動車で走行中にパトカーに不審車両として追跡され、自車を道路交通標識に衝突させ停止したところ、警察官が職務質問を開始しようとするや、無免許運転で逮捕されるのを免れようと企て、逃走を図り、自車を後進させて左後部を警察官運転の上記パトカー前部に１回衝突させる暴行を加え、もって警察官の職務の執行を妨害したというもので、一件記録によれば、被疑者がこの罪を犯したと疑うに足りる相当な理由がある。

そして、被疑者が犯行状況についてあいまいな供述をし、本件の経緯や同乗者等についても供述を変遷させていることなどを考慮すると、被疑者を釈放した場合、本件犯行状況やその経緯等の罪体又は重要な情状事実について、同乗者等に働きかけるなどして罪証を隠滅すると疑うに足りる相当な理由がある。そして、原裁判後、肩書住居地が判明したため、被疑者の住居が不詳であるとはいえないが、本件事案の内容、被疑者の生活状況、非行歴等に照らせば、弁護人が指摘する諸事情を踏まえても、被告人が逃亡すると疑うに足りる相当な理

由及び勾留の必要性が認められる。
3　結論
　よって、被疑者を勾留した原裁判は相当であり、本件準抗告は理由がないから、刑事訴訟法432条、426条1項後段により、主文のとおり決定する。

平成27年6月11日　名古屋地方裁判所刑事第2部
裁判長裁判官　丹羽敏彦／裁判官　安福幸江／裁判官　川内裕登

事例㊺ 名古屋地決平27・11・12

住居　●●●
職業　●●●
被疑者　●●●
●●●生

　上記の者に対する恐喝未遂被疑事件について、平成27年11月6日、名古屋地方裁判所裁判官がした勾留の裁判に対し、同月12日、弁護人不破佳介から適法な準抗告の申立てがあったので、当裁判所は、次のとおり決定する。

主文

　本件準抗告を棄却する。

理由

1　申立ての趣旨及び理由
　本件準抗告の申立ての趣旨及び理由は、弁護人作成の準抗告申立書記載のとおりであるから、これを引用する。
2　当裁判所の判断
　(1)　本件勾留の基礎となる被疑事実の要旨は、被疑者が、被害者（当時●●歳）に架空の借用書を作成させて同人から現金を脅し取ろうと企て、同人に対し「●●●万円の借用書を書いてくれ。」、「●●●の現場の請求書があるだろう。それを担保に預かる。」、「早く書け、請求書を持ってこい。」等と申し向けるなどして脅迫し、これに畏怖した同人をして、借用書1通及び請求書1通を作成させ、その交付を受けて現金を脅し取ろうとしたが、同人が警察に届け出たため、その目的を遂げなかったというものである。
　(2)　一件記録によれば、被疑者が恐喝未遂を行ったと疑うに足りる相当な理由があると認められる。
　　そして、本件事案の性質、内容、被疑者及び被害者の供述内容、被疑者と被害者の関係等に照らせば、被害届の取下げに関する交渉の進捗状況等を考慮しても、被疑者の身柄を釈放した場合、直接又は第三者を介して被害者に働きかけるなどして、罪体及び重要な情状事実に関し、罪証を隠滅すると疑

うに足りる相当な理由があると認められる。

　また、上記諸事情のほか、被疑者の前科関係等に照らすと、原決定後に被疑者の内妻及び雇用主が身元引受書を提出していること等弁護人の指摘する諸事情を考慮しても、逃亡のおそれ及び勾留の必要性も認められる。

　そうすると、被疑者を勾留した原裁判は正当であり、本件準抗告は理由がない。

(3)　よって、刑事訴訟法432条、426条1項により、主文のとおり決定する。

平成27年11月12日　名古屋地方裁判所刑事第5部
裁判長裁判官　奥山豪／裁判官　平野望／裁判官　金納達昭

事例(57)　名古屋地決平25・9・20

住居　不定

職業　無職

被疑者　●●●

●●●生

上記の者に対する窃盗被疑事件について、平成25年9月15日、名古屋地方裁判所裁判官がした勾留の裁判に対し、同月20日、弁護人不破佳介から適法な準抗告の申立てがあったので、当裁判所は、次のとおり決定する。

主文

本件準抗告を棄却する。

理由

第1　申立ての趣旨及び理由

本件申立ての趣旨及び理由は、弁護人作成の準抗告申立書記載のとおりであるから、これを引用する。

第2　当裁判所の判断

1　本件被疑事実の要旨は、被疑者が自転車1台を窃取したというものである。

2　一件記録によれば、被疑者が罪を犯したことを疑うに足りる相当な理由、被疑者の住居は不定であることが認められる。

また、本件被疑事実につき否認しているという被疑者の供述状況等に照らすと、被疑者が関係者に働きかけるなどして、罪体について罪証を隠滅すると疑うに足りる相当な理由があると認められる。

加えて、被疑者が約2か月前に同種事犯による前刑の執行を終えたばかりであること及び被疑者の生活状況に鑑みれば、被疑者が逃亡すると疑うに足りる相当な理由が認められ、勾留の必要性も認められる。

3　なお、弁護人は、本件逮捕に先立つ職務質問における警察官の行為は、実質的逮捕にあたる違法な有形力の行使であって、かかる実質的逮捕から約8時間にわたり被疑者を警察署に留め置いた後になされた本件逮捕には重大

な違法がある旨主張する。

　しかしながら、一件記録によれば、弁護人が主張するような、職務質問時の違法な有形力の行使は認められない上、被疑者は本件逮捕前、警察署において全身撮影等に応じていることなども踏まえると、強制的な留め置きがあったこともうかがわれない。また、被疑者は弁解録取手続及び勾留質問において、本件被疑事実については否認しつつも、職務質問時及び警察署への同行後の状況について不満は述べていない。

　よって、本件逮捕及び勾留が違法であるとはいえない。

4　以上のとおり、被疑者を勾留した原裁判は正当であり、本件準抗告は理由がないから、刑事訴訟法432条、426条1項により、主文のとおり決定する。

平成25年9月20日　名古屋地方裁判所刑事第6部
裁判長裁判官　森島聡／裁判官　田中良武／裁判官　木野村瑛美子

事例㊳ 名古屋地決平25・6・7

被疑事件名　覚せい剤取締法違反
被疑者　氏名　●●●
　　　　年齢　●●●生
　　　　住居　●●●
　　　　職業　会社員
原裁判　平成25年6月5日名古屋簡易裁判所裁判官がした勾留の裁判
申立人　弁護人　不破佳介
主文　本件準抗告を棄却する。
申立の趣旨及び理由　準抗告申立書記載のとおりであるから、これを引用する。
当裁判所の判断　別紙記載のとおり
適用した法令　刑事訴訟法432条、426条1項

平成25年6月7日　名古屋地方裁判所刑事第1部
裁判長裁判官　天野登喜治／裁判官　神原浩／裁判官　古賀千尋

別紙　1　本件被疑事実の要旨は、被疑者が、愛知県内又はその周辺部において、覚せい剤を使用したというものである。
2　一件記録によれば、被疑者が本件被疑事実の罪を犯したことを疑うに足りる相当な理由があると認められる。
　また、一件記録によれば、被疑者は本件被疑事実を認めているものの、覚せい剤の入手先や常習性等については未だ明らかになっていないことが認められ、被疑者を釈放した場合には、罪体又は重要な情状事実に関し、罪証を隠滅すると疑うに足りる相当な理由（刑事訴訟法60条1項2号）及び逃亡すると疑うに足りる相当な理由（同項3号）があると認められる。
　以上によれば、勾留の必要性も認められる。
　その他弁護人が主張する被疑者の身上関係等を考慮しても、上記各判断は左右されない。

3　よって、本件準抗告は理由がないから、主文のとおり決定する。

事例(59)　名古屋地決平27・6・13

被疑者　●●●

上記の者に対する覚せい剤取締法違反被疑事件について、平成27年6月12日名古屋地方裁判所裁判官がした勾留の裁判に対し、同月13日弁護人古田宜行から適法な準抗告の申立てがあったので、当裁判所は、次のとおり決定する。

主文

本件準抗告を棄却する。

理由

1　申立ての趣旨及び理由

本件準抗告申立ての趣旨及び理由は弁護人作成の準抗告申立書に記載のとおりであるから、これを引用する。

2　当裁判所の判断

被疑者は、本件（覚せい剤使用）に先立ち、覚せい剤譲渡の被疑事実により勾留されている。弁護人は、前回の勾留期間中に、被疑者が提出した尿の鑑定結果が判明していたのであるから、余罪捜査として本件の捜査を遂げるべきであったという。しかしながら、本件被疑事実と前回勾留に係る被疑事実は、その時期や内容等が異なり、特に関連性があるとも認められず、必要な捜査の主要な部分が共通するとはいえないから、前回勾留の期間中に捜査機関が本件を既に認知していたとしても、余罪捜査として同時に処理すべきであったとはいえない。したがって、本件被疑事実について勾留すること自体は何ら違法ではない。

次に、勾留の要件についてみると、一件記録によれば、被疑者が本件罪を犯したと疑うに足りる相当な理由があると認められる。そして、本件事案の性質や採尿・逮捕当時の被疑者の言動等によれば、被疑者を釈放した場合、本件犯行状況や経緯、特に覚せい剤の認識等について、第三者に働きかけるなどして罪証を隠滅すると疑うに足りる相当な理由がある。また、一件記録からうかがわれる被疑者の生活状況等に照らせば、逃亡すると疑うに足りる相当な理由及び勾留の必要性も優に認められる。

3　結論

よって、被疑者を勾留した原裁判は相当であり、本件準抗告は理由がないから、刑事訴訟法432条、426条1項後段により、主文のとおり決定する。

平成27年6月13日　名古屋地方裁判所刑事第2部
　裁判長裁判官　丹羽敏彦／裁判官　安福幸江／裁判官　川内裕登

事例⑩　名古屋地決平27・7・8

住居　名古屋市●●●
職業　●●●
被疑者　●●●
昭和●●年●●●生

　上記の者に対する傷害被疑事件について、平成27年7月7日名古屋地方裁判所裁判官がした勾留請求却下の裁判に対し、同日検察官から適法な準抗告の申立てがあったので、当裁判所は、次のとおり決定する。

主文
　原裁判を取り消す。

理由
第1　準抗告申立ての趣旨及び理由
　本件準抗告申立ての趣旨及び理由は、検察官作成の準抗告及び裁判の執行停止申立書のとおりであるから、これを引用する。論旨は、被疑者について勾留の理由がある上、勾留の必要性も大であるのに、必要なしとして本件勾留請求を却下した原裁判は不当である、というのである。
　そこで、一件記録を調査し、当審における事実取調べの結果も併せて検討する。
第2　当裁判所の判断
　1　本件被疑事実の要旨は、被疑者が、平成●●年●●月●●日、知人女性の顔面や左肩等を殴打する等の暴行を加え、全治約3週間を要する顔面打撲傷等の傷害を負わせたというものである。
　2　一件記録によれば、被疑者が罪を犯したことを疑うに足りる相当な理由が認められる。
　被疑者は、捜査機関による取調べにおいて本件事件に関して黙秘しているものの、弁護人の意見書（平成27年7月7日付け及び同月8日付けのもの）によれば、被疑者は、本件前日の深夜及び本件当日の夕方に被害者に対して数回平手打ちをしたが、前記傷害を来すような暴行ではなく、被害者は、本件

前日の深夜に被疑者に会うより前に、覚せい剤使用目的で会っていた男性から暴行を受けて既に負傷していた旨主張している。本件は、被害者の供述に依拠する事案であるとみられるところ、これまでに被害者の取調べが一定程度行われているものの、弁護人の主張を踏まえると、今後、被害者を更に取り調べることはもとより、被疑者の主張の真偽を確かめる捜査を実施する必要があると認められる。そして、被疑者と被害者との関係等にも照らせば、現段階で被疑者を釈放すれば、被害者に対して働きかけたり、前記男性等の第三者と通謀したりして虚偽の証拠を作出するなどのおそれがあるから、本件の罪体及び経緯等の重要な情状事実について、被疑者が罪証を隠滅すると疑うに足りる相当な理由があると認められる。

　また、本件は全治約3週間を要する傷害を負わせたという決して軽微な事案ではない上、被疑者の生活状況や、警察官から所在をくらましていたと疑われても不思議ではない行動をとっていたこと等にも照らせば、家族関係や就業状況など弁護人が主張する点を踏まえても、被疑者が逃亡し又は逃亡すると疑うに足りる相当な理由もあると認められる。

　さらに、捜査の進捗状況や被疑者方における密室での事件という本件の性質や内容にも鑑みれば、被疑者の処分を決するためには、本件における重要な証拠である被害者の供述及び被疑者の前記主張の信用性に関する裏付け捜査をして、その信用性を吟味する必要性が高い上、前述のとおり検討したところによると、罪証隠滅のおそれの程度は高いといえる。しかも、逃亡のおそれの程度も決して低いものではないと認められることにも照らせば、勾留の必要性も十分に認められる。この点に関し、原裁判は、勾留の必要性を否定したが、本件事案の悪質性や今後の捜査の必要性及び罪証隠滅のおそれの程度に対する評価を軽視した結果、勾留の必要性の判断を誤ったものといえる。

　なお、弁護人は本件に係る逮捕が逮捕権を濫用した違法なものである旨主張するが、本件事案の性質や内容に照らせば十分に逮捕に値するものである上、逮捕の手続についても、警察官が請求した上で適法に発付された逮捕状に基づいて行われており、違法な点は認められないから、弁護人の上記主張は採用できない。

論旨は理由がある。
　3　よって、刑事訴訟法432条、426条2項により、主文のとおり決定し、別途勾留状を発付することとする。

平成27年7月8日　名古屋地方裁判所刑事第1部
裁判長裁判官　山田耕司／裁判官　神田温子／裁判官　小暮純一

事例㉑　名古屋地決平27・3・16

住居　名古屋市●●●
職業　無職
昭和●●年●●●生

　上記の者に対する器物損壊被疑事件について、平成27年3月14日名古屋簡易裁判所裁判官がした勾留の裁判に対し、同月16日弁護人古田宜行から適法な準抗告の申立てがあったので、当裁判所は、次のとおり決定する。

主文

　本件準抗告を棄却する。

理由

1　本件準抗告の趣意は要するに、被疑者には、罪証隠滅のおそれも逃亡のおそれもなく、勾留の必要性もないのに、被疑者を勾留した原裁判は不服であるから、これを取り消した上、検察官の勾留請求を却下する旨の裁判を求めるというものである。
2　本件勾留の基礎となる被疑事実の要旨は、被疑者が、平成●●●名古屋市●●●のコンビニエンスストア（以下「被害店舗」という。）において、商品棚に放尿し、同店店長管理の商品を汚損して他人の器物を損壊したというものであるところ、一件記録によれば、被疑者が上記被疑事実の罪を犯したことを疑うに足りる相当な理由があると認められる。
3　被疑者は、本件で現行犯人逮捕されており、また、逮捕されて以降、本件を積極的には争っていないが、酔っぱらっていたので、当時のことは全く覚えていない旨供述しているところ、被害店舗は被疑者方に近く、被疑者も被害店舗によく買い物に行くことを認めていることなども考慮すると、被疑者を釈放した場合、本件当日の被疑者の飲酒状況等につき、関係者と口裏を合わせたり、被害店舗側に働き掛けたりして、本件の罪体や重要な情状事実について、罪証を隠滅すると疑うに足りる相当な理由があると認められる。
　以上に加えて、被疑者が無職であること、平成●●●月に占有離脱物横領罪により罰金10万円に処せられていることなども勘案すると、被疑者が逃亡する

と疑うに足りる相当な理由も認められ、勾留の必要性も否定できない（弁護人は、実兄が被疑者の指導監督を誓約していること、被害店舗が被害弁償金を受け取る意向を示していることなどを指摘して、原裁判を論難するが、これらは全て原裁判後に発生した事情であって、このような事情は、本来、勾留取消請求の中で主張すべきものである。）。

4　よって、被疑者を勾留した原裁判は相当であり、本件準抗告は理由がないから、刑訴法432条、426条1項後段により、主文のとおり決定する。

平成27年3月16日　名古屋地方裁判所刑事第2部
裁判長裁判官　松田俊哉／裁判官　山田順子／裁判官　川内裕登

事例㉒　名古屋地決平27・5・7

被疑者　●●●

　上記の者に対する暴力行為等処罰に関する法律違反被疑事件について、平成27年5月5日名古屋簡易裁判所裁判官がした勾留の裁判に対し、同月7日、弁護人古田宜行から準抗告の申立てがあったので、当裁判所は、次のとおり決定する。

主文

本件準抗告を棄却する。

理由

1　本件準抗告の趣意は、被疑者には、罪証隠滅のおそれ及び逃亡のおそれはなく、勾留の必要もないのに、被疑者を勾留した原裁判は不当であるから、これを取り消した上、本件勾留請求を却下する旨の裁判を求めるというものである。

2　本件被疑事実の要旨は、被疑者が、自宅において、夫婦げんかの仲裁に入った長女に対し、包丁を突き付け、「ぶっ殺すぞ。」などと語気鋭く申し向けて脅迫したというものである。

3　一件記録によれば、被疑者が本件被疑事実を犯したことを疑うに足りる相当な理由があると認められる。

　被疑者は、被疑事実を認めているものの、本件犯行の経緯、動機や具体的な犯行態様等についての取調べはいまだ十分とはいえず、被疑者を釈放すれば、被疑者が被害者らに働き掛けるなどして被疑事実又は重要な情状事実について罪証を隠滅すると疑うに足りる相当な理由があると認められる。もっとも、被疑者の生活状況等に鑑みると逃亡のおそれは認められない。

　そして、本件事案の性質や犯行態様等に照らせば、被疑者が定職に就いていること、前科前歴もないこと、被疑者の母が監督を誓約していること、被害者らが被疑者の刑事処分を望んでいないことなど弁護人が主張する事情を踏まえても、勾留の必要もあると認められる。

4　以上によれば、被疑者を勾留した原裁判は結論において正当であり、本件

準抗告は理由がないから、刑訴法432条、426条1項により、主文のとおり決定する。

平成27年5月7日　名古屋地方裁判所刑事第4部
裁判長裁判官　景山太郎／裁判官　小野寺健太／裁判官　石井美帆

事例㊶　名古屋地決平27・9・25

被疑者●●●

　上記の者に対する住居侵入被疑事件について、平成27年9月21日名古屋簡易裁判所裁判官がした勾留の裁判に対し、同月24日弁護人小野田弦起から適法な準抗告の申立てがあったので、当裁判所は、次のとおり決定する。

主文

　原裁判を取り消す。
　本件勾留請求を却下する。

理由

1　申立ての趣旨及び理由
　本件準抗告申立ての趣旨及び理由は弁護人作成の準抗告申立書に記載のとおりであるから、これを引用する。
2　当裁判所の判断
　本件被疑事実の要旨は、被疑者が、正当な理由がないのに、被害者方敷地内に門扉をこじ開け侵入したというものであり、一件記録によれば、被疑者が本件罪を犯したと疑うに足りる相当な理由が認められる。
　そして、被疑者は逮捕当時から一貫して被害者方敷地内への侵入自体は認めているものの、本件の経緯・動機及び態様に関する被疑者の供述内容等に鑑みると、被害者その他の関係者に働きかけるなどしてこれらの点に関連する重要な情状事実について罪証を隠滅すると疑うに足りる相当な理由が認められる（なお、本件事案の性質及び被疑者の身上等に鑑みれば、逃亡のおそれまでは認められない。）。
　もっとも、酔余の上で面識のない他人宅敷地内に侵入したという本件事案の性質のほか、被疑者が本件につき謝罪の意思を表し、弁護人を通じて示談を申し入れていることなどに照らせば、被害者宅が被疑者宅の近隣であることを踏まえても、上記罪証隠滅行為に及ぶ可能性は高いものとはいえず、その実効性も乏しい。以上の事情に加え、被疑者には前科がなく、家族が身柄の引き受けを申し出ていることも併せ考えれば、被疑者を勾留するまでの必要性があると

はいえない。
3　結論
　よって、本件準抗告は理由があるから、刑事訴訟法432条、426条2項により、主文のとおり決定する。

平成27年9月25日　名古屋地方裁判所刑事第2部
裁判長裁判官　丹羽敏彦／裁判官　小野寺健太／裁判官　川内裕登

事例64　名古屋地決平25・5・30

住居　名古屋市●●●
職業　無職
被疑者　●●●
昭和●●年●●●生

　上記の者に対する窃盗被疑事件について、平成25年5月25日、名古屋地方裁判所裁判官がした勾留の裁判に対し、同月30日、弁護人古田宜行から適法な準抗告の申立てがあったので、当裁判所は、次のとおり決定する。

主文

　本件準抗告を棄却する。

理由

第1　申立ての趣旨及び理由
　本件申立ての趣旨及び理由は、弁護人古田宜行作成の準抗告申立書記載のとおりであるから、これを引用する。
第2　当裁判所の判断
1　本件被疑事実の要旨は、被疑者が、スーパーマーケットにおいて、衣料用洗剤1本他10点を万引きしたというものである。
2　一件記録によれば、被疑者が罪を犯したことを疑うに足りる相当な理由が認められる。また、一件記録上、被疑者は単身無職であり、娘ら家族とも疎遠であるという事情が認められる。このような被疑者の生活状況及び家族関係に加え、被疑者が平成25年3月に万引きにより微罪処分となった前歴を有することに照らすと、娘が被疑者の監督を誓約していることなど、弁護人が指摘する諸事情を踏まえても、被疑者が逃亡すると疑うに足りる相当な理由が認められ、勾留の必要性も認められる。
3　以上のとおり、被疑者を勾留した原裁判は正当であり、本件準抗告は理由がないから、刑事訴訟法432条、426条1項により、主文のとおり決定する。

平成25年5月30日　名古屋地方裁判所刑事第6部

裁判長裁判官　森島聡／裁判官　田中良武／裁判官　木野村瑛美子

事例㉕　名古屋地決平26・11・12

住居　愛知県●●●
職業　無職
被疑者　●●●
昭和●●年●●●生

　上記の者に対する傷害被疑事件について、平成26年11月8日名古屋簡易裁判所裁判官のした勾留の裁判に対し、同月12日、弁護人古田宜行から適法な準抗告の申立てがあったので、当裁判所は、次のとおり決定する。

主文

本件準抗告を棄却する。

理由

第1　申立ての趣旨及び理由

　本件申立ての趣旨及び理由は、弁護人作成の準抗告申立書記載のとおりであるから、これを引用する。論旨は要するに、勾留の理由及び必要性がないのに被疑者を勾留した原裁判は不当であるからこれを取り消し、検察官の勾留請求を却下すべきであるというものである。

第2　当裁判所の判断

　1　本件被疑事実の要旨は、被疑者が交際相手である被害者（当時●●歳）に対し、その頭部、頭面、両上腕、胸部等を拳で殴打、足蹴りするなどして全治約10日間を要する頭部打撲傷、顔面打撲傷、両側上腕打撲傷、右前胸部打撲傷等の傷害を負わせたというものである。

　2　一件記録によれば、被疑者が罪を犯したと疑うに足りる相当な理由が認められる。

　　被疑者は被疑事実を認めているが、被害者が被疑者の交際相手であること、被疑者は被害者の実家を把握しており、事件後複数回そこに赴いていることに加え、被疑者と被害者の交際状況などに鑑みると、被疑者を釈放すれば、直接又は第三者を介して被害者等に働きかけるなどして、罪体又は重要な情状事実について罪証を隠滅すると疑うに足りる相当な理由が認められる。ま

た、被疑者は、住居地において祖母、弟と同居しているものの、現在無職であることに照らせば逃亡のおそれも否定できない。以上によれば、被害者から保護命令の申立てがされていることや、被疑者が被害者等に接触せず罪証隠滅や逃亡をしない旨の誓約書を提出していること、親族が被疑者を監督する旨誓約していることなど、弁護人の指摘する点を踏まえても、勾留の必要性は認められる。

　3　よって、原裁判は正当であり、本件準抗告は理由がないから、刑訴法432条、426条1項により、主文のとおり決定する。

平成26年11月12日　名古屋地方裁判所刑事第3部
裁判長裁判官　堀内満／裁判官　齋藤千恵／裁判官　黒木裕貴

事例㊻　名古屋地決平27・12・7

住居　名古屋市●●●
職業　●●●
被疑者　●●●
昭和●●年●●●生

　上記の者に対する傷害被疑事件について、平成27年12月3日名古屋簡易裁判所裁判官がした勾留の裁判に対し、同月7日弁護人古田宜行から適法な準抗告の申立てがあったので、当裁判所は、次のとおり決定する。

主文

　本件準抗告を棄却する。

理由

第1　準抗告申立ての趣旨及び理由
　本件準抗告申立ての趣旨及び理由は、弁護人作成の準抗告申立書のとおりであるから、これを引用する。
第2　当裁判所の判断
　1　本件被疑事実の要旨は、被疑者が、被害者に対して、同人の頭部を脇に抱えて引きずり、転倒させる等の暴行を加え、よって全治21日間を要する傷害を負わせたというものである。
　2　一件記録によれば、被疑者が罪を犯したことを疑うに足りる相当な理由があると認められる。
　そして、被疑者は、本件犯行を認めているものの、本件の罪質や被疑者と被害者のこれまでの関係等からすれば、被疑者が被害者等の関係者に働きかけるなどして、犯行状況や犯行に至る経緯等の罪体又は重要な情状事実について、罪証を隠滅すると疑うに足りる相当な理由があると認められる。
　また、以上の事情に加えて、被害の程度が軽いとはいえないことや、とりわけ本件犯行後逮捕に至るまでの間、被疑者が被害者に対して多数回にわたり架電したり、「お前をひきとめたくていっただけだから」等の執着心をうかがわせる記載のあるメールを送信したり、被害者の実家を訪れたりしてい

たことなどを併せ考慮すれば、被疑者が経営する会社の業務に支障が生じる可能性があることや息子を養育する必要があること等弁護人が主張する事情を踏まえても、身柄を拘束して捜査を行うことが苛酷に失するということはできないのであって、原裁判時において勾留の必要性があったと認められる。

　なお、弁護人は、被害者代理人との間で示談交渉が進んでいることを主張するが、未だ示談成立には至っていないことに照らせば、現時点においてこれを過度に考慮することはできない。

　3　よって、原裁判は正当であり、本件準抗告は理由がないから、刑事訴訟法432条、426条1項により、主文のとおり決定する。

平成27年12月7日　名古屋地方裁判所刑事第1部
裁判長裁判官　渡邉健司／裁判官　神田温子／裁判官　小暮純一

事例㊻　名古屋地決平27・11・12

住居　名古屋市●●●
職　業　会社員
被疑者　●●●
昭和●●年●●●生

　上記の者に対する窃盗被疑事件について、平成27年11月7日、名古屋簡易裁判所裁判官がした勾留の裁判に対し、同月12日、弁護人古田宜行から適法な準抗告の申立てがあったので、当裁判所は、次のとおり決定する。

主文

本件準抗告を棄却する。

理由

1　申立ての趣旨及び理由
　本件準抗告の申立ての趣旨及び理由は、弁護人作成の準抗告申立書記載のとおりであるから、これを引用する。
2　当裁判所の判断
⑴　本件勾留の基礎となる被疑事実の要旨は、被疑者が、共犯者と共謀の上、名古屋市内のマンション敷地内において、同所を通行中の被害者から、同人所有の現金約2000円及び小銭入れ等在中の手提げバッグ1個（時価合計約3000円相当）をひったくったというものである。
⑵　一件記録によれば、被疑者が罪を犯したことを疑うに足りる相当な理由があると認められる。
　そして、本件の事実関係、特に共謀状況についての詳細が明らかになっていないことに加え、被疑者及び共犯者の供述状況、被疑者と共犯者の関係等に照らせば、被疑者の身柄を釈放した場合、共犯者に働きかけるなどして、罪体及び重要な情状事実に関し、罪証を隠滅すると疑うに足りる相当な理由があると認められる。さらに、上記事情に照らすと、原決定後に被疑者の両親が誓約書を提出していること等弁護人が指摘する諸事情を踏まえても、勾留の必要性も認められる。

そうすると、逃亡のおそれの点について判断するまでもなく、被疑者を勾留した原裁判は相当であり、本件準抗告は理由がない。
⑶　よって、刑事訴訟法432条、426条1項により、主文のとおり決定する。

平成27年11月12日　名古屋地方裁判所刑事第5部
裁判長裁判官　奥山豪／裁判官　平野望／裁判官　金納達昭

事例㊹　名古屋地決平28・2・17

被疑者　●●●

　上記の者に対する児童買春、児童ポルノに係る行為等の規制及び処罰並びに児童の保護等に関する法律違反被疑事件について、平成28年2月17日名古屋地方裁判所裁判官がした勾留請求却下の裁判に対し、同日検察官から適法な準抗告の申立てがあったので、当裁判所は、次のとおり決定する。

主文

本件準抗告を棄却する。

理由

1　申立ての趣旨及び理由

　本件準抗告申立ての趣旨及び理由は検察官作成の準抗告及び裁判の執行停止申立書（ただし、執行停止を求める部分は除く。）に記載のとおりであるから、これを引用する。

2　当裁判所の判断

　本件被疑事実の要旨は、被疑者が、自動車内において、被害児童（当時●●歳）が18歳に満たない児童であることを知りながら、現金●●●万円の対償を供与し、同人と性交し、もって児童買春をしたというものであって、一件記録によると、被疑者が本件罪を犯したと疑うに足りる相当な理由があると認められる。

　そして、被疑者が被害児童の年齢の知情性を否認していること等の事情に照らすと、この点に関する事実や常習性等について、罪証を隠滅すると疑うに足りる相当な理由があると認められる。しかしながら、被害児童は少年院に入院中であるところ、本件事案の性質や被疑者と被害児童との関係性等に照らすと、検察官が主張するような被害児童の家族を通じた被害児童への働きかけは想定しがたい。そうすると、本件において、上記罪証隠滅のおそれは高いとはいえないところ、本件について予想される処分や被害者と接触しないこと等を被疑者が誓約していること等の事情も考慮すると、勾留の必要性がないとして本件勾留請求を却下した原裁判に誤りがあるとはいえない。

3　結論

よって、本件準抗告は理由がないから、刑事訴訟法432条、426条１項後段により、主文のとおり決定する。

平成28年２月17日　名古屋地方裁判所刑事第２部
裁判長裁判官　丹羽敏彦／裁判官　安福幸江／裁判官　川内裕登

事例❽の2　名古屋地決平28・4・13

被告人　●●●

　上記の者に対する児童買春、児童ポルノに係る行為等の規制及び処罰並びに児童の保護等に関する法律違反被告事件について、平成28年4月12日名古屋地方裁判所裁判官がした勾留の裁判に対し、同月13日弁護人金岡繁裕から適法な準抗告の申立てがあったので、当裁判所は、次のとおり決定する。

主文

原裁判を取り消す。
被告人の釈放を命ずる。

理由

1　申立ての趣旨及び理由

　本件準抗告申立ての趣旨及び理由は弁護人作成の準抗告申立書及び準抗告申立理由補充書3通に記載のとおりであるから、これを引用する。

2　当裁判所の判断

　本件公訴事実の要旨は、被告人が、自動車内において、被害児童（当時●●歳）が18歳に満たない児童であることを知りながら、現金●●万円の対償を供与し、同人と性交し、もって児童買春をしたというものである。

　一件記録によれば、これと同一の被疑事実に基づく勾留請求は平成28年2月17日に却下されたが（検察官からの準抗告申立ても棄却された。）［事例❽──編者注］、検察官は、被告人がその後捜査機関からの呼出しに対して正当な理由なく応じず、不出頭を繰り返したことから、罪証隠滅及び逃亡のおそれが高まったとして同年4月8日逮捕状を請求し、同月12日に被告人は通常逮捕され、同日上記公訴事実により起訴されたことが認められる。被告人を勾留した原裁判は、この際の逮捕中求令状に対し、刑事訴訟法60条1項3号の事由を認めたものである。

　そこで検討すると、先の勾留請求却下の判断（上記準抗告審）は、被害児童が少年院に入院中であり、本件事案の性質や被告人と被害児童との関係性等に照らすと、被害児童の家族を通じた被害児童への働きかけは想定しがたいことの

ほか、予想される処分の内容等も考慮して勾留の必要性を否定したというものであるが、一件記録を検討しても、その後にこれらの事情に変化があったとは認められない。検察官は、その後の事情の変化として、被告人が弁護人の立会いがない限り取調べには応じない旨を述べ、捜査機関からの呼出しに対して正当な理由なく応じず、不出頭を繰り返していることを指摘するが、被告人が公判期日に出頭する意思を明確にしていることなども考慮すると、このような事情をもって、逃亡のおそれ、すなわち、被告人について召喚も勾引もできなくなるおそれが高まったということもできない。被告人を勾留した原裁判は、以上の点に関する判断を誤ったものといわざるを得ず、取消しを免れない。
3　結論
　よって、本件準抗告は理由があるから、刑事訴訟法432条、426条2項により、主文のとおり決定する。

平成28年4月13日　名古屋地方裁判所刑事第2部
裁判長裁判官　丹羽敏彦／裁判官　安福幸江／裁判官　森文弥

事例㊽　名古屋地決平20・10・30

住居　東京都●●●
職業　無職
被疑者　●●●
●●年●●●生

　上記の者に対する覚せい剤取締法違反被疑事件について、平成20年10月29日名古屋地方裁判所裁判官がした勾留期間延長の裁判に対し、同日、弁護人□□□から適法な準抗告の申立てがあったので、当裁判所は、次のとおり決定する。

主文

　原裁判を次のとおり変更する。
　本件勾留期間を平成20年10月31日まで延長する。

理由

1　申立ての趣旨及び理由
　本件準抗告申立ての趣旨及び理由は、弁護人作成の平成20年10月29日付け準抗告申立書に記載のとおりであるから、これを引用する。

2　当裁判所の判断
　本件被疑事実の要旨は、被疑者が、共犯者と共謀の上、みだりに、営利の目的で、被疑者方居室において、覚せい剤約2975.5グラムを所持したという事案である。
　一件記録によれば、被疑者が本件被疑事実を犯したと疑うに足りる相当な理由が認められる。また、本件事案の性質、被疑者と共犯者との関係等からすれば罪証隠滅及び逃亡のおそれ並びに勾留の必要性が認められるほか、少年について勾留状を発することが「やむを得ない場合」に当たると認められる。
　そこで、勾留期間延長の必要性について検討すると、被疑者は、薬物であることの認識を否認しているところ、勾留期間満了時点までに、相当程度の捜査が遂げられてはいるものの、被疑者の弁解の真偽を最終的に確認するためには、なお、被疑者の海外渡航歴の有無、被疑者使用に係る携帯電話の通信履歴等に関する捜査を行う必要があり、これらを遂げなければ、適正な処分を決するこ

とはできないというべきである。

　そうすると、勾留期間を延長する「やむを得ない事由」があると認められるが、捜査の進捗状況等に鑑みれば、勾留延長を認める期間は2日間とするのが相当である。

3　よって、本件準抗告は、上記の限度で理由があるから、刑事訴訟法432条、426条2項により、主文のとおり決定する。

平成20年10月30日　名古屋地方裁判所刑事第6部
裁判長裁判官　近藤宏子／裁判官　野口卓志／裁判官　酒井孝之

事例⓻ 名古屋地決平18・12・20

被疑事件名　ガス等漏出、激発物破裂、現住建造物等放火
被疑者　　氏名●●●
　　　　　年齢　昭和●●年●●●生
　　　　　住居　●●●
　　　　　職業　無職
原裁判　平成18年12月18日名古屋地方裁判所裁判官がした勾留期間延長の裁判
申立人　弁護人金岡繁裕、同□□□
主文　　原裁判を次のとおり変更する。
　　　　本件勾留期間を平成18年12月22日まで延長する。
　　　　申立の趣旨及び理由　準抗告申立書記載のとおりであるから、これを引用する。
当裁判所の判断　別紙記載のとおり
適用した法令　刑事訴訟法432条、426条2項

平成18年12月20日　名古屋地方裁判所刑事第1部
裁判長裁判官　天野登喜治／裁判官　池田信彦／裁判官　赤谷圭介

別紙　1　本件被疑事実の要旨は、被疑者が、平成●●年●●月●●日、妻子とともに居住していた●●●所在のマンション内被疑者方に都市ガスを漏出させて、室内に都市ガスを充満させた上、このガスに引火させて爆発させるとともに、その火を天井及び壁等に燃え移らせ、よって、同マンションほか3棟の現に人の住居に使用している建造物を損壊させるとともに、同マンション等に居住する住民の住居の窓ガラス、家財家具等の器物を損壊して、公共の危険を生じさせ、さらに、妻子が現に住居に使用している被疑者方の一部を焼損したというものである。
　一件記録によれば、被疑者が本件被疑事実の罪を犯したことを疑うに足りる相当な理由がある上、本件事案の性質、被疑者が本件犯行直後から本件を全面

的に否認しており、その供述が曖昧であること、本件では、被疑者が本件に至った動機・経緯が重要な意味を持つと解されるところ、その解明については被疑者周辺の関係者らの供述によるところが大きいこと等の事情を考慮すると、被疑者が罪証を隠滅すると疑うに足りる相当な理由があると認められる上、これらに本件事案の重大性、被疑者の身上関係、生活状況などをも併せ考慮すると、被疑者が逃亡すると疑うに足りる相当な理由があると認められる。また、以上からすれば、勾留の必要性も認められる。

　そこで、勾留期間延長の必要性を検討する。一件記録によれば、捜査機関は、被疑者が勾留された後、被疑者、関係者の取調べ等必要な捜査をしていることが認められ、上記のように、被疑者が本件犯行を当初から否認していることからすれば、犯行に至る動機・経緯を含めた本件事案の真相を解明するためには、更に上記関係者らから事情を聴取するとともにその裏付け捜査をすすめ、必要に応じてこれらに対する被疑者の弁解を聴取する必要性もうかがえる。

　しかしながら、本件は、犯行から既に2年10か月余りが経過しており、その間の捜査により客観的証拠が相当程度収集されているほか、上記関係者らに対しても事情聴取が行われ、供述調書も一応作成されている。このような証拠の収集状況、捜査の進捗状況等に鑑みれば、本件勾留延長期間は4日間が相当であると認められ、その限度において、刑事訴訟法208条2項の「やむを得ない事由がある」と認められる。

　その他、弁護人がるる指摘する諸点を考慮しても、上記判断を左右しない。
2　以上のとおりであるから、原裁判を主文のとおり変更する。

事例㉛　名古屋地決平24・6・20

被疑事件名　窃盗
被疑者　氏名　●●●
　　　　年齢　昭和●●年●●●生
　　　　職業　●●●
原裁判　平成24年6月19日名古屋簡易裁判所裁判官がした勾留期間延長の裁判
申立人　弁護人　□□□
主文　原裁判を次のとおり変更する。
　　　本件勾留期間を平成24年6月22日まで延長する。
　　　申立ての趣旨及び理由　準抗告申立書記載のとおりであるから、これを引用する。
当裁判所の判断　別紙記載のとおり
適用した法令　刑事訴訟法432条,426条2項

平成24年6月20日　名古屋地方裁判所刑事第1部
裁判長裁判官　天野登喜治／裁判官　神原浩／裁判官　松井ひとみ

別紙　1　本件被疑事実の要旨は、被疑者が、パチンコ店の駐車場において、自転車1台を窃取したというものである。
2　一件記録によれば、被疑者が本件被疑事実を犯したと疑うに足りる相当な理由があり、勾留の理由及び必要性も認められる。
　そこで、勾留期間延長の必要性を検討する。一件記録によれば、被疑者には余罪の存在がうかがわれるが、本件罪体に関する証拠の大半はすでに収集済みであることが認められる。
　また、当裁判所における事実の取調べの結果によれば、捜査機関は、余罪につき逮捕を検討していることが認められるから、本件において同余罪捜査の必要性を考慮して勾留延長を認めるのは相当でないというべきである。
　これらの事情を考慮すれば、本件について検察官が処分に関する判断をする

ためには3日の延長を認める必要があるものの、その限度を超えて、刑事訴訟法208条2項の「やむを得ない事由がある」とは認められない。
3　よって、主文のとおり決定する。

事例⓻ 名古屋地岡崎支決平25・1・28

被疑者　●●●

　上記の者に対する覚せい剤取締法違反被疑事件について、平成25年1月25日岡崎簡易裁判所裁判官がした勾留期間延長の裁判に対し、同月28日、弁護人神保壽之から準抗告の申立てがあったので、当裁判所は次のとおり決定する。

主文

原裁判を取り消す。
被疑者の勾留期間を平成25年1月27日から同年2月1日まで延長する。

理由

第1　本件準抗告の申立ての趣旨及び理由は、弁護人神保壽之作成の準抗告申立書に記載のとおりであるから、これを引用する。

第2　当裁判所の判断

　1　本件は、覚せい剤取締法違反（覚せい剤自己使用）の事案である。

　2　一件記録によれば、①被疑者は、本件被疑事実を認めているが、覚せい剤の入手経路については供述を拒否していること、②被疑者の交友関係に関する資料として、現時点までに、被疑者が使用していた携帯電話の発着信履歴等に関する捜査報告書が作成されていることが認められる。

　そうすると、覚せい剤の入手経路は重要な情状に関する事実であるから、捜査機関としては、携帯電話の発着信履歴等を解析するなどの方法で、入手経路を明らかにするために捜査を行う必要があるものの、勾留期間満了時までにその捜査を終えることができなかったことにも相応の理由があるから、勾留期間を延長する「やむを得ない事由」（刑事訴訟法208条2項）があったと認められる。

　しかし、①被疑者は、入手経路以外の覚せい剤使用事実に関しては、逮捕時点から一貫してこれを認めており、勾留前に本件覚せい剤の鑑定を終えるなど、覚せい剤の入手経路以外の事実に関する捜査については、当初の勾留期間満了前に、概ね必要な捜査を遂げていること、②捜査機関は、本件被疑事実で被疑者を逮捕する前に、被疑者の使用していた携帯電話を入手してい

ること等に照らすと、入手経路に関する捜査を遂げるために延長すべき期間は、6日間で足りるというべきである。
第3　結論
　よって、本件準抗告申立てには、上記の限度で理由があるから、刑事訴訟法432条、426条2項により主文のとおり決定する。

平成25年1月28日　名古屋地方裁判所岡崎支部
裁判長裁判官　島村雅之／裁判官　飯塚素直／裁判官　園部仲之

事例(73)　名古屋地岡崎支決平25・3・26

被疑者　●●●

上記の者に対する建造物侵入、強盗致傷被疑事件について、平成25年３月22日岡崎簡易裁判所裁判官のした勾留期間延長の裁判に対し、同月24日弁護人神保壽之から準抗告の申立てがあったので、当裁判所は次のとおり決定する。

主文

本件準抗告を棄却する。

理由

第１　本件準抗告の申立ての趣旨及び理由は、弁護人神保壽之作成の平成25年３月24日付け準抗告申立書に記載のとおりであるから、これを引用する。

第２　当裁判所の判断

これに対する当裁判所の判断は別紙記載のとおりである。

第３　結論

よって、原裁判は相当であり、本件準抗告には理由がないから、刑事訴訟法432条、426条１項により、主文のとおり決定する。

平成25年３月26日　名古屋地方裁判所岡崎支部刑事部

裁判長裁判官　國井恒志／裁判官　戸苅左近／裁判官　蓮江美佳

別紙　本件は、被疑者が共犯者３名と共謀の上、金品窃取の目的で、平成24年10月●●日、愛知県●●●市内の工場に侵入し、金品を物色中、被害者に発見されるや、被害者に暴行を加えてその反抗を抑圧した上、金品を強取し、その際、上記暴行により、被害者に傷害を負わせたという事案である。

一件記録によれば、本件勾留期間延長の裁判時までに、必要な関係各捜査が行われたことが認められるが、共犯者が多数の重大事案という本件事案の性質、捜査の進捗状況、被疑者や共犯者らの供述状況等を考慮すると、本件勾留期間延長の裁判時において、検察官が適正な処遇意見を付して事件を家庭裁判所に送致するためには、更に共犯者ら関係者を取り調べるなどの捜査を行って、被

疑者の関わりを含む本件の実態を明らかにする必要があり、これらの点について捜査を尽くすためには更に10日間の勾留期間延長もやむを得なかったものと認められ、現時点においてもその事情に変更はない。

　以上によれば、被疑者が少年であることなど弁護人が主張する諸事情を考慮しても、勾留期間を延長する「やむを得ない事由」（刑事訴訟法208条2項）があると認められ、原裁判が被疑者の勾留期間を10日間延長したことは相当である。

事例74　名古屋地岡崎支決平25・5・8

被疑者　●●●

　上記の者に対する窃盗被疑事件について、平成25年5月2日岡崎簡易裁判所裁判官がした勾留期間延長の裁判に対し、同月7日弁護人神保壽之から準抗告の申立てがあったので、当裁判所は次のとおり決定する。

主文

　本件準抗告を棄却する。

理由

1　本件準抗告の申立ての趣旨及び理由は、弁護人神保壽之作成の準抗告申立書に記載のとおりであるから、これを引用するが、その要旨は、本件事案の下においては、刑事訴訟法208条2項の「やむを得ない事由」はないから、原裁判を取り消し、検察官の本件勾留期間延長請求を却下する旨の裁判を求めるが、仮に勾留延長自体は認められるとしても、その期間は可及的に短縮されるべきであるというものである。

2　当裁判所の判断

　本件は、被疑者が、共犯者2名と共謀の上、駐車場に駐車中の車両からタイヤ2本を窃取したという事案である。

　一件記録によれば、被疑者には罪を犯したことを疑うに足りる相当な理由があり、刑事訴訟法60条1項2号及び3号所定の各事由が存し、勾留の必要性も認められる。

　そこで、勾留期間を延長する「やむを得ない事由」の存否について検討するに本件事案の性質や捜査の進捗状況等に照らせば、本件勾留期間延長時において、検察官が適正な処遇意見を付して事件を家庭裁判所に送致するためには、更に共犯者らを取り調べ、必要な裏付け捜査を行ってその供述の信用性を吟味した上で、被害品の処分状況、共犯者らとの共謀状況及び犯行状況等を明らかにする必要があるから、これらの点について捜査を尽くすためには、更に10日間の勾留期間延長もやむを得なかったものと認められ、現時点においてもその事情に変更はない。また、本件勾留事実の前に行われた窃盗の余罪について併せて

捜査することは、本件勾留事実を含む犯行全体の経緯や共謀状況等を明確にする上で必要といえるから、原裁判が「処分決定上必要な余罪取調べのため」を延長理由としたことも不相当とはいえない。

　そうすると、被疑者が少年であることなど弁護人が主張する諸事情を考慮しても、原裁判が、本件において、勾留期間を延長する「やむを得ない事由」があったと認めて、被疑者の勾留期間を10日間延長したことは相当である。
　3　結論
　よって、原裁判は相当であり、本件準抗告には理由がないから、刑事訴訟法432条、426条1項により、主文のとおり決定する。

平成25年5月8日　名古屋地方裁判所岡崎支部刑事部
裁判長裁判官　後藤隆／裁判官　山﨑隆介／裁判官　仲井葉月

事例⑮　名古屋地岡崎支決平25・8・2

被疑者　●●●

　上記の者に対する住居侵入、窃盗被疑事件について、平成25年8月2日岡崎簡易裁判所裁判官がした勾留期間延長の裁判に対し、同日弁護人神保壽之から準抗告の申立てがあったので、当裁判所は次のとおり決定する。

主文

　本件準抗告を棄却する。

理由

第1　本件準抗告の申立ての趣旨及び理由は、弁護人神保壽之が作成した平成25年8月2日付け準抗告申立書に記載のとおりであるから、これらを引用する。

第2　当裁判所の判断

　これに対する当裁判所の判断は別紙記載のとおりである。

第3　結論

　よって、原裁判は相当であり、本件準抗告には理由がないから、刑事訴訟法432条、426条条1項により、主文のとおり決定する。

平成25年8月2日　名古屋地方裁判所岡崎支部刑事部
裁判長裁判官　國井恒志／裁判官　戸苅左近／裁判官　仲井葉月

別紙　1　本件は、被疑者が共犯者2名と共謀の上、平成●●年●●月●●日、愛知県豊田市内の住宅に侵入し、金品又は現金を窃取したという住居侵入、窃盗の事案2件である。

2　共犯者が複数という本件事案の性質、捜査の進捗状況、被疑者や共犯者らの供述状況等を考慮すると、被疑者の関わりや共謀状況など本件の実態を解明し、被疑者の刑責を明らかにして終局処分を決するには、更に共犯者ら関係者を取り調べて、犯行の役割分担等に関する供述の信用性を吟味するとともに、被疑者を取り調べ、その裏付け捜査をする必要があり、これらの捜査を尽くすためには、更に5日間勾留期間を延長することはやむを得ないと認められる。

そうすると、弁護人の主張する事情を考慮しても、勾留期間を延長する「やむを得ない事由」（刑事訴訟法208条2項）があると認められ、原裁判が被疑者の勾留期間を5日間延長したことは相当である。

事例⓻　名古屋地岡崎支決平25・12・10

被疑者　●●●

　上記の者に対する建造物侵入、住居侵入、窃盗被疑事件について、平成25年12月9日岡崎簡易裁判所裁判官がした勾留期間延長の裁判に対し、同月10日弁護人神保壽之から準抗告の申立てがあったので、当裁判所は次のとおり決定する。

　　　　　　　　　　　　　　主文
　本件準抗告を棄却する。

　　　　　　　　　　　　　　理由
第1　本件準抗告の申立ての趣旨及び理由は、弁護人神保壽之が作成した平成25年12月10日付け準抗告申立書に記載のとおりであるから、これを引用する。
第2　当裁判所の判断
　これに対する当裁判所の判断は別紙記載のとおりである。
第3　結論
　よって、原裁判は相当であり、本件準抗告には理由がないから、刑事訴訟法432条、426条1項により、主文のとおり決定する。

平成25年12月10日　名古屋地方裁判所岡崎支部刑事部
裁判長裁判官　國井恒志／裁判官　戸苅左近／裁判官　秋庭美佳

別紙　1　本件は、被疑者が、(1)平成●●年●●月●●日頃、愛知県●●●市の会社の寮に侵入し、(2)同月●●日、同市内の住宅に侵入し、腕時計1個等13点（時価合計約4万8000円相当）を窃取したという事案である。
2　そこで検討するに、本件勾留においては併合罪関係にある二つの事件について並行して捜査が進められている上、(2)事件についての現在の捜査の進捗状況や被疑者の供述態度等を考慮すると、(1)事件のみならず(2)事件についても犯行に至った経緯、態様などの実態を解明し、被疑者の刑責を明らかにして終局処分を決するには、更に被疑者を取り調べ、その裏付け捜査をする必要があり、

これらの捜査を尽くすためには、更に10日間勾留期間を延長することはやむを得ないと認められる。

　そうすると、弁護人の主張する事情を考慮しても、勾留期間を延長する「やむを得ない事由」(刑事訴訟法208条2項)があると認められ、原裁判が被疑者の勾留期間を10日間延長したことは、現時点においても相当である。

事例⑰　名古屋地決平25・8・18

住居　●●●県●●●市●●●
職業　●●●
被疑者　●●●
昭和●●年●●●生

　上記の者に対する道路交通法違反被疑事件について、平成25年8月15日、名古屋地方裁判所裁判官がした勾留期間延長の裁判に対し、同月18日、弁護人□□□から適法な準抗告の申立てがあったので、当裁判所は次のとおり決定する。

主文

　原裁判を次のとおり変更する。
　本件勾留期間を平成25年8月20日まで延長する。

理由

1　申立ての趣旨及び理由
本件準抗告の申立ての趣旨及び理由は、上記弁護人作成の準抗告申立書記載のとおりであるから、これを引用する。
2　当裁判所の判断
　(1)　本件勾留の基礎となる被疑事実の要旨は、被疑者が、公安委員会の運転免許を受けないで、●●●県●●●市内の道路において中型貨物自動車を運転したというものである。
　(2)　一件記録によれば、被疑者が罪を犯したことを疑うに足りる相当な理由があると認められ、罪証隠滅及び逃亡のおそれ並びに勾留の必要性も認められる。
　　そこで、勾留期間延長の「やむを得ない事由」の有無について検討する。本件捜査の進捗状況等に照らすと、本件において被疑者に対して適正な処分をするためには、関係機関に対する照会書類を踏まえ、必要に応じ被疑者の供述の裏付捜査を行い、それを踏まえた被疑者の取調べを行う必要があるものと認められる。もっとも、本件の罪質に加え、これまでの捜査の経過や今後の見通し等を併せ考慮すると、現時点においては、5日間の限度において、

上記のやむを得ない事由があると認めるのが相当である。
(3)　そうすると、本件準抗告は、以上の限度で理由があるから、刑事訴訟法432条、426条2項により、主文のとおり決定する。

平成25年8月18日　名古屋地方裁判所刑事第5部
裁判長裁判官　入江猛／裁判官　山田亜湖／裁判官　川口藍

事例⓻⓼　名古屋地決平25・5・18

住居　●●●市●●●
職業　●●●
被疑者　●●●
●●●年●●●生

　上記の者に対する暴力行為等処罰に関する法律違反被疑事件について、平成25年5月17日、名古屋地方裁判所裁判官がした勾留期間延長の裁判に対し、同月18日、弁護人古田宜行から適法な準抗告の申立てがあったので、当裁判所は、次のとおり決定する。

主文

原裁判を取り消す。
検察官の勾留期間延長請求を却下する。

理由

1　申立ての趣旨及び理由
　本件準抗告の申立ての趣旨及び理由は、上記弁護人作成の準抗告申立書記載のとおりであるから、これを引用する。
2　当裁判所の判断
⑴　本件被疑事実の要旨は、被疑者が、自宅において、妻である被害者に対し、包丁2丁を両手に持って示し、怒号しながら包丁を畳に突き刺し、さらに被害者の首元に当てるなどし、被害者の身体・生命にいかなる危害をも加えかねない気勢を示し、もって、凶器を示して脅迫したというものである。
⑵　勾留期間を延長する「やむを得ない事曲」の有無について検討する。
　一件記録によれば、被疑者は、本件被疑事実を概ね認め、被害者の要望に応じて平成●●年●●月●●日に被害者と離婚し［本件勾留中の出来事である——編者注］、被害者及び被害者と同居している家族に危害を加えないことなどを誓約していること、他方、被害者も被疑者に対する刑事処分や勾留延長を求めないとの意思を明らかにしていることが認められる。そして、被疑者の転居先は決まっていないものの、原裁判後の事情として、転居先が決

まるまでの間、被害者らが住む従前の住居で寝食せず簡易宿泊施設等を利用する旨、改めて被疑者が誓約していることも認められる。これらに加え、被疑者には古い交通事故の前科が1犯あるだけであること、勤務先が明らかになっていることなども併せ考慮すると、在宅に切り換えて捜査を続行することで足りるといえるので、勾留期間を延長する「やむを得ない事由」があるものとは認められない。

(3) そうすると、本件準抗告の申立ては理由があるから、刑事訴訟法432条、426条2項により、主文のとおり決定する。

平成25年5月18日　名古屋地方裁判所刑事第5部
裁判長裁判官　入江猛／裁判官　山田亜湖／裁判官　川口藍

事例㊾　名古屋地決平23・9・13

住居　●●●市●●●
職業　無職
被疑者　●●●
昭和52年●●●生

　上記の者に対する窃盗被疑事件について、平成23年9月10日名古屋簡易裁判所裁判官のした勾留期間延長の裁判に対し、同月13日、弁護人□□□から適法な準抗告の申立てがあったので、当裁判所は、次のとおり決定する。

主文

　原裁判中、勾留延長期間が「平成23年9月21日まで」とあるのを「平成23年9月16日まで」と変更する。

理由

第1　準抗告申立ての趣旨及び理由
　本件準抗告申立ての趣旨及び理由は、弁護人作成の準抗告申立書記載のとおりであるから、これを引用する。論旨は要するに、10日間の勾留期間延長を認めた原裁判は理由がないから、これを取り消し、検察官の勾留期間延長請求を却下すべきであるというものである。

第2　当裁判所の判断
1　本件被疑事実の要旨は、被疑者が、被害者方を訪れた際、同人の隙をうかがい、同人所有又は管理の現金及び財布等を盗んだというものである。
2　一件記録によれば、被疑者が罪を犯したと疑うに足りる相当な理由があり、勾留の理由及び必要性も認められる。
　そこで、勾留期間を延長するやむを得ない事由の有無を検討する。
　本件では、被疑者は被疑事実を認めているものの、被疑者が被害品の財布を質店に質入れしたときの状況や質店との取引状況等に関する捜査及び被害状況等についての被害者からの詳細な事情聴取などの捜査が未了であり、被疑者に対する適正な処分を決するためにはこれらの捜査を尽くす必要があるから、やむを得ない事由は認められる。

しかしながら、本件は、●●年6月●●日に被害申告がされ、被疑者は、本件後である8月●●日にした同一被害者方住居への侵入容疑で同日現行犯人逮捕され、同月●●日に住居侵入の罪で起訴されたものであるが、その捜査段階で本件被疑事実に関する捜査も進められており、原裁判時までには相当程度の証拠が収集されている。このような捜査の経緯や進捗状況等に照らすと、延長を認めるべき勾留期間を10日間とするのは長きに失し、5日間とするのが相当である。
　3　よって、本件準抗告は前記の限度で理由があるから刑事訴訟法432条、426条2項により、主文のとおり決定する。

平成23年9月13日　名古屋地方裁判所刑事第3部
裁判長裁判官　堀内満／裁判官　内山孝一／裁判官　島尻大志

事例⑳　名古屋地決平23・2・2

住居　●●●
職業　●●●
被疑者　●●●
昭和●●年●●●生

　上記の者に対する虚偽有印公文書作成・同行使被疑事件について、平成23年1月31日名古屋地方裁判所裁判官がした勾留期間延長の裁判に対し、同年2月1日弁護人金岡繁裕から適法な準抗告の申立てがあったので、当裁判所は、次のとおり決定する。

主文

　本件準抗告を棄却する。

理由

1　申立ての趣旨及び理由
　本件準抗告申立ての趣旨及び理由は、弁護人作成の平成23年2月1日付け準抗告申立書及び同月2日付け申立理由補充書に記載のとおりであるから、これらを引用する。
2　当裁判所の判断
　本件被疑事実の要旨は、当時●●●事務職員であった被疑者が、●●●前渡金に係る内容虚偽の精算書を作成し、同●●●に提出したというものである。
　一件記録によれば、被疑者が本件被疑事実を犯したと疑うに足りる相当な理由があると認められる。また、弁護人が主張する諸事情を考慮しても、勾留の理由及び必要性も認められる。そして、被疑者は、一応被疑事実を認める供述をしているとうかがわれるものの、その一方で、私物を買った領収書を精算書に貼付したのは、業務のために購入した物品の中で前渡金で精算できないものの回収を図るためであったなどと精算書の作成経緯及び記載内容に関し、あいまいな供述をしていることもうかがわれる。そこで、本件事案の真相を解明し、被疑者に対する適正な終局処分を決するためには、上記の点に関し、被疑者の元職場の同僚など関係者の更なる取調べを行い、それらを踏まえて更に被疑者

の取調べなどの捜査を行う必要がある。そして、これら所定の捜査を遂げるためには、なお相当の期間が必要なのであって、弁護人が主張する諸事情を考慮しても、勾留期間を10日間延長するやむを得ない事由があると判断した原裁判は正当である。

　よって、本件準抗告は理由がないから、刑事訴訟法432条、426条1項により、主文のとおり決定する。

平成23年2月2日　名古屋地方裁判所刑事第6部
裁判長裁判官　田邊三保子／裁判官　渡部五郎／裁判官　山口雅裕

事例㉛　名古屋地岡崎支決平22・4・5

被疑者　●●●

　上記の者に対する道路交通法違反被疑事件について、平成22年4月2日岡崎簡易裁判所裁判官がなした勾留期間延長の裁判に対し、同月3日弁護人□□□及び同□□□から適法な準抗告の申立てがあったので、当裁判所は次のとおり決定する。

主文

原裁判を取り消す。
本件勾留期間延長請求を却下する。

理由

第1　申立ての趣旨及び理由
　本件申立ての趣旨及び理由は、平成22年4月2日付け準抗告申立書記載のとおりであるからこれを引用する。
第2　当裁判所の判断
　1　本件は、被疑者が自動車を無免許で運転した道路交通法違反の事案であるが、一件記録によれば、被疑者が罪を犯したことを疑うに足りる相当な理由（刑事訴訟法60条1項柱書）に加え、捜査機関に対する被疑者の対応状況、生活状況等から、逃亡のおそれ（同項3号）及び勾留の必要性が認められる。
　2　そこで、勾留期間を延長する「やむを得ない事由」（刑事訴訟法208条2項）について検討するに、前記のとおり本件は被疑者が自動車を無免許運転した事案であるところ、原裁判時においても、運転行為の現認状況、本件犯行当時における被疑者の無免許の事実等についての証拠や、被疑者の検察官調書が作成済みであって、本件について処分を決するために必要な証拠資料の収集はほぼ終えていたものと認められる。
　　検察官は、勾留期間延長請求書において、必要な補充捜査として、①無免許運転の常習性を立証するため、当時の被疑者の稼働先の関係者等から事情聴取し証拠化すること、②被疑者の居住先を捜索し、本件犯行時に使用した印鑑及び自動車運転免許証を発見することを主張するが、②の印鑑や自動車

運転免許証は、他の証拠関係に照らして必ずしも重要な証拠とは考えられない上、被疑者は逮捕後直ちに●●●市●●●の現住所を供述しており、その時点以降であれば速やかに捜索が可能であったと考えられるところ、一件記録を精査しても、被疑者宅の捜索を実施することが当初の勾留期間で不可能若しくは著しく困難であったと認められる事情は認められない。また、①の点については更なる補充捜査の必要性を否定し難い面はあるものの不可欠とはいえない上、当裁判所の事実の取調べの結果（検察官からの電話聴取書）によれば、本件当時の被疑者の稼働先である会社は既に存在しておらず、関係者からの具体的な聴取日時の見通しが立っていないとのことであり、このような状況は原裁判時においても同様であったと認められる。

さらに、検察官は、被疑者が本件犯行の5日前に行った別の無免許運転につき、平成22年4月6日ころ送致を受ける予定であり、それと本件とを併せて処理すべきである旨主張するが、これは本件勾留の基礎となる被疑事実とは異なる別件である上、一件記録上、当該別件と併せて処理しなければ本件の処分を決定し得ないような事情は認められない。

したがって、検察官の主張を十分考慮しても、本件において勾留期間を延長して更に捜査を尽くす理由は認められず、被疑者の勾留期間を延長することにつき「やむを得ない事由」があるということはできない。

第3　結論

よって、本件準抗告申立ては理由があるから、刑事訴訟法432条、426条2項により主文のとおり決定する。

平成22年4月5日　名古屋地方裁判所岡崎支部
裁判長裁判官　丸田顕／裁判官　三上孝浩／裁判官　成瀬大輔

事例(82)　名古屋地決平26・6・2

住居　●●●

職業　●●●

昭和●●年●●●生

上記の者に対する傷害被疑事件について、平成26年5月30日名古屋地方裁判所裁判官がした勾留期間延長の裁判に対し、同年6月2日弁護人古田宜行から適法な準抗告の申立てがあったので、当裁判所は、次のとおり決定する。

主文

原裁判を次のとおり変更する。

本件勾留期間を平成26年6月6日まで延長する。

理由

1　本件準抗告の趣意は、要するに、原裁判は、本件の勾留期間を10日間（平成26年6月11日まで）延長したが、勾留期間を延長する「やむを得ない事由」はないから、原裁判を取り消した上、検察官の勾留延長請求を却下する旨の裁判を求めるというものである。

2　本件勾留の基礎となる被疑事実は、被疑者が、平成26年4月●●日、被疑者方で、妻（当時●●歳。以下「被害者」という。）に対し、その髪の毛を左手で鷲掴みにして、脇腹等を右手拳で殴打するなどの暴行を繰り返し加えて全治約1か月の見込みを要する傷害を負わせたというものである。

一件記録によれば、被疑者が上記被疑事実の罪を犯したと疑うに足りる相当な理由があると認められ、また、弁護人は、本件勾留の要件を争うが、勾留の要件（刑訴法60条1項2号及び3号）及び勾留の必要性についても、いずれも優に認められる。

3　そして、被疑者は、本件被疑事実を概ね認めているが、本件は夫婦間のいわゆるDVの事案であるところ、被害者の供述等からは、被疑者の被害者に対する暴行には常習性がうかがわれ、その点が本件の犯情として重要であることからすれば、被疑者に対する適正な処分を決するために、被害者の過去の負傷状況について医療機関等から照会結果の回答を受けた上で、被疑者の更なる取調

べを遂げる必要があることは否定できない。

　そうすると、本件の勾留期間をある程度延長することは、やむを得ないと認められるが、これまでの捜査の進捗状況等を踏まえると、上記処分を決するために必要な捜査を遂げるためには、本件の勾留期間を5日間（平成26年6月6日まで）延長すれば足りると考えられる。

4　よって、本件準抗告は、上記の限度で理由があるから、刑訴法432条、426条2項により、原裁判を変更することとして、主文のとおり決定する。

平成26年6月2日　名古屋地方裁判所刑事第2部
裁判長裁判官　松田俊哉／裁判官　山田順子／裁判官　中井太朗

事例㉘ 名古屋地決平26・5・14

住居　愛知県●●●
職業　●●●
被疑者　●●●
平成●●年●●●生

　上記の者に対する覚せい剤取締法違反被疑事件について、平成26年5月12日名古屋地方裁判所裁判官のした勾留期間延長の裁判に対し、同月14日、弁護人金岡繁裕から適法な準抗告の申立てがあったので、当裁判所は、次のとおり決定する。

主文

本件準抗告を棄却する。

理由

第1　申立ての趣旨及び理由
　本件申立ての趣旨及び理由は、弁護人作成の準抗告申立書記載のとおりであるから、これを引用する。論旨は要するに、原裁判は、違法な逮捕手続を前提としたものであり、また勾留の理由、必要性及びやむを得ない事由もないのに10日間の勾留期間延長を認めた違法なものであるからこれを取り消し、検察官の勾留期間延長請求を却下すべきである。仮に延長がやむを得ないとしても4日間とすべきである、というものである。

第2　当裁判所の判断
　1　本件被疑事実の要旨は、被疑者が覚せい剤を自己使用したというものである。
　2　一件記録によれば、被疑者が罪を犯したと疑うに足りる相当な理由が認められる。
　　被疑者は、任意同行や採尿手続に際し非協力的な態度をとり、本件被疑事実も当初否認し、その後概略は認めるに至ったものの、使用の日時、場所、使用状況や覚せい剤の入手状況等といった、処分を検討する上で重要と認められる事実関係の詳細について十分な供述が得られていないことなどからす

ると、関係者への働きかけなど罪体及び重要な情状事実について罪証を隠滅すると疑うに足りる相当な理由が認められる。また、被疑者は実家とは別に事務所を構えるなど生活実態が明らかでないことや、取調べの際の態度などからすれば、逃亡のおそれを否定することはできず、以上の事情に照らせば、被疑者が個人事業者であることや、両親が被疑者の監督を約束していることなど弁護人指摘の点を考慮しても、勾留の必要性も認められる。

　そして、前記のような被疑者の供述状況や供述態度に照らせば、覚せい剤の使用に関する客観的な証拠の収集が不可欠であるところ、尿の鑑定書が未着であるほか、押収された注射器の付着物に関する鑑定など各種鑑定が未了であり、また、使用状況や入手状況等に関して必要な参考人取調べ及び被疑者の引当たり捜査も未了である。そうすると、事案の真相を解明して被疑者に対する適正な処分を決するには、これらの捜査を遂げた上、さらに被疑者の取調べをする必要があり、そのための期間として10日間の勾留期間延長もやむを得ないというべきである。

　なお、弁護人は、勾留の前提となる逮捕手続に違法がある旨主張するが、一件記録を検討しても、本件の逮捕手続が違法であることをうかがわせる事情は見いだせない。

　3　そうすると、原裁判は正当であり、本件準抗告は理由がないから、刑訴法432条、426条1項により、主文のとおり決定する。

平成26年5月14日　名古屋地方裁判所刑事第3部
裁判長裁判官　堀内満／裁判官　齋藤千恵／裁判官　黒木裕貴

事例㊽　名古屋地決平27・1・13

住居　愛知県
職業　会社員
被疑者　●●●
昭和●●年●●●生

　上記の者に対する暴行、暴力行為等処罰に関する法律違反被疑事件について、平成27年1月11日、名古屋地方裁判所裁判官がした勾留期間延長の裁判に対し、同月13日、弁護人古田宜行から適法な準抗告の申立てがあったので、当裁判所は次のとおり決定する。

主文

原裁判を取り消す。
検察官の勾留期間延長請求を却下する。

理由

1　申立ての趣旨及び理由
　本件準抗告の申立ての趣旨及び理由は、弁護人作成の準抗告申立書記載のとおりであるから、これを引用する。
2　当裁判所の判断
(1)　本件被疑事実の要旨は、被疑者が、被疑者方居室において、かねてから交際していた被害者に対し、手拳で同人の腹部、背部等を複数回殴る暴行を加え、さらに包丁を示し、同人の着用している衣服を切りつけて損壊したというものである。
(2)　勾留期間延長の「やむを得ない事由」の有無について検討する。
　一件記録及び当裁判所の事実取調べの結果によれば、被疑者は本件犯行を概ね認め、原裁判後、本件について反省し二度と同様の行為をしないこと、被害者及びその親族等に対し一切の連絡をとらないこと、捜査機関からの呼出しには必ず応じること等を誓約し、被害者に対して被害弁償金として10万円を支払ったこと、他方、被害者も被疑者を宥恕し、被疑者に対する寛大な処分を希望していることが認められる。これらに加え、被疑者が定職を有し

ていること、被疑者に最近の前科はないこと等も併せ考慮すると、在宅に切り換えて捜査を続行することで足りるといえるので、勾留期間を延長する「やむを得ない事由」があるものとは認められない。
(3)　そうすると、本件準抗告の申立ては理由があるから、刑事訴訟法432条、426条2項により、主文のとおり決定する。

平成27年1月13日　名古屋地方裁判所刑事第5部
裁判長裁判官　入江猛／裁判官　山田亜湖／裁判官　前田優太

事例㊥　名古屋地岡崎支決平26・6・20

被疑者　●●●

　上記の者に対する凶器準備結集被疑事件について、平成26年6月20日岡崎簡易裁判所裁判官がした勾留期間延長の裁判に対し、同日弁護人□□□から準抗告の申立てがあったので、当裁判所は次のとおり決定する。

主文

本件準抗告を棄却する。

理由

第1　本件準抗告の趣旨及び理由は、弁護人□□□が作成した平成26年6月20日付け準抗告申立書に記載のとおりであるから、これを引用する。

第2　当裁判所の判断

　1　本件は、暴走族の元構成員である被疑者が、対立していた暴走族の構成員に土下座させられたことに憤慨し、同構成員及び同暴走族関係者に危害を加える目的で、知人に金属バットや木刀を用意させた上、合計8名の知人を呼び集め、もって、共同して他人の生命、身体に危害を加える目的で凶器を準備して人を集合させたという凶器準備結集の事案である。

　2　一件記録によれば、被疑者は本件被疑事実自体は認めているものの、本件事案の性質及び内容に照らすと、本件においては犯行に至る経緯等も重要な情状事実となるところ、本件事案の証拠構造、関係者の供述状況、関係者が多数であること、被疑者及び関係者の取調べ状況からすれば、本件事案の全容を解明し、検察官において適正な処遇意見を付して送致するためには、多数の関係者の取調べ等を引き続き実施し、これらの捜査を遂げた上で被疑者の取調べを行う必要があり、そのためには相当の日数を要することが認められるから、弁護人の主張を考慮しても、被疑者に対する勾留期間を延長すべきやむを得ない事由があるといえ、被疑者に対する10日間の勾留期間延長を認めた原裁判は正当である。

第3　結論

　よって、原裁判は相当であり、本件準抗告には理由がないから、刑事訴訟法

432条、426条1項により、主文のとおり決定する。

平成26年6月20日　名古屋地方裁判所岡崎支部刑事部
裁判長裁判官　飯野里朗／裁判官　瀬沼美貴／裁判官　寺内康介

事例86　※以下の準抗告申立に対し検察官が自主的に釈放した案件

準抗告申立書

平成26年12月9日

名古屋地方裁判所　御中

被疑者　●●●
弁護人　□□□

　上記被疑者に対する傷害被疑事件について、平成26年12月5日、名古屋地方裁判所裁判官がなした勾留を延長する旨の裁判は不服であるから、以下のとおり、準抗告を申し立てる。

第1　申立の趣旨
　1　原裁判を取り消し、本件勾留延長請求を却下する
　との決定を求め、予備的に、
　2　原裁判を取り消し、本件被疑者の勾留を4日間延長する
　　又は、
　　原裁判のうち、勾留延長期間を4日間と変更する
　との決定を求める。

第2　申立の理由
　1　はじめに
　　原裁判は、刑事訴訟法（以下、「法」という。）208条2項により被疑者につき勾留延長を認めている。しかし、法は、勾留期間を原則として10日間と定めているのであるから、捜査機関は、原則として10日間の捜査によって起訴・不起訴を決定するか、そうでなければその後は身体拘束を解いて在宅で捜査を進める義務がある。

　　従って、勾留延長が許されるためには、10日間の勾留満期の時点で起訴・不起訴を決定することができず、かつ、そのことに合理的理由があり、しかもその後の補充捜査が被疑者の身体を拘束しなければ実行できない捜査である場合に限られる。

　　判例も、「やむを得ない事由」（法208条2項）とは、「事件の複雑困難、あ

るいは証拠収集の遅延ないし困難等により勾留期間を延長して更に取調べをするのでなければ、起訴・不起訴の決定をすることが困難な場合」(最判昭和37年7月3日民集16巻7号1408頁)であるとしており、単に、漫然と捜査の必要があるだけで勾留延長することは許されない。

　しかし、被疑者には以下のとおり勾留を延長する「やむを得ない事由」(法208条2項)はないのであるから、勾留延長は認められない。

２　事実関係

　本件被疑事実は、平成26年11月24日、被疑者が、自宅において、自らの母である●●●に対し、同人の大腿部を手拳で殴打するなどの暴行を加え、同人に挫傷等の傷害を負わせたというものである。

　●●●は、同日、自宅で転倒して頭部に裂傷を負ったため、被疑者が救急車を呼んだところ、救急隊員らが●●●の身体の殴打痕等を認め、警察に通報したことにより被疑者の上記被疑事実が発覚し、同日から翌25日にかけて、●●●警察署において被疑者の取調べがなされた後、同日、同署において逮捕された。

　そして、その後に10日間の勾留をされ、さらに原裁判により10日間の勾留延長を受けているものである。

３　被害者に処罰感情が全くないこと

　本件の被害者である●●●は、愛知県●●●警察署警察官から「被害届を出さないと捜査が進まない。」と言われ、これを提出しなければならないものと誤信して被害届を提出したが、被疑者に対し、処罰感情は全く有しておらず、むしろ、早期の解放を望んでいる(添付資料１)。

　そして、●●●は、提出した被害届についても、取り下げたいとの意向を示している(同)。

　なお、●●●は、被疑者が勾留された直後の11月27日●●●警察署へ赴き、被疑者に衣服等を差し入れている。

　このように、●●●は、被疑者に対し、処罰意思を全く有していない。

４　●●●に対する再度の暴行、威迫の可能性がないこと

　●●●は、被疑者の兄である●●●の手配によって、12月●●日から、名古屋市●●●内の施設に入所している。●●●は、被疑者に対し、上記●●

●の現在の居所を伝えておらず、今後も、被疑者が落ち着くまでの間は伝えない意向であることを述べている(添付資料2)。

　また、被疑者自身も、自らが落ち着くまでの間は、●●●と接触をしないようにすること、少なくとも本件が終了するまでの間は決して●●●と接触をしないことを誓約している(添付資料3)。

　なお、検察官は、本日、名古屋地方検察庁において、●●●からの事情聴取を行い、これを完了している。この参考人取調べのための●●●の上記施設からの送迎は、警察官が行っている。

　以上の事実から、被疑者が今後、●●●に対し、本件同様の暴行に及んだり、本件について自らに有利な供述をするように威迫したりするおそれは皆無である。

5　逃亡のおそれもないこと

　被疑者は、本件被疑事実を認め、反省の弁を述べるとともに、今後、裁判所や検察庁等から呼び出しがあった場合には、必ず出頭することを誓約している。

　また、被疑者の兄である●●●は、被疑者に対する身元引受書を提出し、被疑者について裁判所等から呼び出しがあった場合には責任をもって出頭させることを誓約している(添付書類2)。

　被疑者に前科はなく、●●●の負った傷害も重度ではないこと、被疑者が反省していることなどから、被疑者について公判請求がなされた上で実刑判決がなされる可能性は乏しい。このような中で、被疑者が敢えて危険を冒してまで逃走する理由はない。

　以上より、被疑者に逃亡のおそれもない。

6　結語

　ここまで述べてきたような本件における各事情を総合すれば、被疑者の勾留を10日間延長しなければならない「やむを得ない事由」(法208条2項)はなく、本件勾留延長請求は直ちに却下されなければならない。

　また、少なくとも、●●●と被疑者とが物理的に隔離され、●●●に対する検察官による参考人取調べも完了した現時点においては、これ以上被疑者の身柄を拘束しておかなければ起訴・不起訴の判断をするに当たっての捜査

をすることができないとは到底考えられないのであるから、勾留延長期間を4日に変更されなければならない。

添付資料
1　嘆願書（●●●作成）
2　身元引受害（●●●作成）
3　誓約書（●●●作成）

事例(87)　名古屋地決平27・6・6

住居　東京都●●●

職業　無職

被疑者　●●●

昭和●●年●●●生

上記の者に対する商標法違反被疑事件について、平成27年6月4日名古屋地方裁判所裁判官がした勾留期間延長の裁判に対し、同月6日弁護人古田宜行から適法な準抗告の申立てがあったので、当裁判所は、次のとおり決定する。

主文

本件準抗告を棄却する。

理由

第1　準抗告申立ての趣旨及び理由

本件準抗告申立ての趣旨及び理由は、弁護人作成の準抗告申立書のとおりであるから、これを引用する。

第2　当裁判所の判断

1　本件被疑事実の要旨は、被疑者が、その夫と共謀の上、何ら権限がないのに、有名ブランドの商標に類似する商標を使用した装飾品を販売譲渡のために所持し、商標権を侵害する行為とみなされる行為をしたというものである。

2(1)　一件記録によれば、被疑者が本件被疑事実につき罪を犯したことを疑うに足りる相当な理由があり、弁護人が主張する点を踏まえても、なお勾留の理由及び必要性が認められる。

(2)　そこで、勾留期間を延長するやむを得ない事由の有無について検討する。

一件記録によれば、勾留期間延長の請求までに被疑者及び共犯者の取調べや押収物の精査等の捜査が行われており、請求前の捜査に解怠があったとは認められない。そして、検察官が本件事案を解明して適正な処分を決するためには、共犯者の供述内容等も踏まえ、本件装飾品の入手先や販売状況、保管状況等に関する被疑者の供述の裏付け捜査を進めるなどして客観的資料の

収集及び分析に努めた上、客観的資料に基づく更なる被疑者及び共犯者の取調べ等を行い、それらの供述の真偽を見極める必要があり、これらの捜査を遂げるためには、勾留期間延長の請求があった時点において、なお8日間勾留期間を延長する必要があったものと認められる。そうすると、刑事訴訟法208条2項所定の「やむを得ない事由がある」と認められるから、原裁判は正当として是認することができる。

3　よって、本件準抗告は理由がないから、同法432条、426条1項により主文のとおり決定する。

平成27年6月6日　名古屋地方裁判所刑事第1部
裁判長裁判官　山田耕司／裁判官　神田温子／裁判官　小暮純一

事例88　名古屋地決平26・12・5

住居　●●●
職業　工場作業員
被疑者　●●●
●●●生

　上記の者に対する現住建造物等放火被疑事件について、平成26年12月5日名古屋地方裁判所裁判官がした勾留期間延長の裁判に対し、同日弁護人□□□から適法な準抗告の申立てがあったので、当裁判所は、次のとおり決定する。

主文

　本件準抗告を棄却する。

理由

1　申立ての趣旨及び理由
　本件準抗告申立ての趣旨及び理由は、弁護人作成の準抗告申立書に記載のとおりであるから、これを引用する。
2　当裁判所の判断
　本件被疑事実の要旨は、被疑者が、自己の勤務する現に上司らが稼働している工場に放火して、同工場更衣室を一部焼損したというものである。
　一件記録によれば、被疑者が罪を犯したと疑うに足りる相当な理由があり、勾留の理由（刑事訴訟法60条1項2号及び3号）及び必要性があると認められ、勾留すべきやむを得ない場合（少年法48条1項）に当たることも認められる。
　そこで、勾留期間を延長するやむを得ない事由を検討するに、まず、前記事案の内容からすれば、罪体にかかわるものとして、被疑者が供述する犯行態様により本件結果が生じるか否かを解明するため、燃焼再現実験が必要といえる。そして、少年法42条1項において、検察官は少年の被疑事件について捜査を遂げることが求められている上、事件の家庭裁判所送致が少年にとって一定の不利益処分となることなどを考慮すると、検察官としては、処遇意見を付して少年の被疑事件を家庭裁判所に送致する時点において、当該被疑事実の有無及びその内容について、収集した証拠資料を総合勘案して非行事実の存在を認める

ことができる相当の嫌疑の存在を要求されているものと解すべきであって、前記再現燃焼実験を家庭裁判所送致後に行えば足りるなどという弁護人の主張は失当である。また、信憑性のある再現実験を行うためには、被疑者から具体的な犯行態様を聴取した上で、前記犯行の際の犯行現場及び周囲の状況に近似した状況になるように条件を整え、相当な場所を確保して行うことが必要であることからすれば、当初勾留期間中に同実験を行っていないことが捜査の怠慢であるなどということはできず、本件勾留延長請求時点で同延長期間中にこれを行う具体的な予定が決まっていたことにも照らせば、前記燃焼再現実験を実施するために勾留を延長する必要があることが優に認められる。

　また、放火罪においては犯行動機が重要な情状事実であるところ、被疑者の供述によれば、本件犯行は、本件以前からの前記工場関係者らに対する不満がその背景にあったものとうかがわれる。そうすると、本件犯行の動機を解明するためには、複数の前記工場関係者や、被告人の不満を聞く機会があったと思料される被告人の父母等の参考人に対する取調べが必要であるし、被告人の携帯電話の精査についても、動機の解明に関係するものとして必要性が認められる。そして、前記動機の解明のためには、これらの捜査を遂げた上で、更に被疑者に対する取調べを行うことも必要であると考えられるが、被疑者は、知的障害及び発達障害の影響により、自己の考えを的確に表現することが不得手であるというのであるから、同人に対する取調べは、これらの障害にも配慮して進める必要があり、そのため、通常よりも時間を要するものと考えられる。

　以上によれば、捜査機関が10日間の勾留期間内において上述のような捜査を遂げることが可能であったとは認めがたく、本件においては、被疑者に対する勾留期間を延長すべき「やむを得ない事由」があるものといえる。

　また、これらの捜査を遂げるには当初勾留期間に加えてなお相当の期間を要すると考えられることからすると、10日間の勾留期間延長を認めた原裁判は、その長さの点も含めて誤りがあるとはいえない。

　なお、弁護人は、少年の被疑事件においては、捜査機関が10日以内に捜査を終えようと努力を尽くしたにもかかわらず、なお、合理的理由によりこれを終えることができなかった特段の事情がある場合に初めて勾留延長が是認されるなどとも主張するが、独自の見解に基づくものであり採用できない。

3　よって、本件準抗告は理由がないから、刑事訴訟法432条、426条１項により、主文のとおり決定する。

平成26年12月５日　名古屋地方裁判所刑事第６部
裁判長裁判官　鵜飼祐充／裁判官　伊藤大介／裁判官　武藤明子

事例89　名古屋地決平27・8・12

住居　●●●

職業　●●●

被疑者　●●●

1955年●●●生

上記の者に対する出入国管理及び難民認定法違反被疑事件について、平成27年8月7日、名古屋地方裁判所裁判官がした勾留期間延長の裁判に対し、同月12日弁護人□□□から適法な準抗告の申立てがあったので、当裁判所は、次のとおり決定する。

主文

本件準抗告を棄却する。

理由

1　申立ての趣旨及び理由

本件準抗告の申立ての趣旨及び理由は、弁護人作成の準抗告申立書記載のとおりであるから、これを引用する。

2　当裁判所の判断

(1)　本件被疑事実の要旨は、被疑者は、人材派遣業等を営む●●●の代表取締役として、その業務全般を統括管理し、その系列会社である●●●についても実質的に統括管理するものであるが、上記2社の業務に関し、共犯者3名と共謀の上、外国人2名が不法残留していることを知りながら、自動車部品の製造等の報酬を受ける活動に従事させ、事業活動に関し外国人に不法就労活動をさせたというものである。

(2)　一件記録によれば、被疑者が罪を犯したことを疑うに足りる相当な理由があると認められる。

また、被疑者及び共犯者らの供述内容等の原裁判時までに収集された証拠関係等に照らすと、被疑者及び共犯者らの身柄拘束に先立ち、関係先の捜索差押えがされ、多数の関係資料等が押収されていたこと、被疑者の会社での立場、健康状態、長女の婚儀等の弁護人が主張する事情を踏まえても、被疑

者を釈放すれば、罪体や背景事情を含めた重要な情状事実に関して罪証を隠滅すると疑うに足りる相当な理由も、勾留の必要性も認められる。

　そして、勾留期間延長の「やむを得ない事由」の有無について検討すると、本件が多数の者が関与する組織的な事案である上、被疑者の供述状況、主張内容等に照らすと、本件事案の真相を解明して被疑者について適正な処分を行うためには、既に押収された関係資料を精査し、それを踏まえて、被疑者及び共犯者らを含む多数の関係人を取り調べる必要があるところ、これらの捜査を当初の勾留期間内に終えられなかったことはやむを得ないと認められる。

　そうすると、その他弁護人が指摘する諸事情を考慮しても、上記捜査を遂げる期間として、10日間の勾留期間の延長はやむを得ないというべきである。

(3)　したがって、10日間の勾留期間の延長を認めた原裁判は正当であり、本件準抗告の申立ては理由がないから、刑事訴訟法432条、426条1項により、主文のとおり決定する。

平成27年8月12日　名古屋地方裁判所刑事第5部
裁判長裁判官　奥山豪／裁判官　石井寛／裁判官　金納達昭

事例⑩　名古屋地決平27・8・25

住居　●●●
職業　●●●
被疑者　●●●

　上記の者に対する愛知県青少年保護育成条例違反、労働基準法違反被疑事件について、平成27年8月21日名古屋地方裁判所裁判官のした勾留期間延長の裁判に対し、同月25日、弁護人□□□から適法な準抗告の申立てがあったので、当裁判所は、次のとおり決定する。

主文

　本件準抗告を棄却する。

理由

第1　申立ての趣旨及び理由

　本件申立ての趣旨及び理由は、弁護人作成の準抗告申立書記載のとおりであるから、これを引用する。論旨は要するに、やむを得ない事由がないのに10日間の勾置期間延長を認めた原裁判は違法であるからこれを取り消し、検索官の勾留期間延長請求を却下すべきであり、仮に延長を認めるとしても勾留延長期間を6日間に変更すべきであるというものである。

第2　当裁判所の判断

　1　本件被疑事実の要旨は、女性従業員が客の求めに応じて下着を露わにした姿を閲覧・撮影等させるサービスの提供及び女性従業員の着用済み下着の買い取りをする店舗の営業を統括する被疑者が、その店舗の店長である共犯者と共謀の上、(1)被害児童A（当時17歳）が18歳未満であることを知りながら、多数回にわたり、同児童をして前記サービスを提供させて稼働させ、もって18歳に満たない者を福祉に有害な場所における業務に就かせ、2回にわたり、同児童から着用済み下着各1枚を代金各3500円で買い受け、(2)被害児童B（当時17歳）が18歳に満たないことを知りながら、同児童に対し、被疑者の経営する店舗において、水着等を着用させて客にその姿態を撮影させる営業に従事するよう勧誘したというものである。

2　一件記録によれば、被疑者が罪を犯したと疑うに足りる相当な理由が認められ、関係者ら及び共犯者に対する取調べ等捜査の進捗状況に照らせば、勾留の理由及び必要性も認められる。

　被疑者及び共犯者は、被害児童Aの年齢の知情性を否認しており、未必の故意も含め年齢の知情性を立証するためには採用面接の際の年齢確認の有無や方法等に関する捜査を尽くす必要があるところ、関係者が多数の事案であることもあり未だ十分な取調べがされていない。そうすると、事案の真相を解明して被疑者に対する適正な処分を決するには、関係証拠を精査した上で関係者ら及び共犯者に対する取調べを遂げ、その上で更に被疑者の取調べをする必要があり、在宅での捜査が進行していた等弁護人の主張を踏まえたとしても、そのための期間として10日間の勾留期間延長はやむを得ないというべきである。

3　そうすると、原裁判は正当であり、本件準抗告は予備的主張も含めて理由がないから、刑訴法432条、426条1項により、主文のとおり決定する。

平成27年8月25日　名古屋地方裁判所刑事第3部
裁判長裁判官　堀内満／裁判官　引馬満理子／裁判官　黒木裕貴

事例㉛　名古屋地決平27・9・11

住居　●●●

職業　●●●

被疑者　●●●

●●●生

　上記の者に対する児童買春、児童ポルノに係る行為等の規制及び処罰並びに児童の保護等に関する法律違反被疑事件について、平成27年9月11日名古屋地方裁判所裁判官のした勾留期間延長の裁判に対し、同日、弁護人□□□から適法な準抗告の申立てがあったので、当裁判所は、次のとおり決定する。

主文

　原裁判を取り消す。

　被疑者の勾留期間を平成27年9月12日から同月18日まで延長する。

理由

第1　申立ての趣旨及び理由

　本件申立ての趣旨及び理由は、弁護人作成の準抗告申立書記載のとおりであるから、これを引用する。論旨は要するに、やむを得ない事由がないのに10日間の勾留期間延長を認めた原裁判は不当であるからこれを取り消し、検察官の勾留期間延長請求を却下すべきであるというものである。

第2　当裁判所の判断

　1　本件被疑事実の要旨は、被疑者が、被害児童2名に対して、同人らが18歳に満たないことを知りながら、現金を対償として供与する約束をして性交し、もって児童買春をしたというものである。

　2　一件記録によれば、被疑者が罪を犯したと疑うに足りる相当な理由は認められ、勾留の理由及び必要性も認められる。弁護人は勾留の理由も必要性もない旨るる述べるが、その主張内容を踏まえても前記判断は揺るがない。

　ところで、被疑者は、被疑事実を概ね認める旨の供述をしているが、本件は被害児童2名を相手にした犯行であるところ、検察官による被害児童らの取調べが未了である。被疑者に対する最終処分を決するには、少なくともこ

れらの捜査を遂げた上、さらに被疑者の取調べをする必要がある。被害児童の検察官による取調べは９月11日と同月15日に予定されている。そうするとこれらを踏まえた被疑者取調べの所要日数を考慮しても延長が許される期間は９月18日を限度とするのが相当である。
　３　そうすると、本件準抗告は前記の限度で理由があるから、刑訴法432条、426条２項により、主文のとおり決定する。

平成27年９月11日　名古屋地方裁判所刑事第３部
裁判長裁判官　堀内満／裁判官　引馬満理子／裁判官　黒木裕貴

事例(92)　名古屋地決平27・3・2

被疑事件名　労働基準法違反

被疑者　氏名　●●●

住居　●●●

年齢　●●●

住居　●●●

職業　●●●

原裁判　平成27年2月27日名古屋地方裁判所裁判官がした勾留期間延長の裁判

申立人　弁護人　□□□

主文　本件準抗告を棄却する。

申立ての趣旨及び理由　準抗告申立書記載のとおりであるから、これを引用する（なお、同申立書中申立の趣旨第2項に「勾留期間更新請求」とあるものは「勾留期間延長請求」の誤記と認める。）。

当裁判所の判断　別紙記載のとおり

適用した法令　刑事訴訟法432条、426条1項

平成27年3月2日　名古屋地方裁判所刑事第1部

裁判長裁判官　山田耕司／裁判官　神田温子／裁判官　小暮純一

別紙　1　本件被疑事実の要旨は、女子児童をモデルとしてその容姿を男性客に撮影させる接客業を営む店舗において、モデルの募集等の業務に従事していた被疑者が、同店舗の経営者である共犯者と共謀の上、アルバイト従業員として雇い入れた児童（当時17歳）が18歳に満たないことを知りながら、同店舗の個室内において、男性客の求めに応じて、胸部、臀部及び陰部を最小限に覆うだけの衣装を着用した姿態をとらせ、これを動画撮影される業務に従事させ、もって、満18歳に満たない者を福祉に有害な場所における業務に就かせたというものである。

2(1)　一件記録によれば、被疑者が本件被疑事実につき罪を犯したことを疑う

に足りる相当な理由があり、勾留の理由及び必要性も認められる。
⑵　そこで、勾留期間を延長するやむを得ない事由の有無について検討する。
　一件記録によれば、これまでに被疑者、共犯者及びその他事件関係者の取調べ、証拠品の解析等の捜査が行われており、従前の捜査に懈怠があったとは認められない。そして、検察官が本件事案を解明して処分を決するためには、今後、証拠品の解析を進め、高校生であるために配慮していた本件被害児童からの事情聴取を行った上で、共犯者及び被疑者の取調べを行う必要があり、これらの捜査を遂げるためには、なお7日間勾留期間を延長する必要があると認められる。
　以上によれば、刑事訴訟法208条2項所定の「やむを得ない事由がある」と認められることから、原裁判は正当である。
3　よって、本件準抗告は理由がないから、主文のとおり決定する。

事例(93)　名古屋地決平27・9・10

住居　●●●

職業　●●●

平成５年●●●生

上記の者に対する住居侵入、窃盗被疑事件について、平成27年９月４日名古屋地方裁判所裁判官のした勾留期間延長の裁判に対し、同月10日、弁護人□□□から適法な準抗告の申立てがあったので、当裁判所は、次のとおり決定する。

主文

本件準抗告を棄却する。

理由

第１　申立ての趣旨及び理由

本件申立ての趣旨及び理由は、弁護人作成の準抗告申立書記載のとおりであるから、これを引用する。論旨は要するに、やむを得ない事由がないのに10日間の勾留期間延長を認めた原裁判は不当であるからこれを取り消し、検察官の勾留期間延長請求を却下すべきであるというものである。

第２　当裁判所の判断

１　本件被疑事実の要旨は、被疑者が、共犯者複数名と共謀し、他人の住居に侵入して腕時計１個（時価約80万円相当）を盗んだというものである。

２　一件記録によれば、被疑者が罪を犯したと疑うに足りる相当な理由、勾留の理由及び必要性が認められる。

本件は共犯事件であり共謀の内容や各自の役割等が明らかにならないと適正な処分を決することができない事案であるところ、被疑者は被疑事実に関し黙秘している。そのため共犯者らの供述が重要な証拠となり、これらの者から十分な供述を得る必要があるところ、共犯者らのうち一部の者について未だ検察官による取調べが終了していない。また、これら供述の信用性を検討するためにも関係者の使った携帯電話の解析及び精査が必要であるところ、この捜査も未了である。そうすると、事案の真相を解明して被疑者に対する適正な処分を決するには、これらの捜査を遂げる必要があり、そのための期

間として10日間の勾留期間延長はやむを得ないというべきである。
　3　そうすると、原裁判は正当であり、本件準抗告は理由がないから、刑訴法432条、426条1項により、主文のとおり決定する。

平成27年9月10日　名古屋地方裁判所刑事第3部
裁判長裁判官　堀内満／裁判官　引馬満理子／裁判官　黒木裕貴

事例94　名古屋地決平24・10・29

住居　●●●
職業　高校生
被疑者　●●●
●●●生

　上記の者に対する詐欺被疑事件について、平成24年10月26日、名古屋地方裁判所裁判官がした勾留期間延長の裁判に対し、同月29日、弁護人□□□から適法な準抗告の申立てがあったので、当裁判所は、次のとおり決定する。

主文

　本件準抗告を棄却する。

理由

1　申立ての趣旨及び理由
　本件準抗告の申立ての趣旨及び理由は、弁護人作成の「勾留期間延長許可決定に対する準抗告」と題する書面記載のとおりであるから、これを引用する。
2　当裁判所の判断
(1)　本件被疑事実の要旨は、被疑者が、共犯者（女性）と共謀の上、ホテルの施設利用料金等を支払う意思も能力もないのに、ホテルのフロントを欺き、同ホテルの客室を利用して、飲み物やアダルトグッズ等合計15点の提供を受けるとともに、施設利用の利便を受けたというものである。
(2)　一件記録によれば、被疑者が罪を犯したことを疑うに足りる相当な理由があると認められ、勾留の理由（刑事訴訟法60条1項2号及び3号）及び必要性並びに少年法48条の「やむを得ない場合」に当たることも認められる。
　そこで、勾留期間延長の「やむを得ない事由」の有無について検討する。一件記録によれば、被疑者は、本件事実を概ね認めてはいるものの、本件事案の性質、被疑者や共犯者の犯行に関する供述状況及び現時点における捜査の進捗状況等に照らすと、被疑者及び共犯者に対し、関係場所への引き当たり捜査や、共謀状況、犯行状況等について更なる取調べを行う必要がある。これらの捜査を遂げるためには、なお相当の日数を要すると認められるので、

被疑者が高校生であることを考慮しても、勾留期間を延長すべきやむを得ない事由があると認められ、その必要な捜査の内容などからすると、勾留期間を6日間延長した原裁判の判断は相当である。

(3)　したがって、本件準抗告の申立ては理由がないから、刑事訴訟法432条、426条1項により、主文のとおり決定する。

平成24年10月29日　名古屋地方裁判所刑事第5部
裁判長裁判官　入江猛／裁判官　室橋秀紀／裁判官　川口藍

事例95　名古屋地決平27・6・22

被疑者　●●●

　上記の者に対する覚せい剤取締法違反被疑事件について、平成27年6月19日名古屋地方裁判所裁判官がした勾留期間延長の裁判に対し、同月22日、弁護人□□□から準抗告の申立てがあったので、当裁判所は、次のとおり決定する。

主文

　本件準抗告を棄却する。

理由

1　本件準抗告の趣意は、被疑者には、勾留期間を延長するやむを得ない事由はなく、10日間の勾留期間延長を認めた原裁判は不当であるから、原裁判を取り消して本件勾留期間延長請求を却下するとの裁判を求めるというものである。
2　本件は、被疑者が、覚せい剤を使用したという事案である。
3　被疑者が本件被疑事実について黙秘していることに加え、これまでの捜査の進捗状況を踏まえると、本件犯行状況や覚せい剤の認識等の事案の真相を解明し、本件について適正な処分を決するためには、被疑者の血液や押収品の付着物のDNA鑑定などの各種鑑定（既に鑑定嘱託を行い、結果が出ていないものを含む。）を実施するなど所要の捜査を遂げた上で、更に被疑者の取調べを行うことが必要であると認められる。そして、それらの捜査を遂げるのに必要な日数を考えると、被疑者について、勾留期間を10日間延長するやむを得ない事由があるといえる。弁護人は、本件被疑事実に係る被疑者の尿の鑑定結果は先行する覚せい剤譲渡の被疑事実での勾留期間中に判明していたことなどの事情をもって勾留期間を延長するやむを得ない事由がないとも主張するが、本件被疑事実と先行事件の被疑事実には特に関連性があるとも認められず、先行事件の身柄拘束中に本件についても余罪として捜査すべきであったとはいえないから、その主張は失当である。
4　以上によれば、10日間の勾留期間延長を認めた原裁判は相当であり、本件準抗告は理由がないから、刑訴法432条、426条1項により、主文のとおり決定する。

平成27年6月22日　名古屋地方裁判所刑事第4部
裁判長裁判官　景山太郎／裁判官　小野寺健太／裁判官　石井美帆

事例96　名古屋地決平27・6・3

住居　名古屋市●●●
職業　●●●
被疑者　●●●
昭和●●年●●●生

　上記の者に対する覚せい剤取締法違反被疑事件について、平成27年6月2日名古屋地方裁判所裁判官がした勾留期間延長の裁判に対し、同年6月3日弁護人古田宜行から適法な準抗告の申立てがあったので、当裁判所は、次のとおり決定する。

主文

　本件準抗告を棄却する。

理由

第1　準抗告申立ての趣旨及び理由
　本件準抗告申立ての趣旨及び理由は、弁護人作成の準抗告申立書のとおりであるから、これを引用する。
第2　当裁判所の判断
　1　本件被疑事実の要旨は、被疑者が、知人女性に対し、覚せい剤を含有する水溶液を無償で譲渡したというものである。
　2(1)　一件記録によれば、被疑者が本件被疑事実につき罪を犯したことを疑うに足りる相当な理由があり、弁護人が指摘する事情を踏まえても、現段階においても勾留の理由及び必要性があると認められる。
　(2)　そこで、勾留期間を延長するやむを得ない事由の有無について検討する。
　　一件記録によれば、勾留期間延長の請求までに被疑者及び前記知人女性の取調べや被疑者の供述内容に関する裏付け捜査等が行われており、従前の捜査に懈怠があったとは認められない。そして、被疑者の供述状況からすれば、検察官が本件事案を解明して処分を決するためには、引き続き、本件前後の被疑者の行動状況等に関し、被疑者の供述内容の裏付け捜査を進めた上で参考人の取調べを実施し、更に前記知人女性及び被疑者の取調べを行うなどし

て、被疑者の供述の真偽を見極めるための捜査を行う必要があり、これらの捜査を遂げるためには、勾留期間延長の請求があった時点において、なお8日間勾留期間を延長する必要があったものと認められる。

　そうすると、刑事訴訟法208条2項所定の「やむを得ない事由がある」と認められるから、原裁判は正当として是認することができる。

3　よって、本件準抗告は理由がないから、同法432条、426条1項により、主文のとおり決定する。

平成27年6月3日　名古屋地方裁判所刑事第1部
裁判長裁判官　山田耕司／裁判官　神田温子／裁判官　小暮純一

事例97　名古屋地決平27・4・17

住居　●●●
被疑者　●●●

　上記の者に対する傷害被疑事件について、平成27年4月16日名古屋地方裁判所裁判官がした勾留期間延長の裁判に対し、同月17日弁護人小野田弦起から適法な準抗告の申立てがあったので、当裁判所は、次のとおり決定する。

主文

　本件準抗告を棄却する。

理由

1　申立ての趣旨及び理由
　本件準抗告申立ての趣旨及び理由は、弁護人作成の準抗告申立書に記載のとおりであるから、これを引用する。
2　当裁判所の判断
　本件被疑事実の要旨は、被疑者が、被害者の顔面等を殴打し、頚部等を足蹴りにする等の暴行を加え、被害者に約1週間の加療を要する顔面打撲、頚部打撲の傷害を負わせたというものである。
　一件記録によれば、被疑者が前記罪を犯したと疑うに足りる相当な理由が認められる。そして、被疑者が、当初は犯行態様につき一部否認をしていたところ、本件犯行現場には被疑者の友人らが複数いたことなどからすると、これら関係者らと口裏合わせをするなどして、罪体及び重要な情状事実について罪証隠滅を図るおそれが認められ、被疑者が保護観察中であることを踏まえると、逃亡のおそれも否定できず、勾留の理由が認められる。以上の事情からすると、勾留の必要性も認められ、また、前記のとおり関係者が多数にわたることからすると、捜査が10日間で完了する見込みがあったとはいえず、勾留すべきやむを得ない場合（少年法48条1項）に当たることも認められる。
　そこで、勾留期間を延長するやむを得ない事由があるか検討する。一件記録によれば、被疑者は、勾留以降は被疑事実につき認めるようになったものの、本件犯行に至った経緯について、当初は、被害者が被疑者の従兄（以下「従兄

という。）の所持金を盗んだことが分かったので、これに制裁を加えようとしたなどと供述していたところ、勾留後は、従兄と共謀して、被害者が従兄の所持金を盗んだように仕組み、それを口実に被害者から金を巻き上げようとしたなどと、犯行に関わる重要な事実について従前と異なる供述を始めた上、暴行に関する共謀の有無についても、被疑者の供述内容と従兄の供述内容に食い違いが生じている。そうすると、本件事案を解明し、被疑者に対する適正な処分を決するためには、当時現場にいた関係者らに対して改めて事情聴取を行うほか、従兄及び被疑者に対してそれぞれ取調べを行う必要があると認められるところ、従兄は平成27年4月15日に本件に関連して恐喝未遂及び傷害の被疑事実により逮捕されており、捜査機関において今後その取調べが具体的に予定されていることや、関係者が多数にわたることも踏まえると、捜査機関が当初の勾留期間内に捜査を尽くすことができたとは認められない。したがって、前記の捜査を遂げるには当初の勾留期間に加えてなお相当の期間を要すると考えられるから、弁護人が縷々主張する事情を踏まえても、8日間の勾留期間延長を認めた原裁判は、その長さの点も含めて正当である。

　よって、本件準抗告は理由がないから、刑事訴訟法432条、426条1項により、主文のとおり決定する。

平成27年4月17日　名古屋地方裁判所刑事第6部
裁判長裁判官　鵜飼祐充／裁判官　平野望／裁判官　森田千尋

事例❾❽　名古屋地決平27・12・7

住居　名古屋市●●●
職業　会社員
昭和●●年●●●生

　上記の者に対する窃盗被疑事件について、平成27年12月4日名古屋地方裁判所裁判官がした勾留期間延長の裁判に対し、同月7日弁護人古田宜行から適法な準抗告の申立てがあったので、当裁判所は、次のとおり決定する。

主文

　本件準抗告を棄却する。

理由

第1　準抗告申立ての趣旨及び理由
　本件準抗告申立ての趣旨及び理由は、弁護人作成の準抗告申立書のとおりであるから、これを引用する。
第2　当裁判所の判断
　1　本件被疑事実の要旨は、被疑者が、共犯者と共謀の上、被害者から現金約2万5500円及び財布等7点在中の手提げ鞄1個をひったくり窃取したというものである。
　2(1)　一件記録によれば、被疑者が本件被疑事実につき罪を犯したことを疑うに足りる相当な理由があり、弁護人が主張する点を踏まえても、勾留の理由及び必要性が認められる。
　(2)　そこで、勾留期間を延長するやむを得ない事由の有無について検討する。
　　一件記録によれば、被疑者は、共犯者との共謀を否認しているところ、被疑者が黙秘しておりその具体的な弁解内容が明らかとなっていないことや共犯者の供述状況等に照らせば、本件被疑事実につき適正な終局処分を決するには、共犯者との間における共謀の有無を含めた共謀状況等の罪体について解明するため、参考人の取調べ等共犯者の供述に係る裏付け捜査などを遂げた上、更にこれらを踏まえた被疑者及び共犯者の取調べなどの捜査を行う必要があると認められる。また、一件記録から認められる捜査の進捗状況から

すれば、これらの捜査を当初の勾留期間内に遂げられなかったことにつき捜査の懈怠はなく、そして、前記所要の捜査を遂げるためには、勾留延長の請求があった時点において、更に10日間勾留期間を延長する必要があったものと認められる。

　そうすると、刑事訴訟法208条2項所定の「やむを得ない事由がある」と認められるから、原裁判は正当として是認することができる。

　3　よって、原裁判は正当であり、本件準抗告は理由がないから、刑事訴訟法432条、426条1項により、主文のとおり決定する。

平成27年12月7日　名古屋地方裁判所刑事第1部
裁判長裁判官　渡邉健司／裁判官　神田温子／裁判官　小幕純一

◎本書執筆者（五十音順）

上田学（うえだ・まなぶ／愛知県弁護士会）

小野田弦起（おのだ・げんき／愛知県弁護士会）

金岡繁裕（かなおか・しげひろ／愛知県弁護士会）

神保壽之（じんぼ・としゆき／青森県弁護士会）

二宮広治（にのみや・こうじ／愛知県弁護士会）

古田宜行（ふるた・のりゆき／愛知県弁護士会）

不破佳介（ふわ・けいすけ／愛知県弁護士会）

GENJIN 刑事弁護シリーズ 22
勾留準抗告に取り組む
99事例からみる傾向と対策

2017年12月25日　第1版第1刷発行
2019年12月9日　第1版第4刷発行

編　者　愛知県弁護士会刑事弁護委員会
発行人　成澤　壽信
編集人　齋藤　拓哉
発行所　株式会社現代人文社
　　　　160-0004　東京都新宿区四谷2-10八ッ橋ビル7階
　　　　Tel 03-5379-0307　Fax 03-5379-5388
　　　　E-mail henshu@genjin.jp（編集）hanbai@genjin.jp（販売）
　　　　Web www.genjin.jp
発売所　株式会社　大学図書
印刷所　株式会社　シナノ書籍印刷
装　幀　Malpu Design（清水　良洋＋陳　湘婷）
検印省略　Printed in Japan
ISBN　978-4-87798-683-4 C2032
©2017　愛知県弁護士会

◎本書の一部あるいは全部を無断で複写・転載・点訳載等をすること、または磁気媒体等に入力することは、法律で認められた場合を除き、著作者および出版社の権利の侵害となりますので、これらの行為をする場合には、あらかじめ小社または著者に承諾を求めてください。
◎乱丁本・落丁本はお取り換えいたします。